# 珍珠产业标准体系

ZHENZHU CHANYE BIAOZHUN TIXI

童银洪 邓岳文 王庆恒 刘永◎编著

中山大学出版社
SUN YAT-SEN UNIVERSITY PRESS

·广州·

版权所有　翻印必究

**图书在版编目（CIP）数据**

珍珠产业标准体系 / 童银洪，邓岳文，王庆恒，刘永编著. -- 广州：中山大学出版社，2024.12. -- ISBN 978-7-306-08344-9

Ⅰ.F326.43-65

中国国家版本馆 CIP 数据核字第 2024EJ5009 号

| | |
|---|---|
| 出 版 人： | 王天琪 |
| 策划编辑： | 曾育林 |
| 责任编辑： | 曾育林 |
| 封面设计： | 曾　斌 |
| 责任校对： | 陈　颖　舒　思 |
| 责任技编： | 靳晓虹 |
| 出版发行： | 中山大学出版社 |
| 电　　话： | 编辑部　84113349，84110776，84111997，84110779 |
| | 发行部　020-84111998，84111981，84111160 |
| 地　　址： | 广州市新港西路 135 号 |
| 邮　　编： | 510275　　传　真：020-84036565 |
| 网　　址： | http：//www.zsup.com.cn　　E-mail：zdcbs@mail.sysu.edu.cn |
| 印　刷　者： | 佛山市浩文彩色印刷有限公司 |
| 规　　格： | 787mm×1092mm　1/16　15.25 印张　263 千字 |
| 版次印次： | 2024 年 12 月第 1 版　2024 年 12 月第 1 次印刷 |
| 定　　价： | 68.00 元 |

如发现本书因印装质量影响阅读，请与出版社发行部联系调换

# 作者简介

**童银洪** 男，1966年3月生，博士，广东海洋大学珍珠研究所教授，全国水产标准化技术委员会珍珠分技术委员会委员，广东省珠宝玉石标准化技术委员会委员。主要从事珍珠加工、质量检测及其标准化的教学科研工作。十多年来主持完成了包括国家和省部级珍珠相关科研课题20多项；作为主要起草人，编制珍珠养殖、珍珠加工、珠核生产、珍珠粉、珍珠质检和珍珠经营服务等地方标准和团体标准20多项；作为主要完成人，获"广东省科学技术奖一等奖"2项、"国家海洋局科技创新奖二等奖"1项和"中国珠宝玉石首饰行业协会科学技术奖二等奖"1项；获授权发明专利12项；主编专著2部，发表学术论文60多篇。

**邓岳文** 男，1975年4月生，博士，广东海洋大学珍珠研究所所长、教授，博士生导师，国家贝类产业体系海水珍珠贝养殖与育珠岗位科学家，第六届全国水产原良种审定委员会委员。近5年来主持了现代农业产业技术体系专项、国家自然科学基金和广东省重大科技专项等项目10多项；作为技术负责人，培育了马氏珠母贝"海选1号"养殖品种，并进行了品种苗种规模化繁育与推广应用，产生了良好的社会效益与经济效益；开展了大珠母贝野生群体驯化养殖，成功提高了海区养殖成活率；作为主要完成人，获得"广东省科学技术奖一等奖"2项、"广东省农业技术推广奖二等奖"1项和"湛江市科学技术奖专利优秀奖"1项。

**王庆恒** 男，1977年8月生，广东海洋大学珍珠研究所副所长、教授，博士生导师，广东省珍珠养殖与加工工程技术研究中心主任，广东省优秀农村科技特派员。从事珍珠贝基础生物学、良种培育、养殖与育珠技术研究20多年。主持各级科研课题20项；以第一作者或通讯作者身份发表论文70多篇；以第一发明人身份获授权发明专利5项；参与或主持了马氏珠母贝"海选1号"、耐低温选系、黑壳色选系等优良品种（系）的育种工作；建立了马氏珠母贝"早春繁育+秋季植核育珠"等养殖模式；研制了珍珠贝配合饲料，构建了小片贝营养强化、植核术前处理、附着物生物清理等育珠新技术；作为主要完成人，获"广东省科学技术奖一等奖"1项和"广东省农业技术推广奖二等奖"2项。

**刘永** 男，1968年7月生，广东海洋大学珍珠研究所教授。主要研究方向为珍珠养殖、植核育珠。主持和参加各类珍珠科研项目近20项，包括广东省科技厅农业攻关项目"提高大珠母贝植核留核率的研究"、广东省科技厅星火计划项目"大珠母贝创新植核育珠技术研究与应用示范"和广东省海洋渔业科技推广专项重大项目"磁性保健珍珠生产技术的研发与应用"等；开发了一种负压式送核器植核技术和一种磁性珠核和核片同送技术，适合于有核珍珠的生产；获授权发明专利13项、实用新型专利6项，申请PCT专利1项；主持完成的成果获"湛江市科学技术奖专利优秀奖"。

# 内容简介

本书结合作者十多年的科学研究和应用实践，系统阐述珍珠产业标准体系，解读主要标准编制过程，旨在提高珍珠产量和品质，促进我国珍珠产业高质量发展。

本书主要内容共分十章，围绕珍珠生产和质量提升的关键标准进行论述，包括珍珠产业标准概述、珍珠分类分级标准、珍珠养殖标准、珍珠加工标准、珍珠珠核标准、珍珠深加工标准、珍珠质量检测标准、珍珠商贸服务标准、地理标志珍珠标准和珍珠产业品牌标准。

本书可供高等院校、科研院所、企业从事珍珠研究和应用工作的教师、学生、生产人员、市场销售人员和管理工作者参考使用。

# 前　言

我国珍珠历史悠久、闻名遐迩，具有特有的装饰、美容和医药价值。珍珠产业是生产与利用珍珠的行业，主要包括珍珠养殖、珍珠加工、珠核加工、珍珠深加工、珍珠质量检测、珍珠商贸服务和珍珠品牌评价等产业。珍珠产业涉及第一、第二和第三产业，珍珠产量、质量与珍珠贝的种类、生长环境、生理状态和珍珠生产技术紧密相关，珍珠产业链长，养殖和加工相对分散，自然风险和市场风险较高。根据2023年《中国渔业统计年鉴》，我国是世界上的珍珠生产大国，我国珍珠产量占世界珍珠总产量的95%以上，其中98%以上是淡水珍珠。中国是全球最大的淡水珍珠产地和最重要的珍珠消费国。

标准是生产社会化和科学管理的技术基础，是经济活动和产业发展的技术支撑，是国家基础性制度的重要方面；标准是提高产品质量、保护人体健康、保障人身财产安全、维护消费者合法权益、合理利用资源、节约能源的重要手段；标准是现代技术竞争的关键，是构架现代技术发展的平台和通道，是科技成果转化为生产力的重要桥梁；标准是发展市场经济、促进贸易交流的技术纽带。标准引领作用至为关键，它是一个行业进入高质量发展、参与高质量竞争的重要标志。谁的技术成为标准，谁制定的标准为市场所认同，谁就能把握主动权、占领市场竞争的制高点。产品质量提升依靠标准提供支撑，以标准助力高技术创新、引领产业优化升级、支撑高效能治理、促进高水平开放、满足人民美好生活需要，已日渐成为现实。

由于珍珠产业标准理论研究和应用不深入，珍珠术语定义、分类分级、生产技术、质量检测、商贸服务和品牌评价等标准不完善，珍珠产业标准宣贯工作薄弱，我国珍珠产量、质量不稳定，珍珠产品品牌形象和珍珠产业效益欠佳。

本书针对我国珍珠产业现状，采用标准化方法原理，着重论述了珍珠产业的内部组成和相互关系，构建了珍珠产业标准体系，建立了珍珠生产、珍珠质量检测和高品质珍珠分级标准，提出了珍珠商贸服务和产业品牌标准发展方向。这对于全面提高珍珠产品质量和市场竞争力，进一步丰富珍珠品种，提高产品附加值，提高我国珍珠产品的国际市场竞争力，助力珍珠产业高质量发展，具有重要的理论和现实意义。

本书涉及的各项科学研究工作是在国家贝类产业技术体系专项项目"海水珍珠贝养殖与育珠岗位"、国家科技部农业科技成果转化资金项目"海水珍珠高值化加工产业化与示范"、广东省科技厅农业攻关项目"提高大珠母贝植核留核率的研究"、广东省海洋渔业科技推广专项项目"南珠加工技术研究与应用"、广东省地方标准编制项目"珍珠贝壳板材生产技术规范""海水珍珠层粉""南珠颜色测定技术规范"、广西壮族自治区地方标准编制项目"南珠产业标准制定"、海南省科技厅工程技术研究中心专项项目"珍珠珠核加工技术研究与应用"、湛江市科技计划项目"企鹅珍珠贝三型珍珠培育技术研究与产业化"和湛江市地方标准编制项目"大珠母贝工厂化繁育、中间培育技术规范"等资助下完成，是广东海洋大学珍珠研究团队珍珠产业标准研究工作的总结。

本书由广东海洋大学的童银洪、邓岳文、王庆恒和刘永等人共同完成，童银洪负责第一、第四、第六、第七和第十章，邓岳文负责第二章和第三章第一节，王庆恒负责第三章第二节至第四节，刘永负责第三章第五节至第七节，鄢奉林负责第五章，纪德安负责第八章，廖永山负责第九章并负责全书校对。在科学研究和本书撰写过程中，本书蒲月华硕士协助开展了珍珠深加工和珠核生产等试验工作，取得了一些创新性成果，并参与撰写第六章。已对珍珠产业标准体系构建过程中参考和引用了有关专家、学者的大量文献，并尽可能在书后一一列出，但没有在书中逐一标注，对此敬请原作者谅解。在本书出版之际，向以上单位和个人致以最真挚的谢忱！

由于编著者水平有限，书中难免有不足之处，恳请读者批评指正。

童银洪 邓岳文 王庆恒 刘 永
2024年10月22日于广东海洋大学

# 目 录

## 第一章 珍珠产业标准概述 **001**
一、珍珠产业标准现状 001
二、珍珠产业标准存在问题 008
三、珍珠全产业链标准体系构建 009
四、珍珠产业标准化发展策略 012

## 第二章 珍珠分类分级标准 **018**
一、珍珠行业术语 018
二、珍珠分类 024
三、珍珠分级 025
四、高品质珍珠分级 030

## 第三章 珍珠养殖标准 **036**
一、马氏珠母贝 036
二、三角帆蚌 039
三、马氏珠母贝养殖与插核育珠技术规程 041
四、淡水有核珍珠培育技术规范 045
五、大珠母贝工厂化中间培育技术规范 049
六、珠母贝养殖技术规范 053
七、企鹅珍珠贝附壳珍珠培育技术规范 055

## 第四章　珍珠加工标准 ······ 061

一、珍珠增光技术规范 ······ 061

二、珍珠漂白技术规范 ······ 064

三、珍珠染色技术规范 ······ 066

四、珍珠抛光技术规范 ······ 069

## 第五章　珍珠珠核标准 ······ 073

一、珍珠珠核概述 ······ 073

二、珍珠珠核生产技术规范 ······ 074

三、珍珠珠核质量因素 ······ 077

四、珍珠珠核分级标准 ······ 078

## 第六章　珍珠深加工标准 ······ 082

一、珍珠粉标准 ······ 082

二、海水珍珠层粉标准 ······ 083

三、珍珠提取物标准 ······ 086

四、珍珠贝壳板材生产技术规范 ······ 092

## 第七章　珍珠质量检测标准 ······ 098

一、海水珍珠和淡水珍珠的鉴别 ······ 098

二、金黄色珍珠的鉴别 ······ 100

三、珍珠颜色的检测 ······ 102

四、珍珠光泽的检测 ······ 104

五、珍珠层厚度的检测 ······ 105

六、珠宝玉石检测机构服务规范 ······ 107

## 第八章　珍珠商贸服务标准················110

一、珍珠商贸服务标准概况··············110
二、珍珠饰品经营服务规范··············112
三、珍珠直播电子商务选品和品控管理规范··············113
四、珍珠直播电商销售员服务规范··············115
五、珍珠饰品售后服务规范··············116
六、直播电商售后服务规范··············119

## 第九章　地理标志珍珠标准················123

一、地理标志产品保护概述··············123
二、地理标志产品——合浦南珠··············126
三、地理标志产品——流沙南珠··············129

## 第十章　珍珠产业品牌标准················134

一、珍珠产业品牌发展概况··············134
二、珍珠产业品牌建设标准··············137
三、珍珠产业品牌评价标准··············142
四、标准引领培育世界级珍珠品牌··············145

## 附录　标准化相关法律法规和管理文件················151

中华人民共和国标准化法··············151
中华人民共和国标准化法实施条例··············158
国家标准管理办法··············165
国家标准样品管理办法··············173
行业标准管理办法··············179

农业农村标准化管理办法 …………………………………… 183

地方标准管理办法 …………………………………………… 186

团体标准管理规定 …………………………………………… 190

企业标准化促进办法 ………………………………………… 195

国家标准化发展纲要 ………………………………………… 200

贯彻实施《国家标准化发展纲要》行动计划（2024—2025年）
………………………………………………………………… 209

市场监管总局等八部门关于实施企业标准"领跑者"制度的
意见 ………………………………………………………… 222

以标准提升牵引设备更新和消费品以旧换新行动方案 ……… 226

# 第一章　珍珠产业标准概述

## 一、珍珠产业标准现状

珍珠产业是生产与利用珍珠的业态，主要包括珍珠贝培育与珍珠养殖、珠核加工生产、珍珠色泽优化、珍珠首饰与工艺品设计与制作、珍珠化妆品、保健食品与药品生产、珍珠质量检测、珍珠商贸、珍珠文化与旅游和珍珠品牌评价等产业。我国珍珠历史悠久、闻名遐迩，具有特有的装饰、美容和医药价值。珍珠产业涉及第一、第二和第三产业，珍珠产量、质量与珍珠贝的种类、生长环境、生理生态和生产工艺紧密相关，珍珠养殖和加工相对分散，产业链长，自然和市场风险高。中国是全球最大的淡水珍珠产地和最重要的珍珠消费国。

珍珠按照养殖水域分为海水珍珠和淡水珍珠。根据2022—2024年的《中国渔业统计年鉴》，2023年我国淡水珍珠总产量为754.920吨，相当于高峰期的20%左右；连续三年保持增长，比2022年增长8.25%。2023年我国海水珍珠总产量为2.149吨，相当于高峰期的10%左右，比2022年减少6.79%，比2021年增长7.0%[1-3]。目前我国淡水珍珠主产地在浙江、江苏、安徽、江西、湖南等省，海水珍珠主产地在广东湛江和广西北海。

珍珠文化是中华民族优秀传统文化的重要组成部分，已经发展传承了几千年，珍珠具有圆满、智慧、生命、美好等多重寓意。珍珠文化不仅是中华民族的，也是全人类的。在众多的珠宝品类中，珍珠得到了广大消费者的认同和推崇。珍珠已经成为国际交往的重要载体，发挥着越来越重要的作用。

标准是指通过标准化活动，按照规定的程序，经协商一致制定，为各种活动或其结果提供规则、指南或特性，供共同使用和重复使用的文件。标准化是指为了在既定范围内获得最佳秩序，促进共同效益，对现实问题或潜在问题确立共同使用和重复使用的条款以及编制、发布和应用文件的活动[4]。

标准化是指与标准相关的在既定范围内的活动，活动过程包括研讨、立项、编制、批准、发布、应用、监督、修订等；条款包括规则、指南或特性等标准或文件；对象包括产品、过程或服务的现实问题或潜在问题；目的包括安全、健康、环保、可用性、兼容性、互换性、品质控制等，最终实现促进共同效益，获得最佳秩序。

标准是科学技术和创新成果产业化的桥梁和媒介，是促进产业结构调整和优化升级的重要工具，是保障健康、安全和环境的技术手段。随着市场国际化日益增强，产品、技术以及信息的相互交流和交换越来越频繁，标准化的地位和作用越来越突出。日本、澳大利亚、法国等国现代化的珍珠优势产业，无不以高水平的标准化为基础。提高标准化的发展水平，已成为提升一个国家产业发展层次，提高产品市场竞争力的重要措施。

当下珍珠产业规范标准整体上与产业发展不相适用。加强珍珠的标准化建设，以标准化带动珍珠产业提质升级，不仅是促进珍珠产业结构调整，转变珍珠产业增长方式的迫切需要，也是提高珍珠产品质量，增强珍珠产品市场竞争力，增加珠农收入，适应国际国内大市场环境，扩大有效需求，提高人民生活品质，促进珍珠产业高质量发展的战略措施。

国家市场监督管理总局（原国家质量监督检验检疫总局）、国家标准化管理委员会、农业农村部、自然资源部和珍珠主产地省级标准化主管部门批准实施了涉及珍珠的国家、行业和地方标准30多项，包括珍珠分类分级、珍珠养殖、珍珠加工、珠核生产、珍珠贝壳板材生产、珍珠粉（层粉）和珍珠提取物、质量检测、经营服务和地理标志产品等[5]。

中国珍珠标准化工作起步较晚，2002年7月22日国家质量监督检验检疫总局和国家标准化管理委员会批准发布了《养殖珍珠分级》（GB/T 18781—2002）国家标准，并于2003年3月1日起在全国实施，对于2008年、2023年先后对该标准进行了重新修订，改名为《珍珠分级》，该标准涉及珍珠术语定义、分类、质量检测与分级。随后于2009年、2014年、2018年分别批准实施了《珍珠珠层厚度测定方法 光学相干层析法》（GB/T 23886—2009）、《中国海水珍珠标准样品》（GSB 16-3224—2014）和《海水育珠品种及其珍珠分类》（GB/T 35940—2018）3项国家标准，涉及与海水珍珠有关的术语与定义、海水珍珠贝、海水珍珠标准样品和珍珠层厚度测定方法。近年来批准实施了《淡水育珠品种及其珍珠分类》（GB/T 37063—2018）和《淡水有核珍珠》（GB/T 40746—2021）2项国家标准，涉及与淡水珍珠有关的术语与定义、淡水珍珠蚌和淡水有核珍珠产品。2017—2018年还批准实施了

《珍珠粉鉴别方法　近红外光谱法》（GB/T 34406—2017）、《化妆品用原料　珍珠提取物》（GB/T 35915—2018）、《珍珠粉鉴别方法　X射线衍射分析法》（GB/T 36923—2018）和《珍珠粉》（GB/T 36930—2018）4项国家标准，涉及珍珠提取物、珍珠粉及其鉴别。政府主导编制发布的珍珠国家标准分别见表1-1。

表1-1　珍珠产业的国家标准

| 序号 | 标准代码 | 标准名称 |
| --- | --- | --- |
| 1 | GB 20553—2006 | 三角帆蚌 |
| 2 | GB/T 23886—2009 | 珍珠珠层厚度测定方法　光学相干层析法 |
| 3 | GSB 16—3224—2014 | 中国海水珍珠标准样品 |
| 4 | GB/T 34406—2017 | 珍珠粉鉴别方法　近红外光谱法 |
| 5 | GB/T 35915—2018 | 化妆品用原料　珍珠提取物 |
| 6 | GB/T 35940—2018 | 海水育珠品种及其珍珠分类 |
| 7 | GB/T 36923—2018 | 珍珠粉鉴别方法　X射线衍射分析法 |
| 8 | GB/T 36930—2018 | 珍珠粉 |
| 9 | GB/T 37063—2018 | 淡水育珠品种及其珍珠分类 |
| 10 | GB/T 40746—2021 | 淡水有核珍珠 |
| 11 | GB/T 16552—2022 | 珠宝玉石　名称 |
| 12 | GB/T 16553—2022 | 珠宝玉石　鉴定 |
| 13 | GB/T 18781—2023 | 珍珠分级 |

2011—2015年，农业部批准实施了《淡水无核珍珠养殖技术规程》（SC/T 1109—2011）、《马氏珠母贝》（SC/T 2071—2014）和《马氏珠母贝　亲贝和种苗》（SC/T 2072—2015）3项水产行业标准。2019—2021年，农业农村部批准实施了《淡水珍珠蚌鱼混养技术规范》（SC/T 1143—2019）、《马氏珠母贝养殖与插核育珠技术规程》（SC/T 5802—2021）2项水产行业标准。近年来，自然资源部批准实施了《海水珍珠与淡水珍珠的鉴别　X射线荧光光谱法》（DZ/T 0416—2022）、《珠宝玉石饰品制造工艺术语》（DZ/T 0415—2022）和《珠宝玉石饰品售后服务规范》（DZ/T 0417—2022）3项地质矿产行业标准。政府部门主导编制发布的行业标准分别见表1-2。

表1-2 珍珠产业的行业标准

| 序号 | 标准代码 | 标准名称 | 行业类别 |
|---|---|---|---|
| 1 | SC/T 1109—2011 | 淡水无核珍珠养殖技术规程 | 水产 |
| 2 | SC/T 2071—2014 | 马氏珠母贝 | 水产 |
| 3 | SC/T 2072—2015 | 马氏珠母贝 亲贝和种苗 | 水产 |
| 4 | SC/T 1143—2019 | 淡水珍珠蚌鱼混养技术规范 | 水产 |
| 5 | SC/T 5801—2021 | 珍珠及其产品术语 | 水产 |
| 6 | SC/T 5802—2021 | 马氏珠母贝养殖与插核育珠技术规程 | 水产 |
| 7 | DZ/T 0416—2022 | 海水珍珠与淡水珍珠的鉴别 X射线荧光光谱法 | 地质矿产 |
| 8 | DZ/T 0415—2022 | 珠宝玉石饰品制造工艺术语 | 地质矿产 |
| 9 | DZ/T 0417—2022 | 珠宝玉石饰品售后服务规范 | 地质矿产 |

2000年以来，广东省、广西壮族自治区、海南省、浙江省、江苏省、湖南省和安徽省市场监督管理局批准实施了涉及珍珠的十几项地方标准，包括珍珠养殖、加工、质量检测、经营服务、地理标志产品、无核珍珠和珍珠层粉产品标准。地方政府部门主导编制发布的珍珠地方标准分别见表1-3。

表1-3 珍珠产业的地方标准

| 序号 | 标准代码 | 标准名称 | 地方类别 |
|---|---|---|---|
| 1 | DB45/T 35—2001 | 马氏珠母贝原种 | 广西 |
| 2 | DB45/T 45—2002 | 马氏珠母贝 亲贝和种苗 | 广西 |
| 3 | DB45/T 812—2012 | 非食用海水珍珠质层粉 | 广西 |
| 4 | DB45/T 865—2012 | 海水药用无核珍珠 | 广西 |
| 5 | DB45/T 1110—2014 | 合浦南珠加工技术规范 | 广西 |
| 6 | DB45/T 1079—2014 | 马氏珠母贝人工繁育技术规范 | 广西 |
| 7 | DB45/T 1248—2015 | 合浦南珠人工养殖技术规范 | 广西 |
| 8 | DB45/T 1249—2015 | 合浦南珠经营服务规范 | 广西 |
| 9 | DB45/T 1444—2016 | 合浦南珠颜色测定方法 | 广西 |
| 10 | DB45/T 1445-2016 | 企鹅贝附壳珍珠养殖技术规范 | 广西 |

续上表

| 序号 | 标准代码 | 标准名称 | 地方类别 |
|---|---|---|---|
| 11 | DB45/T 103—2017 | 马氏珠母贝浮筏吊养育珠技术规范 | 广西 |
| 12 | DB45/T 330—2017 | 地理标志产品　合浦南珠 | 广西 |
| 13 | DB45/T 1650—2017 | 珠母贝养殖成技术规范 | 广西 |
| 14 | DB45/T 1651—2017 | 珠母贝人工繁育技术规范 | 广西 |
| 15 | DB45/T 2745-2023 | 金黄色珍珠鉴别方法 | 广西 |
| 16 | DB4506/T 0011—2023 | 南珠溯源方法 | 广西北海 |
| 17 | DB4506/T 0013—2023 | 大珠母贝人工养殖技术规范 | 广西北海 |
| 18 | DB44/T 329—2006 | 马氏珠母贝养殖技术规范　母贝养成技术 | 广东 |
| 19 | DB44/T 330—2006 | 马氏珠母贝养殖技术规范　插核技术操作规程 | 广东 |
| 20 | DB44/T 481—2008 | 南珠漂白技术规范 | 广东 |
| 21 | DB44/T 530—2008 | 南珠抛光技术规范 | 广东 |
| 22 | DB44/T 649—2009 | 南珠光泽的测定方法 | 广东 |
| 23 | DB44/T 650—2009 | 南珠染色技术规范 | 广东 |
| 24 | DB44/T 651—2009 | 南珠颜色的测定方法 | 广东 |
| 25 | DB44/T 652—2009 | 南珠原珠的分级 | 广东 |
| 26 | DB44/T 653—2009 | 南珠珍珠层厚度的测定方法 | 广东 |
| 27 | DB44/T 741—2010 | 企鹅珍珠贝附壳珠培育技术规范 | 广东 |
| 28 | DB44/T 396-2012 | 海水珍珠层粉 | 广东 |
| 29 | DB44/T 1019—2012 | 淡水有核珍珠（原珠） | 广东 |
| 30 | DB44/T 1020—2012 | 淡水有核珍珠养殖技术规范 | 广东 |
| 31 | DB44/T 1279—2013 | 大珠母贝养成技术规范 | 广东 |
| 32 | DB44/T 1280-2013 | 珠核生产技术规范 | 广东 |
| 33 | DB44/T 1281—2013 | 淡水附壳珍珠培育技术规范 | 广东 |
| 34 | DB44/T 1732—2015 | 附壳造型珍珠分级 | 广东 |
| 35 | DB44/T 1738-2015 | 珍珠贝壳板材生产技术规范 | 广东 |
| 36 | DB4408/T 5—2020 | 地理标志产品　流沙南珠 | 广东湛江 |

续上表

| 序号 | 标准代码 | 标准名称 | 地方类别 |
|---|---|---|---|
| 37 | DB4408/T 28—2023 | 大珠母贝工厂化繁育技术规范 | 广东湛江 |
| 38 | DB4408/T 29—2023 | 大珠母贝工厂化中间培育技术规范 | 广东湛江 |
| 39 | DB46/T 13—2009 | 海水养殖珍珠 | 海南 |
| 40 | DB46/T 255—2013 | 马氏珠母贝插核育珠技术规程 | 海南 |
| 41 | DB46/T 286—2014 | 马氏珠母贝养成技术规程 | 海南 |
| 42 | DB45/T 512—2020 | 合浦珠母贝人工繁育技术规程 | 海南 |
| 43 | DB43/T 273—2005 | 三角帆蚌 | 湖南 |
| 44 | DB43/T 279—2006 | 三角帆蚌养殖技术规范 | 湖南 |
| 45 | DB43/T 309—2006 | 淡水有核珍珠养殖技术规范 | 湖南 |
| 46 | DB32/T 1039—2007 | 河蚌育珠接种技术规程 | 江苏 |
| 47 | DB32/T 1040—2007 | 褶纹冠蚌育珠蚌养殖及采珠技术规程 | 江苏 |
| 48 | DB32/T 1041—2007 | 三角帆蚌苗种繁育技术规程 | 江苏 |
| 49 | DB33/T 741—2009 | 无公害三角帆蚌苗种 | 浙江 |
| 50 | DB33/T 402.1—2019 | 河蚌育珠技术规范 第1部分 三角帆蚌苗种繁育 | 浙江 |
| 51 | DB33/T 402.2—2021 | 河蚌育珠技术规范 第2部分 珍珠接种及育珠技术规范 | 浙江 |
| 52 | DB34/T 3281—2018 | 淡水珍珠蚌生态养殖技术规范 | 安徽 |

2008年11月，广西产品质量监督检测研究院成立了全国水产标准化技术委员会珍珠分技术委员会，负责对国家珍珠标准的技术性和实用性进行审查，初步提出了我国珍珠标准体系。同年，国家还将全国珠宝玉石标准化技术委员会设在自然资源部，全国首饰标准化技术委员会、全国香精香料化妆品标准化技术委员会设在中国轻工业联合会，归口管理珍珠术语定义、珍珠首饰、珍珠粉及珍珠化妆品等相关标准。

2009年，中国珠宝玉石首饰行业协会、珠宝玉石首饰管理中心及珍珠企业开展中国淡水珍珠标准样品研制工作，确定了标准样品的3个系列：颜色、光泽、光洁度，最终确定了标准样品大小为9 mm，形状为圆形，并研制

## 第一章 珍珠产业标准概述

了《中国淡水珍珠标准样品3SLC质量评价体系图解》。中国质量万里行促进会发布了《品牌价值评价 珍珠业》（T/CAQP 009—2019）团体标准，以利于指导珍珠企业创建品牌，提高品牌价值。

由于珍珠颜色千变万化，课题组根据调研情况选择最普遍、最具有共性的白色、红色、紫色三个色系作为参考标准，而光泽、光洁度则强制执行国家标准。随着淡水珍珠养殖技术的突破，我国的珍珠产业迅速发展。然而，国产珍珠的价格一直处于劣势，难以和国外的珍珠产品相提并论。其中原因之一是我国国家标准《珍珠分级》只对养殖珍珠质量因素及级别评定进行了文字描述，其中颜色、光泽、光洁度标准完全是由感官评定，无法形成一致的质量分级。《中国淡水珍珠标准样品》的出台具有很强的现实意义，有利于珍珠市场的规范，对珍珠的颜色、光泽、光洁度等各方面品质所作出的细致规定，可实现国产珍珠与国外珍珠产品的对比分级，将会提升国产高档珍珠的地位，有利于对国际市场的开拓，对于珍珠产业来说，更是一次良好的发展机遇。

2021年底，浙江欧诗漫集团有限公司和北海南珠宫投资控股集团有限公司作为我国珍珠行业的代表，承担了国家级消费品（珍珠）标准化试点项目建设，项目以增强标准化意识、提高珍珠消费品质量为导向，旨在培养一批消费品标准化专业人才，创建一批优秀消费品品牌。

目前共检索到国内珍珠相关现行有效标准122项，其中国家标准18项、水产和地质矿产行业标准35项、地方标准49项（涉及浙江、安徽、江苏、湖南、江西、广东、广西和海南等10个省、自治区、直辖市）、团体标准20项（涉及中国质量检验协会、中国质量万里行促进会、中华中医药学会、中国工业节能与清洁生产协会、浙江省珍珠行业协会、浙江省质量协会、广东省珠宝玉石首饰行业协会、广东省参茸协会、深圳市深圳标准促进会、陵水黎族自治县优质特色产品推广协会10个团体）。标准内容涵盖术语与分类、种质种苗、生产技术、分等分级、流通规范、产品标准、质量检验和品牌建设等多个方面。从标准体系上看，现行标准基本能够涵盖珍珠全产业链，标准类型以地方标准为主，标准内容以生产技术为主（占标准总数的1/3以上），在珍珠饰品设计、深加工、商贸流通和品牌建设等方面的标准相对较少，呈现出珍珠全产业链中各环节的标准制定情况不均衡的现象，因此需要不断完善标准体系，以满足珍珠产业发展需求。

## 二、珍珠产业标准存在问题

### 1. 标准化顶层设计缺失

在国家层面，虽然与珍珠相关的国家、行业标准较多，但有些标准不适用于目前产业实际，有些标准无法满足珍珠产业高质量发展的要求。在地方层面，珍珠产业标准在养殖环节较为集中，缺乏从顶层设计对珍珠产业做出整体布局，系统性不够，未能结合珍珠产业发展实际形成标准体系，无法及时发现标准的不足和缺失，不利于珍珠产业全产业链均衡发展。

### 2. 现行标准老化、滞后严重

从我国政府部门主导制定的珍珠相关标准（国家、行业和地方）的年限上，对标准的适用性和时效性进行分析，统计结果见表1-1、表1-2和表1-3。我国5年内制定的珍珠国家标准数量占30.8%，距今5~10年制定的标准占53.8%，使用年限在10年以上的标准占15.4%。我国5年内制定的珍珠行业数量占55.6%，距今5~10年制定的标准占33.3%，使用年限在10年以上的标准占11.1%。我国5年内制定的珍珠地方标准数量占11.5%，距今5~10年制定的标准占26.9%，使用年限在10年以上的标准占61.6%。按照我国的标准化法规，一项技术标准制定5年后应当进行修订，我国政府主导制定的大部分的珍珠标准都需要进行修订，以适应我国珍珠产业飞速发展的实际需求。

随着产业与技术的发展，未更新的珍珠产业标准技术规范不再适应发展形势和实际需要。尤其是近年来，随着珍珠粉、珍珠提取物研发与广泛应用[7-13]，及时修订相关标准，进行生产规范和功效评价，从而促进技术进步，提高生产效率，拓宽珍珠产业链成为必需。

### 3. 部分关键标准缺失

目前国内已发布现行有效的珍珠产业标准涉及分类分级、珍珠养殖、珍珠加工、珍珠珠核、珍珠深加工、质量检测、商贸服务、地理标志产品和品牌评价等领域，但缺乏一些关键核心技术标准，如市场术语、智能化加工、副产品深加工、珠核分级、光泽检测、线上商贸和品牌评价等方面缺少符合产业实际需要的标准，导致珍珠产品质量评价不统一、核心竞争力不强，国际品牌影响力不足。

## 三、珍珠全产业链标准体系构建

### 1. 构建原则

（1）科学性。科学性是标准化的基本原则，它是保障技术体系稳定运行的根本条件。我国珍珠产业标准体系中的层次根据全产业链发展划分，在行业或门类之间项目存在交叉的情况下，服从整体需要，科学地组织和划分。

（2）协调性。标准体系应力求完整配套，没有缺漏，使各环节标准技术内容协调一致，互相配套，构成一个完整、全面和一体的标准体系，以确保标准体系的科学性、先进性和适用性。

（3）系统性。系统性是标准体系中各个标准之间内部联系和区别的体现，是力求简化、协调和统一的原则。我国珍珠产业标准体系按照珍珠全产业链条的总体要求区分标准的共性和个性特征，恰当地将标准项目安排在不同层次上，做到层次分明、合理，标准之间体现出衔接配套的关系。

（4）兼容性。列入标准体系的标准项目将优先选用我国现行的国家标准和行业标准，努力实现行业、地区的信息资源共享。

（5）预见性。标准体系既要考虑到目前经济发展的需要和科学技术水平现状，也要预见到未来科学技术发展，所以要具有前瞻性、发展性和开放性的特点，对我国珍珠产业标准化生产具有指导性，以适应现代科学技术的不断发展和科学管理水平的逐渐提高。

（6）可扩展性。一定时期内的标准体系只能与当时的科技水平和经济发展需要相适应。因此，珍珠产业标准体系不仅应是动态发展的，还应充分考虑其可扩充性，需根据科技发展水平和经济发展要求不断进行完善。

### 2. 标准体系框架

构建珍珠全产业链标准体系，必须立足新发展阶段，贯彻新发展理念，坚持"目标引领、贯通全程、协调优化"的原则。坚持以推动珍珠生产绿色化、优质化、特色化、品牌化发展为目标，以提高珍珠质量品质、提升珍珠功效为导向，以珍珠产品为主线，以全程质量控制为核心，使标准体系结构合理、分类明确、层次清晰、便于使用[6]。

根据目前发布的国家标准、行业标准、地方标准、团体标准等相关标准，按照《标准体系构建原则和要求》（GB/T 13016—2018）、《企业标准体系表编制指南》（GB/T 13017—2018）等国家标准要求，构建珍珠产业高质量发展标准体系,明确珍珠的质量要求,可有效提升珍珠产业品牌知名度,规范市场秩序,推动珍珠产业规模化、集约化、高端化发展。通过对珍珠产业及标准的调研分析,在现有标准的基础上,根据珍珠产业高质量发展的需求,以及全产业链要素与现状,构建包含珍珠分类分级、珍珠养殖、珍珠加工、珍珠珠核、珍珠深加工、珍珠质量检测、珍珠商贸服务、珍珠地理标志产品、珍珠品牌9个一级子体系,同时对各一级子体系进行相应拓展的标准体系框架。珍珠全产业链标准体系框架如图1-1所示。

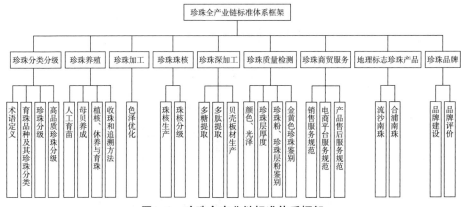

图1-1 珍珠全产业链标准体系框架

我国珍珠全产业链标准体系是基于我国产业现状,结合我国珍珠产业地理分布、水域条件,设计和建立的涵盖珍珠分类分级、珍珠养殖、珍珠色泽优化、珍珠深加工、珍珠检验检测、珍珠商贸和珍珠品牌建设等领域标准在内的全产业链标准体系,旨在为我国珍珠产业的高值化、专业化、品牌化发展做好标准化设计,提升珍珠产业综合竞争力,打造我国珍珠品牌。标准体系框架是由一定范围内的标准按其内在联系形成的科学的有机整体,9个一级体系覆盖了我国珍珠产业的上、中、下游,保证了珍珠产业体系结构合理、层次分明、科学适用。同时,紧密结合珍珠生产和市场实际需求将标准体系进一步细化展开,可按照我国珍珠产业标准需求情况并结合本体系,循序渐进,重点突出,逐步研制、发布与实施。具体为:

珍珠分类分级:包含术语定义、育珠品种及珍珠分类、珍珠分级、高品质珍珠分级等珍珠产业基础标准。基础标准是标准体系的基石,是制定其他相关标准的依据,也是开展珍珠全产业链标准化工作的支撑和保障,为珍珠全产业链所有标准的制定提供一种共同遵守的通用技术依据。构建珍珠产标准体系，首先需对标准体系中的珍珠相关术语和分类有一个统一的认识，目前海水珍珠、淡水珍珠等产品已制定相应的术语分类标准，有必要对珍珠市场上相关颜色、光泽等的术语和分类形成统一的标准，加强珍珠基础标准的制定。

珍珠养殖：马氏珠母贝、三角帆蚌、马氏珠母贝养殖与插核技术规程，淡水有核珍珠培育技术规范，大珠母贝工厂化中间培育技术规范，珠母贝养殖技术规范和企鹅珍珠贝附壳珍珠培育技术规范为目前珍珠养殖的主要标准，这些标准规范了人工育苗，母贝养成，插核、休养与育珠，收珠和追溯方法等要求，有利于充分利用珍珠母贝资源，提高珍珠产量与质量，提升珍珠产品市场竞争力。

珍珠加工：即色泽优化，涉及增光、漂白、染色、抛光技术规范，自动化、智能化分选[7-8]。

珍珠珠核：包含珠核生产技术规范、珠核分级。

珍珠深加工：珍珠贝壳、贝肉副产物的有效利用不仅能减轻环境负担，还能增加经济效益。珍珠粉、珍珠提取物、辐照加工、珍珠活性物质（珍珠多糖、多肽）提取与功效评价等方面急需制定相关标准[9-15]。珍珠深加工产品发展缓慢，后续随着珍珠保健医药价值的不断开发和挖掘，相应的珍珠深加工标准需要不断完善。

珍珠质量检测：包含颜色、光泽、珍珠层厚度的检测，珍珠粉和珍珠层粉鉴别方法，金黄色珍珠鉴别。有利于维护市场秩序，保护生产经营者和消费者的权益。

珍珠商贸服务：包含销售服务规范、电商平台服务规范、珍珠售后服务规范。贸易流通是珍珠产品从生产场地到消费者的最后一步，珍珠产品的市场流通规范和品牌管理是珍珠产业升级发展的重要保障。流通规范主要包括珍珠的质量信息和品质评价，尤其是电商平台服务规范、珍珠产品功效评价、珍珠产品售后服务规范。

珍珠地理标志产品：地理标志保护产品合浦南珠和地理标志保护产品流沙南珠。珍珠地理标志作为知识产权，在发展特色经济的过程中起到了积极的作用，珍珠地理标志在市场竞争中具有特殊的品牌效应。注册珍珠产品地理标志，有利于提高珍珠产品的附加值，培育珍珠主产区地方主导产业，形成地域品牌，从而促进中国珍珠产业的发展。

珍珠品牌：包含品牌建设、品牌评价。珍珠作为一种特殊农产品，一直以来以粗放型、批量销售的经营方式为主，品牌文化、品牌建设等方面相对薄弱。品牌是重要的无形资产，应加强名特优珍珠产品的品牌培育，促进市场竞争力和经济效益的提升。

## 四、珍珠产业标准化发展策略

### 1. 加强标准理论与技术研究，不断完善珍珠产业标准体系

我国珍珠全产业链标准体系已初具雏形，但是珍珠工厂化养殖、智能化生产、深加工、功能成分检测、质量检测和品牌评价等关键环节依然缺乏效果好、操作性强的标准。珍珠贝壳和贝肉的资源化利用已成为当前珍珠产业急需解决的问题。应该发挥珍珠全产业链标准体系的顶层设计和指导作用，针对标准体系中产业急需的标准，加强高等学校、科研机构、行业协会和珍珠企业等的产学研合作，加快急需标准的研制，逐步建成国家标准、行业标准、地方标准、团体标准和企业标准相协同的珍珠全产业链标准体系。

全产业链标准体系是动态的，需要根据市场需求、产业发展不断更新迭代。标准的制定修订应建立在前期深厚的专业技术、检测技术等研究基础之上，因此应加强珍珠全产业链标准的前期研究，提高标准科学性和适用性。随着我国珍珠产业与技术的发展，其标准的核心内容相较于时代的发展，难免存在一定的老化、滞后问题，已无法满足产业飞速发展的实际需求。需依托科研院所、生产企业等技术单位，对标龄过长的标准进行复审修订，以新标准推动新业态、新模式；开展全产业链标准体系查漏补缺，补齐体系短板，为促进珍珠产业高质量发展提供标准支撑和保障。

我国珍珠产业发展迅速，但是目前珍珠相关标准比较少，而且相关的国家标准更少，部分领域标准也还处于空白阶段。通过对现行珍珠标准情况进行科学分析，组织高等院校、科研院所、行业协会、龙头企业等依托现有标准，重点从产业关键环节发力，结合珍珠生产实际，发挥我国珍珠产区特色地域及资源优势，补充完善缺失的相关标准：在珍珠养殖方面，加快制定工厂化繁殖、中间培育和养成的标准；在生产加工方面，加快制定自动化、智能化分选等方向的标准；在质量检测方面，加快制定珍珠光泽标准样品、完善珍珠光泽检测的标准；在终端市场方面，加快制定珍珠市场术语、研学基地建设与服务、珍珠文化旅游基地建设、高品质珍珠等级评定、珍珠电商销售服务、珍珠售后服务管理等方向的标准；在品牌建设方面，加快制定珍珠产区区域品牌、珍珠企业品牌建设与评价等方面的标准。通过制定标准，填

补缺失珍珠标准的空白，实现全产业链的标准覆盖。

**2. 加强标准化人才队伍建设，普及珍珠产业标准化知识，提高标准化意识**

深入贯彻落实《国家标准化发展纲要》，按照《标准化人才培养专项行动计划（2023—2025年）》工作安排，推进珍珠产业标准化人才队伍建设，普及标准化理念、知识和方法。面向社会各界宣传标准化作用，提升全社会标准化意识，营造标准化工作的良好氛围。推进珍珠产业标准化人才库建设，分类培养珍珠产业标准化科研、管理、应用、教育人才和国际标准化人才。鼓励社会力量开展珍珠产业标准化理论研究与关键技术攻关，加大对珍珠产业标准体系相关知识的宣传力度，并以珍珠产业标准制定修订项目为内容，不断配齐配强相关标准化专家队伍，形成标准化专家网络和信息库，方便沟通交流。同时，依靠珍珠产业标准化专家团队的力量，对有关工作人员进行标准化培训，提高工作人员的标准化知识水平。培养一批标准化专职和兼职人员，做到一岗多能，既熟悉珍珠产业业务，又熟悉标准化工作，成为珍珠产业标准体系建设工作的中坚力量。

构建标准化技术委员会联合企业培育新体系，强化珍珠产业标准化人才队伍建设，探索珍珠企业员工标准化业务培训新路径，以人才培养支撑珍珠产业高质量发展，催生珍珠高附加值和新质生产力。

珍珠产业中常采用"公司+合作社+农户"等合作模式，从业人员文化层次水平不高，为确保标准推广取得实效，应将标准化培训材料简明化，将珍珠产业标准转化为一套生产模式图、操作"明白纸"和风险管控手册等标准宣贯材料，确保生产经营主体识标、懂标、用标，看得懂、学得会、记得牢、用得上；开展有针对性、专题性的交流或培训活动，提高珍珠从业人员标准化意识和技能；推动珍珠从业人员实质性参与标准研制，使得标准来源于实际，服务于实际。

加大标准经费投入力度，发挥珍珠企业标准"领跑者"作用，积极培育发展珍珠产业团体标准，引领支撑珍珠产业发展。

通过调整管理方式，提高财政资金转化为标准投入比率，结合珍珠全产业链发展方向和趋势，瞄准区域标准、地方标准和团体标准的制定，予以资金重点倾斜；不断增加珍珠标准技术研究与开发经费，引导鼓励各类企业增加对技术创新、技术引进和技术改造的投入，吸引银行、风投、创投等多种社会资本参与珍珠产业标准研发活动；加强和规范珍珠产业标准资金管理，对标准专项资金进行跟踪问效，保证投入效益最大化，促进珍珠产业发展方式转变和产业结构优化，真正发挥标准的引领支撑作用。

当前，我国已成为全球珍珠消费品生产、消费和贸易大国，消费对珍珠产业经济增长的基础作用明显增强。但是，珍珠产品质量还难以满足人民群众日益增长的消费需求，呈现较为明显的供需错配，珍珠产品供给结构不合理，品牌竞争力不强，消费环境有待改善，国内珍珠消费信心不足，制约了国内消费增长，甚至导致了消费外流。

2015年3月，国务院发布了《深化标准化工作改革方案》，鼓励具备相应能力的学会、协会、商会、联合会等社会组织和产业技术联盟，协调相关市场主体共同制定满足市场和创新需要的团体标准。2016年3月，国家质检总局、国家标准委制定并发布了《关于培育和发展团体标准的指导意见》，明确强调，培育发展团体标准，是发挥市场在标准化资源配置中的决定性作用、加快构建国家新型标准体系的重要举措。

积极培育发展珍珠产业团体标准，鼓励珍珠产业中具备相应能力的学会、协会、商会、联合会等社会组织和产业技术联盟协调相关珍珠企业共同制定满足市场和创新需要的标准，供市场自愿选用，增加标准的有效供给，通过市场竞争优胜劣汰。

珍珠产业团体标准指由团体按照团体确立的制定程序，自主制定、发布，并由社会自愿采用，其制定和发布无须向行政管理部门报批或备案，是社会团体的自愿行为。当前珍珠产业的标准制定周期较长，更新速度较慢，不能满足技术发展、产品更新和市场的需求。团体标准具有制定时间短、更新速度快、调整灵活、专业性强、具有最先进性等优势，非常符合珍珠产业发展特点。高水平团体标准的制定和实施，能够增加标准的有效供给，引领我国珍珠产业向着生产高效化、管理规范化、决策科学化、产品高端化方向发展。

按照政府团体标准发展指导意见和标准化良好行为规范，对团体标准进行必要的规范、引导和监督。在工作推进上，选择珍珠主产区和集散地产品和服务成熟、市场化程度高、技术创新活跃、产品类标准应用良好的环节，先行开展珍珠产业团体标准试点工作，扩大团体标准采用范围。发挥专精特新企业的技术优势，支持专利融入团体标准，推动珍珠产业技术进步。

### 3. 发挥珍珠企业标准"领跑者"作用，促进珍珠行业的高质量发展

珍珠企业标准"领跑者"指同行业可比范围内，企业自我声明公开的产品、服务标准中核心指标处于较高水平的标准，以及符合这些标准的产品或服务。珍珠企业标准"领跑者"评估机构通过对行业内所有公开的企业标准进行比对评估，选出核心指标处于较高水平的企业标准，这就为珍珠行业中其他企业制定企业标准提供了参考；同时作为珍珠行业内的标杆，引领珍珠行业各企业向高质量方向发展。通过"领跑者"这种高水平标准的引领，增加中高端产品和服务的有效供给，并辅以支撑高质量发展的鼓励性政策，从而深化标准化工作改革，推动经济新旧动能转换及供给侧结构性改革，培育一批具有创新能力的"排头兵"企业。

以政府采购助力领跑、设立"领跑者"专项基金、平台企业大型卖场与网上电商助力"领跑"营销、地方政府财政奖励等措施，鼓励优秀珍珠企业成为"领跑者"，实现以先进标准引领珍珠产品质量提升，创新质量供给，着力增品种、提品质、创品牌，不断满足人民群众日益增长的消费需求。

### 4. 加强标准化示范基地建设，建立协作机制，加快产能融合，促进珍珠标准化生产和产业升级

通过全产业链标准化试点基地的示范效应，可以推动珍珠生产主体采用标准开展实践，进而促进整个行业向更高标准靠拢，因此宜通过加强全产业链标准化试点基地的建设带动产业升级。通过整合利用政府、科研院所及企业各方面的资源，加速推广先进技术落地，推动珍珠产业向规模化、标准化、智能化方向发展；进一步优化产业链各环节的生产经营方式，鼓励各企业及时调整生产结构和布局，积极探索并实施"生产、加工、销售"一体化的全产业链自主经营模式，尽可能延长产业链；组织开展全产业链标准体系在珍珠全产业链标准化试点基地中的实施应用，不断提升标准实施水平，促进珍珠产业升级。

珍珠全产业链的构建与实施需多方协作共同推动，应加强生产、科研、监管等机构的工作衔接，建立长效发展机制。珍珠产业标准化的实现离不开基础设施的建设，而基础设施建设中的一项重点工作就是进一步推动自动化、智能化生产，其有助于产品质量的控制。应健全标准制定、实施、监督协调机制，使标准相关利益主体在珍珠全产业链上紧密配合，加快珍珠产业的产能融合，共同推动珍珠标准化生产。

总之，标准是经济活动和社会发展的技术支撑，是产业科技成果的"扩

散器""助推器"和产业发展的"风向标"。标准化对于提升产品品质、提高产品附加值和市场竞争力、打造品牌都具有重要的作用。立足我国珍珠全产业发展现状,通过建立健全珍珠产业高质量发展标准体系,切实把珍珠产前、产中、产后全产业链各个环节纳入按标生产、依标监管的轨道,开展标准理论和技术研究、加强标准化人才队伍建设、普及标准化知识、提高标准化意识、加大标准经费投入力度、修订不适用的滞后标准、加强标准化示范基地建设等系列举措,以标准化推动我国珍珠产业高质量发展。

## 参考文献

[1] 农业农村部渔业渔政管理局,全国水产技术推广总站,中国水产学会. 2022中国渔业统计年鉴[M].北京:中国农业出版社,2022.

[2] 农业农村部渔业渔政管理局,全国水产技术推广总站,中国水产学会. 2023中国渔业统计年鉴[M].北京:中国农业出版社,2023.

[3] 农业农村部渔业渔政管理局,全国水产技术推广总站,中国水产学会. 2024中国渔业统计年鉴[M].北京:中国农业出版社,2024.

[4] 国家质量监督检验检疫总局,国家标准化管理委员会. 标准化和相关活动的通用词汇:GB/T 20000.1—2014[S].北京:中国标准出版社,2014.

[5] 廖晓芹,童银洪. 广西南珠产业标准体系建设[J].科技资讯,2020,18(14):91,92.

[6] 初侨,燕艳华,翟明普,等. 现代农业全产业链标准体系发展路径与对策研究[J].中国工程科学,2021,23(3):8-15.

[7] 童银洪,尹团,卢传亮. 海水珍珠加工技术现状和发展趋势[J].中国宝玉石,2013(2):78-84.

[8] 郑春煌,黄柳,唐玮,等. 图像处理的珍珠形状大小检测系统研究[J].中国计量学院学报,2014,25(3):258-262.

[9] 童银洪,刘永,纪德安. 不同粒径珍珠粉透皮吸收的研究[J].农业研究与应用,2022,35(6):10-16.

[10] 童银洪,陈志强,郭丰辉,等. 海水和淡水珍珠粉的快速鉴别[J].农业研究与应用,2020,33(4):39-42.

[11] 童银洪,刘永. 海水和淡水药用珍珠的无损鉴别[J].农业研究与应用,2021,34(2):1-4.

[12] 蒲月华,童银洪. 水解珍珠美白机理探讨[J].香料香精化妆品,2015(3):43-46.

［13］杨安全，王菁，张丽华，等. 珍珠提取物的美白功效研究［J］. 药物生物技术，2016，23（2）：146-149.

［14］邓一清，童银洪，陈小丽，等. 4种海洋贝类多糖提取和保湿性研究［J］. 广东海洋大学学报，2012，32（3）：86-89.

［15］童银洪，尹国荣，刘永. 辐照加工优化珍珠蚌贝壳板材色泽的研究［J］. 农业研究与应用，2020，33（1）：31-34.

# 第二章　珍珠分类分级标准

## 一、珍珠行业术语

国家标准《珍珠分级》（GB/T 18781—2023）规定了养殖珍珠（以下简称"珍珠"）质量因素及级别、珍珠等级、分级人员要求、分级报告或证书基本内容等要求，描述了检验方法。该标准适用于珍珠的生产、贸易相关的质量评价活动。不适用于经辐照、染色等处理的珍珠及拼合珍珠的分级。天然珍珠及珍珠饰品的分级可参照执行。该标准涉及22个珍珠基本术语和定义。

**天然珍珠**：在贝类或蚌类等动物体内不经人为因素干预自然分泌珍珠质固化后的形成物。

注1：主要由碳酸钙（主要为文石）、有机质（主要为贝壳硬蛋白）组成，其次还含有水、多种微量元素等，呈同心层状或同心层放射状结构，呈珍珠光泽。

注2：根据生长水域不同可划分为天然海水珍珠和天然淡水珍珠。在海水中产出的天然珍珠为天然海水珍珠，在淡水中产出的天然珍珠为天然淡水珍珠。

**养殖珍珠**：可简称"珍珠"，本书所涉及的珍珠，都特指养殖珍珠。在贝类或蚌类等动物体内经人为因素干预分泌珍珠质固化后的形成物。

注1：主要由碳酸钙（主要为文石）、有机质（主要为贝壳硬蛋白）组成，其次还含有水、微量元素等，呈同心层状或同心层放射状结构，呈珍珠光泽。

注2：对于所有的珍珠，珍珠层是由活着的软体动物的分泌物生成的。人为因素干预只是为了开始这一过程，不论是采用插核，还是插片，抑或是其他方式。根据生长水域不同可划分为海水珍珠和淡水珍珠。根据有无珠核可划分为有核珍珠和无核珍珠。根据是否附壳可划分为游离型珍珠和附壳型珍珠。

注3：游离型珍珠是指在贝类或蚌类等动物体内形成的呈游离状态的珍珠。附壳型珍珠指在贝类或蚌类等壳体内侧特意植入珠核而形成的珍珠，珠核扁平面一侧连附于贝壳上。

海水珍珠：在海水中贝类等软体动物体内生成的珍珠。

注：根据贝种类别不同可划分为不同的子类型：马氏珠母贝海水珍珠、大珠母贝（白蝶贝）海水珍珠、珠母贝（黑蝶贝）海水珍珠和企鹅珍珠贝海水珍珠等。

淡水珍珠：在淡水中蚌类等软体动物体内生成的养殖珍珠。

注：根据蚌种类别不同可划分为不同的子类型：三角帆蚌淡水珍珠、褶纹冠蚌淡水珍珠、池蝶蚌淡水珍珠、背角无齿蚌淡水珍珠和康乐蚌淡水珍珠等。

有核珍珠：内部有珠核的珍珠。

无核珍珠：内部无珠核的珍珠。

珠核：珍珠中的人工植入物。

珍珠质：贝类或蚌类等动物体内分泌的能够形成珍珠的物质。

注：主要由碳酸钙（主要为文石）、有机质（主要为贝壳硬蛋白）组成，其次还含有水、多种微量元素等。

珍珠层：具同心层状或同心层放射状结构的固化后的珍珠质。

珍珠层厚度（珠层厚度）：从珍珠表面到有核珍珠的珠层内部基面或无核珍珠核心的垂直距离。

颜色：珍珠的体色、伴色及晕彩综合特征。

体色：珍珠对白光选择性吸收产生的颜色。

伴色：漂浮在珍珠表面的一种或几种颜色。

晕彩：在珍珠表面或表面形成的可漂移的彩虹色。

大小：单粒珍珠的尺寸。

直径差百分比：最大直径与最小直径之差和最大直径与最小直径平均值之比的百分数。

形状：珍珠的外部形态。

光泽：珍珠表面反射光的强度及映像的清晰程度。

瑕疵：导致珍珠不美观、表面不圆滑的缺陷。

注：珍珠表面常见瑕疵有腰线、隆起（丘疹、尾巴）、凹陷（平头）、皱纹（沟纹）、破损、缺口、斑点（黑点）、针夹痕、划痕、剥落痕、裂纹

及珍珠疤等。

光洁度：珍珠表面由瑕疵的大小、多少、颜色及其位置所决定的整体光滑、洁净的程度。

珠层厚度比：珍珠层平均厚度与该珍珠的最大直径与最小直径平均值之比的百分数。用PT表示。

匹配性：多粒珍珠饰品中，各粒珍珠之间在形状、光泽、光洁度、颜色、大小等方面一致性或者协调性程度。

珍珠标准样品：用于确定珍珠质量因素分级的比对实物标准样品，主要为珍珠光泽标准样品。

注：可分为淡水珍珠光泽标准样品和海水珍珠光泽标准样品。

珍珠饰品：由珍珠经穿线、粘接、贵金属镶嵌等工艺制成的饰品。

珍珠分级：从大小、形状、光泽、光洁度、珠层厚度、匹配性6个方面对珍珠进行级别划分。

拼合珍珠：由珍珠与其他物体拼接而成，且给人以整体印象的珍珠。

国家标准《珍珠分级》（GB/T 18781—2023）尚未明确海水育珠贝品种及海水珍珠的分类，无法满足经济发展需求。《海水育珠品种及其珍珠分类》（GB/T 35940—2018）规定了海水育珠贝及其珍珠的术语和定义、海水育珠贝品种、海水珍珠分类和海水珍珠的命名规则，适用于海水育珠贝的辨别和海水珍珠的分类及命名，涉及12个术语、定义和4种常用海水育珠贝。

该标准的发布实施将为海水育珠品种及其珍珠的统一命名提供执行依据，为发展现代珍珠产业提供技术支撑，对完善我国珍珠行业标准体系具有重要的意义。

海水育珠贝：用于培育海水珍珠的贝类，主要包括马氏珠母贝、大珠母贝、珠母贝和企鹅珍珠贝等。

细胞小片：以海水育珠贝外套膜（靠近外侧边缘部分）为材料，经切割而成的方形组织小片。

模核：用于培育附壳珍珠的内核。

海水游离珍珠：在海水育珠贝中游离于贝壳的珍珠。

海水有核珍珠：在海水育珠贝体内植入珠核，在珠核表面分泌珍珠质而形成的珍珠。

海水无核珍珠：由海水育珠贝分泌珍珠质附着于植入的细胞小片表面而形成的珍珠。

## 第二章　珍珠分类分级标准

天然海水无核珍珠：因偶然进入海水育珠贝体内的异物等刺激所形成的珍珠。

海水附壳珍珠：在海水育珠贝贝壳内表面固着的珍珠。

海水造粒附壳珍珠：即海水造粒珍珠。用光滑的半圆形、半椭圆形和半心形等模核生产的海水附壳珍珠。

海水造型附壳珍珠：即海水造型珍珠。用各种浮雕模型（如佛像、生肖像等）的模核生产的海水附壳珍珠。

海水再生有核珍珠：在收获珍珠时将大珠母贝或珠母贝育珠贝贝口撬开，以手术的方法取出珍珠，同时在其珍珠囊中再植入大小适当的珠核，第二次或多次植核后培育形成的珍珠。

海水再生无核珍珠：收获珍珠时将育珠贝贝口撬开，以手术的方法取出珍珠，不再植入细胞片和珠核，由保全在育珠贝中的珍珠囊再次分泌珍珠质形成的珍珠。

马氏珠母贝：又称合浦珠母贝。应符合《马氏珠母贝》(SC/T 2071—2014)的要求。马氏珠母贝外形：贝壳呈斜四方形，壳顶位于前方，后耳大，前耳稍小。背缘平直，腹缘圆。边缘鳞片层紧密，末端稍翘起。同心生长轮脉极细密，呈片状。两壳不等，左壳稍凸，右壳较平，右壳前耳下方有一明显的足丝凹。绞合线直，韧带紫褐色。沿绞合线下方有一长形齿片。贝壳内面中部珍珠层厚，光泽强，边缘淡黄色。闭壳肌痕大，呈半月形，位于贝壳中央稍偏后方。

大珠母贝：俗称白蝶贝，属软体动物门，瓣鳃纲，珍珠贝目，珍珠贝科，珠母贝属。暖水性种，主要分布在热带和亚热带海。贝壳圆而稍方或近长方形，略扁平，壳表呈黄褐色。壳质坚实厚重，壳顶位于背缘前端，前耳小，后耳缺，鳞片层紧密，排列不规则。左壳比右壳稍大而凹，壳外面平滑呈暗黄褐色，具有淡褐色的放射肋，壳内面具珍珠光泽，外缘银白色或金黄色。接合部无齿，韧带宽厚，多呈褐色或黑褐色。闭壳肌痕宽大，略呈肾脏形，外侧二分之一处有一粗横褶，内侧三分之二处加宽，痕面不平滑，有许多明显的横纹。

珠母贝：俗称黑蝶贝，属软体动物门，瓣鳃纲，珍珠贝目，珍珠贝科，珠母贝属。暖水性种，贝壳坚厚，近圆形，左壳稍凸，右壳较平。壳顶位于背缘中部靠前端，向前弯下，左壳顶前方有一伸出足丝的凹陷，后耳大。壳表面呈黑褐色，壳顶部光滑呈黑褐色，其余部分被有同心形状的鳞片，鳞片在外缘向外延伸呈有规则的棘状，贝壳中部鳞片脱落后留有放射条纹痕迹。壳内面珍珠层厚，外缘有深绿色的虹彩光泽。闭壳肌痕大，长圆而略呈葫芦状。韧带长，紫褐色，强壮。

企鹅珍珠贝：软体动物门，属瓣鳃纲，珍珠贝目，珍珠贝科，珍珠贝属。贝壳近斜长方形，壳质坚硬但较为脆薄。两壳不等，壳表面呈黑色。背缘约平直，腹缘呱形，前缘和腹缘连成一大弧状，后缘向后腹缘倾斜延伸。壳顶倾向前方，下方有粒状绞合齿。壳内面外缘有虹彩光泽。壳体肥胖，形似企鹅。闭壳肌痕多呈葫芦形，外套肌痕不显。足丝强壮，在成体呈粗树枝状黑褐色或带黄褐色。

我国是世界上淡水珍珠养殖产量最大的国家，拥有庞大的淡水珍珠养殖生产规模和世界总产量95%以上的淡水珍珠产品，但现有的国家标准中均没有针对淡水珍珠的相关标准。国家标准《淡水育珠品种及其珍珠分类》（GB/T 37063—2018）于2019年7月1日起正式实施。该标准首次对淡水育珠品种及其珍珠分类进行系统规划、规范淡水育珠品种、淡水珍珠的分类与命名，涉及16个术语、定义和4种常用淡水育珠蚌，为今后对淡水珍珠的应用和管理、生产和科研以及分标准的制定奠定了必不可少的起步基础。该标准的发布实施对于构建完善我国珍珠产业标准体系、促进珍珠产业标准化建设具有重要的意义。

育珠蚌：用于植片和植核育珠的母蚌。

注：主要包括三角帆蚌、池蝶蚌、褶纹冠蚌和康乐蚌等。

小片蚌：用于育珠制作组织细胞片的母蚌。

细胞小片：由小片蚌外套膜外侧上皮组织切制成适宜于育珠手术使用的组织细胞片。

珍珠核：用于配合细胞小片植入育珠蚌体内，养殖培育珍珠的核心物体。

注：包括珠核和模核。

珠核：用于培育游离珍珠的内核。

模核：用于培育附壳珍珠的内核。

淡水游离珍珠：在育珠蚌外套膜结缔组织或内脏团中，植入细胞小片或珠核加细胞小片所形成的呈游离状态的珍珠。

淡水附壳珍珠：在育珠蚌外套膜外侧细胞层与蚌壳珍珠层之间植入各种模核，由外套膜外侧细胞层分泌珍珠质包裹模核形成的珍珠。

淡水有核珍珠：在淡水育珠蚌体内植入珠核，在珠核表面分泌珍珠质而形成的珍珠。

淡水无核珍珠：利用细胞小片植入育珠蚌外套膜结缔组织或内脏团中培育形成的珍珠。

淡水造粒附壳珍珠：在育珠蚌外套膜外侧细胞层与蚌壳珍珠层之间植入表面光滑的半圆形、半椭圆形、半水滴形、半心形等造粒模核，由外套膜外侧细胞分泌珍珠质，培育形成呈固定状态的珍珠。

淡水造型附壳珍珠：在育珠蚌外套膜外侧细胞层与蚌壳珍珠层之间植入造型模核，由外套膜外侧细胞分泌珍珠质，培育形成呈固定状态的珍珠。

淡水异型有核珍珠：使用扁圆形、椭圆形、方形、长方形、棱形等非圆形珠核培育形成的珍珠，以及圆形珠核培育再生珍珠的变形珠。

淡水造型有核珍珠：利用细胞小片加造型珠核植入育珠蚌外套膜结缔组织或内脏团中，培育的呈游离状态的珍珠。

淡水再生有核珍珠：用微创手术方法取出珍珠后，在原珍珠囊中再次或多次植入大小适宜的珠核，经连续培育形成的珍珠。

淡水异型无核珍珠：利用细胞小片定型方法培育或自然形成呈方形、长方形、长条形、棒形等各种形状的珍珠。

三角帆蚌：属软体动物门，瓣腮纲，蚌目，蚌科，帆蚌属。蚌形呈三角状。壳大、扁平，厚而坚硬，长约20 cm，表面黑色或棕褐色，后背缘向上伸出一帆状后翼，壳后部背脊有数条由结节突起组成的斜行粗肋。

池蝶蚌：属软体动物门，瓣腮纲，蚌目，蚌科，帆蚌属。与三角帆蚌同属近缘品种，其特征与三角帆蚌近似。不同的是壳顶较三角帆蚌低，幼苗背缘突出，长大后突出背缘即消失；背帆壳内珍珠层闪着青白色的光泽。

褶纹冠蚌：属软体动物门，瓣腮纲，蚌目，蚌科，冠蚌属。壳厚、大，外形似不等边三角形。前部短而低，前背缘冠突不明显，后部长高，后背缘向上斜出伸展成为大型的冠。壳表面为深黄绿色或黑褐色。韧带粗壮，位于冠的基部。左右两壳各具有一短而略粗的后侧齿，前侧齿细弱，后侧齿下方与外面相应有纵突和凹沟数个。

康乐蚌：以池蝶蚌选育群体为母本、三角帆蚌选育群体为父本的杂交新品种。贝壳大型，壳高与体长比介于三角帆蚌和池蝶蚌之间，壳间距较大，外形呈不规则的长椭圆形，前端钝圆，后端尖长。

此外，水产行业标准《珍珠及其产品术语》（SC/T 5801—2021）由农业农村部2021年11月9日发布，2022年5月1日实施。该标准界定了天然珍珠、养殖珍珠及其产品的术语和定义，对各种珍珠的色泽特性进行了描述，适用于珍珠行业生产、流通、科研、教学及管理等相关领域。涉及25个术语和定义，除砗磲天然珍珠、背瘤丽蚌珍珠、珍珠粉、珍珠层粉外，其他术语定义，在上述3个国家标准中已有涉及。

砗磲天然珍珠：于砗磲体内形成的天然珍珠。以乳白色为主，包括棕紫色、金黄色，呈蜡质或油脂光泽。

背瘤丽蚌珍珠：于背瘤丽蚌体内形成的天然珍珠。以白色为主，珍珠光泽暗淡。

珍珠粉：用无核珍珠研磨成的粉。

珍珠层粉：用贝壳珍珠层研磨成的粉。

## 二、珍珠分类

所有珍珠按照形成过程中是否经人为因素干预，分为天然珍珠和养殖珍珠。按照《珠宝玉石 名称》（GB/T 16552—2017），养殖珍珠可简称为"珍珠"。本书所涉及的珍珠，都特指养殖珍珠。根据生长水域不同可划分为海水珍珠和淡水珍珠；根据有无珠核可划分为有核珍珠和无核珍珠；根据是否附壳可划分为游离型珍珠和附壳型珍珠。

海水珍珠依据海水育珠贝品种不同，分为马氏珠母贝珍珠、大珠母贝（白蝶贝）珍珠、珠母贝（黑蝶贝）珍珠、企鹅珍珠贝珍珠。不同海水育珠贝培育的珍珠特征见表2–1。

依据植核方法及位置、珠核材料及形状、细胞小片的有无、育珠贝的再生利用等方法，分为海水有核珍珠、海水无核珍珠、海水造粒附壳珍珠、海水造型附壳珍珠。依据海水珍珠产出状态不同分为海水游离珍珠、海水附壳珍珠。

淡水珍珠根据育珠蚌施术位置、植入珍珠核及组织细胞片、再生利用情况等育珠方式的差异，对淡水珍珠的最终形态和特点进行分类，包括淡水常规有核珍珠、淡水异型有核珍珠、淡水造型有核珍珠、淡水再生有核珍珠、淡水常规有无核珍珠、淡水异型无核珍珠、淡水造粒附壳珍珠、淡水造型附壳珍珠。

## 第二章　珍珠分类分级标准

表2-1　不同海水育珠贝产出的珍珠特征

| 分类 | 马氏珠母贝珍珠 | 大珠母贝（白蝶贝）珍珠 | 珠母贝（黑蝶贝）珍珠 | 企鹅珍珠贝珍珠 |
|---|---|---|---|---|
| 外观特征 | 常见颜色以白色、浅黄白色为主；珍珠光泽；一般正圆、圆形，可有异形；直径一般5～8 mm | 常见颜色以白色、金黄色为主；珍珠光泽；一般正圆、圆形，可有异形；直径一般8～20 mm | 常见颜色以青黑色为主；可见孔雀绿、浓绿、海蓝等彩虹色伴色；珍珠光泽；一般正圆、圆形，可有异形；直径一般8～18 mm | 常见颜色以古铜色为主；包括紫灰、土灰、孔雀绿等；珍珠光泽；一般正圆、椭圆形、半圆形，可有异形；直径一般10～18 mm |
| 内部结构 | 内部可具珠核 | | | |
| 化学成分 | 碳酸钙（$CaCO_3$）为主，含有Sr、S、Na、Mg等微量元素，含有机质、多种氨基酸、水 | | | |
| 组成矿物 | 文石为主，含一定量方解石 | | | |
| 密度/（$g/cm^3$） | 2.72～2.78 | | | |
| 光性特征 | 非均质集合体 | | | |
| 折射率 | 1.500～1.685，点测多为1.530～1.560 | | | |
| 紫外荧光 | 一般蓝、绿、蓝绿；一般长波比短波强 | 一般蓝、绿、蓝绿；一般长波比短波强 | 一般暗红或惰性 | 一般惰性 |
| 表面特征 | 表面微细层纹，可见沟纹、凹凸、斑点等瑕疵 | | | |
| 特殊性质 | 遇酸起泡；表面摩擦有砂感 | | | |

### 三、珍珠分级

《珍珠分级》（GB/T 18781—2023）是在《珍珠分级》（GB/T 18781—2008）基础上修订的。随着淡水有核珍珠大规模交易的发生，为适应市场的变化作出修订，增加了淡水有核珍珠等定义，增加了淡水珍珠珠层厚度的评价方法，对评级环境和评级操作的要求更科学规范。《珍珠分级》

（GB/T 18781—2023）新标准实施后与珍珠分级检验人员关联最为直接，从珍珠分级检验员角度看，《珍珠分级》（GB/T 18781—2023）对珍珠分级检验员的专业技术要求更高，需要分级人员拓展珍珠养殖类型的鉴别能力。新标准的变化通过消费者获得的分级证书、报告体现，从消费者的角度看，珍珠分级新国标实施后让消费者在全项分级结果中得到相应珠母贝或蚌的种类、珠核类型等新增信息[1]。

新旧标准的主要差异体现在5个方面：①范围的改变；②术语和定义的更新与增加；③分级的质量因素及级别的整合及调整和级别表述方式的改变；④检验方法的改变；⑤分级报告、证书内容的更新。这些不同点反映了珍珠分级标准随着行业的发展和技术的进步而进行的更新和完善。

在新增的术语和定义中，引入珠层厚度比作为质量因素的评价指标是标准修订的亮点。珠层厚度比定义：珍珠层平均厚度与该珍珠最大直径与最小直径平均值之比的百分数。新标准增加入珠层厚度百分比为珠层厚度定级评价指标，是合理且兼顾市场产品给予相符合的价值评价，符合现今珍珠行业发展的需要。对于分级检验人员来说，新标准要求理解新术语、定义，掌握新增测试方法是进行全项检验的必要前提。

对分级人员而言，检验操作中变化最大的是厚度分级。分级人员进行珠层厚度分级试验时，先要对珍珠是淡水珍珠还是海水珍珠做判断。

对于淡水珍珠：《珍珠分级》（GB/T 18781—2008）中，如果将珍珠判断为淡水珍珠，则无对应厚度级别分级。而《珍珠分级》（GB/T 18781—2023）中，分级人员将珍珠判断为淡水珍珠后，还需要区分是有核淡水珍珠还是无核淡水珍珠，才能决定使用珠层厚度比定级还是定为"特厚"（无核淡水珍珠）。

对于海水珍珠：执行《珍珠分级》（GB/T 18781—2023），分级人员需要判断珍珠的母贝是马氏珠母贝还是其他海水珠母贝，来进行直接测量定级还是计算珠层厚度比定级，比GB/T 18781—2008《珍珠分级》的厚度分级多了一些判断步骤。不同种类的珍珠，珠层厚度不同。Akoya（马氏珠母贝产出）生长周期短，因此珠层相对其他种类来说较薄，Akoya珠层厚度＞0.4 mm就已经是高品质珍珠范围内了。南洋珠、大溪地珍珠的养殖周期长，珠层更厚，通常是0.8～3 mm。

从消费者角度分析新旧分级标准的差异，标准的制定是为了更好地保障消费者的权益，消费者是珍珠分级结果的获得者。对于消费者来说，标

## 第二章 珍珠分类分级标准

准的差异体现在分级证书、报告中,消费者在全项分级证书、报告中能获得更多有价值的产品相关信息,有利于维护消费者的知情权。《珍珠分级》(GB/T 18781—2023)中报告或证书包括的内容里增加了检验编号、检验依据、检验单位、检验员签章和日期,便于追踪和管理每一批珍珠的分级过程和结果。明确分级报告或证书中检验依据,以确保报告或证书的正式性和权威性。

《珍珠分级》(GB/T 18781—2023)的实施将更好地引导珍珠分级商业行为的规范化,避免行业的不规范竞争,维护消费者的权益,维护整体珍珠产业生态链健康有序地发展。

**1. 珍珠质量因素**

(1)颜色。珍珠的颜色分为白色、红色、黄色、黑色、灰色、紫色及其他7个系列,包括多种体色:

白色系列:纯白色、奶白色、银白色、瓷白色等;

红色系列:粉红色、浅玫瑰色、淡紫红色、淡粉色、桃红色等;

黄色系列:浅黄色、米黄色、金黄色、橙黄色、橙红色、橙粉色等;

黑色系列:黑色、蓝黑色、灰黑色、褐黑色、紫黑色、棕黑色、墨绿色等;

灰色系列:银灰色、浅灰色、青灰色、棕灰色、铁灰色等;

紫色系列:粉紫色、紫红色、紫色、灰紫色、黑紫色、暗紫色等;

其他:褐色、青色、蓝色、棕色、绿黄色、浅蓝色、绿色、古铜色、蓝灰色等。

珍珠可能有伴色,如白色、黄色、红色、粉红色、紫红色、银白色、青色或绿色等伴色。

珍珠可能有晕彩,晕彩划分为晕彩强、晕彩明显、晕彩一般。

颜色的描述:以体色描述为主,伴色和晕彩描述为辅。

(2)大小。正圆、圆、近圆形珍珠以最小直径来表示,其他形状珍珠以最大尺寸乘最小尺寸表示,批量散珠可以用珍珠筛的孔径范围表示。测量珍珠大小(根据计算可判断珍珠圆度是正圆、圆或是近圆)。

(3)形状。形状级别划分见表2-2。

表2-2 形状级别

| 形状类别及级别 | | 字母代号 | 直径差百分比（%） | |
|---|---|---|---|---|
| 中文 | | | 海水珍珠 | 淡水珍珠 |
| 圆形类 | 正圆 | A1 | ≤1.0 | ≤3.0 |
| | 圆 | A2 | ≤5.0 | ≤8.0 |
| | 近圆 | A3 | ≤10.0 | ≤12.0 |
| 椭圆形类 | 短椭圆 | B1 | >10.0 | ≤20.0 |
| | 长椭圆a | B2 | | >20.0 |
| 扁圆形类b | 扁圆高形 | C1 | 具对称性，有一面或两面或近似平面状 | ≤20 |
| | 扁圆低形 | C2 | | >20.0 |
| 异形 | | D | 通常表面不平坦，没有明显对称性 | |
| a含水滴形，梨形。b具对称性，有一面或两面或近似平面状 | | | | |

（4）光泽。光泽级别划分见表2-3。

表2-3 光泽级别

| 光泽级别 | | 质量要求 |
|---|---|---|
| 中文 | 字母代号 | |
| 特强 | A | 反射光特别明亮、锐利、均匀，表面像镜子，映像很清晰 |
| 强 | B | 反射光明亮、锐利、均匀，表面像镜子，映像清晰 |
| 中 | C | 反射光明亮，表面能见物体影像 |
| 弱 | D | 反射光较弱，表面能见物体，但影像较模糊 |

（5）光洁度。光洁度级别划分见表2-4。

表2-4 光洁度级别

| 光洁度级别 | | 质量要求 |
|---|---|---|
| 中文 | 字母代号 | |
| 特好 | A | 肉眼观察表面光滑细腻，极难观察到表面有瑕疵 |
| 很好 | B | 表面有非常小瑕疵，似针点状，肉眼较难观察到 |

续上表

| 光洁度级别 | | 质量要求 |
|---|---|---|
| 中文 | 字母代号 | |
| 好 | C | 有较小的瑕疵，肉眼易观察到 |
| 中 | D | 瑕疵明显，占表面积的1/4以下，且不含影响使用的严重瑕疵 |
| 一般 | E | 瑕疵很明显，严重的占表面积的1/4以上 |

（6）珠层厚度。有核珍珠的珠层厚度级别划分见表2-5。

表2-5 有核珍珠的珠层厚度级别

| 珠层厚度级别 | | 珠层厚度比（$P^T$） |
|---|---|---|
| 中文 | 字母代号 | |
| 特厚 | A | $\geqslant 15$ |
| 很厚 | B | $12 \leqslant P^T < 15$ |
| 厚 | C | $9 \leqslant P^T < 12$ |
| 中 | D | $6 \leqslant P^T < 9$ |
| 薄 | E | $<6$ |

**2. 珍珠等级**

（1）珍珠等级级别划分。按照珍珠质量因素级别，用于装饰使用的珍珠划分为珠宝级珍珠和工艺品级珍珠两大等级。

（2）珠宝级珍珠质量因素最低级别要求。

光泽级别：中（C）。

光洁度级别：中（D）。

珠层厚度级别：中（D）。

（3）工艺品级珍珠。达不到珠宝级珍珠要求的为工艺品级珍珠。

（4）单粒珍珠饰品珍珠的分级。按上述质量因素要求确定等级。

（5）多粒珍珠饰品中珍珠分级。包括总体质量因素级别确定和匹配性级别确定两项内容。

确定饰品中各粒珍珠的单项质量因素级别；分别统计各单项质量因素

同一级别珍珠的百分数；当某一质量因素某一级别以上的百分数不小于90%时，则该级别定为总体质量因素级别；匹配性级别划分见表2-6。

表2-6　匹配性级别

| 匹配性级别 | | 质量要求 |
|---|---|---|
| 中文 | 字母代号 | |
| 特好 | A | 形状、光泽、光洁度等质量因素应统一一致，颜色、大小应和谐有美感。珠串呈渐进式变化，孔眼居中且直，光洁无毛边 |
| 好 | B | 形状、光泽、光洁度等质量因素稍有出入，颜色、大小应较和谐。珠串呈渐进式变化，孔眼居中无毛边 |
| 一般 | C | 形状、光泽、光洁度等质量因素有较明显差异，珠串呈渐进式变化，珠串孔眼稍歪斜并且无毛边 |

## 四、高品质珍珠分级

我国珍珠历史悠久、闻名遐迩，具有特殊的装饰作用。中国是全球最大的淡水珍珠产地和最重要的珍珠消费国。根据2023—2024《中国渔业统计年鉴》，2023年我国淡水珍珠总产量754.920吨，相当于高峰期的20%左右，连续三年保持增长，比2022年增加8.25%。2023年我国海水珍珠总产量2.149吨，相当于高峰期的10%左右，比2022年减少6.79%，比2021年增长7.0%[2-3]。目前我国淡水珍珠主产地在浙江、江苏、安徽、江西、湖南等省，我国海水珍珠主产地在广东省湛江市和广西北海市。广东省深圳市金丽广场和广州市荔湾广场是我国珍珠重要集散市场。但是我国高品质珍珠占比较低，珍珠养殖、色泽优化、检验检测和品质分级等与国际先进的日本Akoya珍珠和南洋珍珠还有一定差距，产品质量和生产效率相对落后。

近年来珍珠产业适应新潮流，运用数字技术开展线上营销，直播电商风生水起，不断涌现网红直播、跨境电商、微信直播等线上珍珠销售新模式，许多城市打造数字珍珠交易平台基地，目前珍珠线上年销售额达到千亿元，成为珍珠产业发展的新增长极。但是珍珠在不同的灯光背景下，颜色、光泽、伴彩和瑕疵等差异很大，主播为了激发消费冲动，实现商业交易总额GMV增长，往往展示珍珠产品不规范，以次充好，标识欠规范，损害了珍珠

## 第二章　珍珠分类分级标准

产业形象。我国现行珍珠品质分级评价标准尚不能满足市场的需要，目前日本珍珠鉴定证书在珍珠产业掌握了绝对的话语权，消费者十分信任日本对天女、花珠、真多麻等高品质珍珠鉴定证书。我国对高品质珍珠分级标准欠缺或不完善，科学性、权威性不足，国内鉴定机构不能出具相关证书，亟待制定高品质珍珠分级标准。

当前我国经济已由高速增长阶段转向高质量发展阶段，我国居民收入水平持续增长，消费升级趋势加快，生活和消费讲品质，高品质已成为推动国家、产业、企业发展的重要战略资源和提升国际影响力的核心要素。近年来通过科技攻关、技术引进、吸收和改进，我国珍珠龙头企业创新能力不断提升，可以生产高品质珍珠，在国际珠宝市场具有一定竞争力。本标准在参考大量文献基础上，明确高品质珍珠的质量要素，对珍珠的颜色、光泽、光洁度等各方面品质做出细致规定，实现国产珍珠与国外珍珠产品的对比分级，并配套珍珠实物样品，全面地展现珍珠质量特性，体现珍珠本身的气质和魅力[4-7]。依据本标准出具的珍珠检验（鉴定）证书，具有唯一识别性，做到一物一检一证，维护市场公平公正。将给珍珠生产者、经营者、特别是消费者提供详实的质量特征信息，提升消费者信心，促进我国珍珠产业高质量发展。

标准决定质量，标准可以约束质量、塑造质量、说明质量，只有高标准才有高质量。制定和实施高品质珍珠分级标准，将积极发挥标准的基础性和引领性作用，助力产品、技术和市场的提质增效，推动珍珠产业新技术、新业态、新模式的更好应用和发展，将有利于引导珠农和珍珠生产企业提高珍珠品质，激发创造创新与消费市场新活力，提高科技支撑和品质管理水平，提升我国珍珠品牌影响力和竞争力，锻造我国珍珠行业国际竞争新优势。

编制原则：遵循国家有关方针和政策、法规和规章。格式上按照《标准化工作导则　第1部分：标准化文件的结构和起草规则》（GB/T 1.1—2020）的规定进行编写。严格执行强制性国家标准，充分考虑与其他相关标准相协调。参阅大量文献，进行广泛的调查研究和必要的验证工作，掌握目前国内高品质珍珠的养殖、加工、质量检测等研究水平与技术现状等实际情况。

**1. 标准适用范围**

本文件规定了高品质珍珠的术语和定义、质量因素与品质特征、检验要求、检验方法、检验报告和标识标签的要求。

本文件适用于高品质珍珠及其饰品，不适用于经拼合、辐射、染色等处理的珍珠及其饰品。

## 2. 标准引用文件

GB/T 16552《珠宝玉石 名称》、GB/T 16553《珠宝玉石 鉴定》、GB/T 18781—2023《珍珠分级》、GB/T 23886《珍珠珠层厚度测定方法 光学相干层析法》、GB/T 31912《饰品 标识》。

## 3. 术语和定义

下列术语和定义适用于本文件。大部分源于《珍珠分级》（GB/T 18781—2023）的术语和定义，有的进行了修改。其中，主要术语和定义如下：

高品质珍珠（high quality pearl）：形状、光泽、光洁度、珠层厚度和匹配性（适用时）达到A2级或以上的质量优异的珍珠。

珠层厚度（nacre thickness）：有核珍珠从珠核外层到珍珠表面的垂直距离为珠层厚度。一粒珍珠的珠层厚度用珠层平均厚度表示，以该粒珍珠从珠核外层到珍珠表面的最大垂直距离（即最大珠层厚度）和最小垂直距离（即最小珠层厚度）的平均值来计算，用T表示。

伴色（over tone）：由珍珠表面与内部对光的反射、干涉等作用形成的，漂浮在珍珠表面的一种或几种颜色。

晕彩（iridescence）：在可见光照射下，珍珠表面与内部对光的折射、反射、漫反射和衍射等综合反应，在珍珠表面或表面下形成的可漂移虹彩色的光学现象。

瑕疵（blemish）：导致珍珠表面不光滑、不美观的内外部缺陷。主要有腰线、隆起（丘疹）、尾巴、凹陷（平头）、皱纹（沟纹）、破损、缺口、斑点、夹痕、划痕、剥落痕和裂纹等。

光洁度（surface perfection）：珍珠表面由瑕疵类型、大小、颜色、位置及多少决定的光滑、洁净的总程度。

珍珠平均直径（pearl mean diameter）：表示同一粒珍珠最大直径与最小直径的平均值。

直径差百分比（diameter difference percentage）：最大直径与最小直径之差和珍珠平均直径之比的百分数，用$P^d\%$表示。

## 4. 高品质珍珠质量因素及级别

（1）形状级别。高品质珍珠的形状级别划分见表2–7。

## 第二章 珍珠分类分级标准

表2-7 高品质珍珠形状级别

| 形状级别 | | 直径差百分比$P^d$% | |
|---|---|---|---|
| 中文 | 代号 | 海水珍珠 | 淡水珍珠 |
| 圆 | $A_1$ | ≤5.0 | ≤8.0 |
| 近圆 | $A_2$ | ≤10.0 | ≤12.0 |

（2）光泽。高品质珍珠的光泽级别划分见表2-8。

表2-8 高品质珍珠光泽级别

| 光泽级别 | | 质量要求 |
|---|---|---|
| 中文 | 代号 | |
| 极强 | $A_1$ | 反射光特别明亮、锐利、均匀，表面像镜子，映像很清晰 |
| 强 | $A_2$ | 反射光明亮、锐利、均匀，映像清晰 |

（3）光洁度。高品质珍珠的光洁度级别划分见表2-9。

表2-9 高品质珍珠光洁度级别

| 光泽级别 | | 质量要求 |
|---|---|---|
| 中文 | 代号 | |
| 特好 | $A_1$ | 肉眼观察表面光滑细腻，极难观察到表面有瑕疵 |
| 很好 | $A_2$ | 表面有非常少的瑕疵，似针点状，肉眼较难观察到。孔后无瑕 |

（4）珠层厚度。高品质有核珍珠珠层厚度级别划分见表2-10。

表2-10 高品质有核珍珠珠层厚度级别

| 珠层厚度级别 | | 珠层厚度（mm） | | |
|---|---|---|---|---|
| | | 海水有核珍珠 | | 淡水有核珍珠 |
| 中文 | 代号 | 马氏珠母贝珍珠 | 珠母贝（黑蝶贝）、大珠母贝（白蝶贝、金唇贝）珍珠 | |
| 特好 | $A_1$ | ≥0.5 | ≥1.4 | |
| 很好 | $A_2$ | ≥0.4 | ≥1.2 | |

### 5. 高品质珍珠分级

（1）单粒珍珠的分级。按照第四章质量因素级别进行分级。形状、光泽、光洁度和珠层厚度都达到$A_1$级，确定为5A级；形状、光泽、光洁度和珠层厚度都达到$A_2$级或以上，其中有一项达不到$A_1$级，确定为4A级；形状、光泽、光洁度和珠层厚度都达到$A_2$级或以上，其中有两项达不到$A_1$级，确定为3A级。

（2）多粒珠组合的分级。多粒珠组合的匹配性级别见表2-11。形状、光泽、光洁度、珠层厚度和匹配性都达到$A_1$级，确定为5A级；形状、光泽、光洁度、珠层厚度和匹配性都达到$A_2$级或以上，其中有一项达不到$A_1$级，确定为4A级；其中有两项达不到$A_1$级，确定为3A级。

表2-11 珍珠匹配性级别

| 匹配性级别 | | 匹配性要求 |
| --- | --- | --- |
| 中文 | 代号 | 质量要求 |
| 特好 | $A_1$ | 形状、光泽、光洁度等质量因素统一一致，颜色、大小应和谐有美感。珠串呈渐进式变化，孔眼居中且直，光洁无毛边 |
| 很好 | $A_2$ | 形状、光泽、光洁度等质量因素稍有出入，颜色、大小较和谐。珠串呈渐进式变化，孔眼居中无毛边 |

6. 检验要求

（1）环境要求。应在无阳光直接照射的室内进行，检测鉴定环境的色调应为白色或中性灰色，光源色温在5500～7200 K范围内。

（2）人员要求。从事高品质珍珠分级的技术人员应受过专门的技能培训，掌握正确的操作方法。应佩戴柔软洁净的手套，穿着的衣物应为白色或灰色。由2名或2名以上技术人员独立完成同一被检珍珠样品的分级，并取得一致结果。

7. 检验方法

（1）颜色：在GB/T 18781—2023中6.1环境下，肉眼距离被测珍珠样品15～20 cm，滚动珍珠，找出主要颜色，即体色；从珍珠表面反射光中，寻找珍珠有无伴色和晕彩，记录珍珠样品的体色、伴色或晕彩。

（2）大小：按照GB/T 18781—2023中6.2的规定执行。

（3）形状：按照GB/T 18781—2023中6.3的规定执行。

（4）光泽：按照GB/T 18781—2023中6.4的规定执行。

（5）光洁度：按照GB/T 18781—2023中6.5的规定执行。

（6）珠层厚度。

直接测定法：按照GB/T 18781—2023中6.6.1.1的规定执行。

X射线法：按照GB/T 18781—2023中6.6.1.2的规定执行。

光学相干层析法：按照GB/T 23886的规定执行。

（7）匹配性：清洁干燥被检样品，按表2-11确定匹配性级别。

**8. 分级报告或证书**

基本内容：分级报告或证书应包括以下内容：产品名称及其图片（名称应标明海水珍珠或淡水珍珠）；总质量（单位为克，g）；珍珠等级（5A、4A或3A）及质量因素分级：颜色、大小、形状、光泽、光洁度、珠层厚度、匹配性（适用时）、检验依据、检验人员、检验日期。质量因素级别的表示方法：分级报告、证书中的质量因素级别可用中文或代号表示。

质量因素级别的表示方法：分级报告、证书中的质量因素级别可用中文或代号表示。

**9. 标识标签**

珍珠或珍珠饰品标识应符合GB/T 31912的规定。

## 参考文献

［1］梁欢，许彩娟，黎易. 从检验员及消费者角度分析珍珠分级新旧国标差异［J］. 轻工标准与质量，2024（3）：23-25.

［2］农业农村部渔业渔政管理局，全国水产技术推广总站，中国水产学会. 2023中国渔业统计年鉴［M］. 北京：中国农业出版社，2023.

［3］农业农村部渔业渔政管理局，全国水产技术推广总站，中国水产学会. 2024中国渔业统计年鉴［M］. 北京：中国农业出版社，2024.

［4］熊大仁. 珍珠的质量和影响珍珠质量的因素［J］. 水产与教育，1975（1）：56-61.

［5］邓燕华，袁奎荣. 控制我国珍珠质量的因素［J］. 桂林工学院学报，2001，21（1）：6-12.

［6］李家乐，刘越. 影响养殖珍珠质量的主要因子［J］. 水产学报，2011，35（11）：1753-1760.

［7］沈美东，董靖. 如何进行珍珠分级［J］. 中国黄金珠宝，2009（5）：112-117.

# 第三章 珍珠养殖标准

## 一、马氏珠母贝

马氏珍母贝又称合浦珠母贝（*Pinctada martensii*）。贝壳斜四方形，背缘略平直，腹缘弧形，前、后缘弓状。前耳突出，近三角形；后耳较粗短。属软体动物门、双壳纲、珍珠贝目、珍珠贝科。在中国分布在广西、广东和台湾海峡南部沿海一带。20世纪初日本首先用马氏珠母贝作母贝养殖。60年代以来，中国成为马氏珠母贝养殖海水珍珠的出口国。我国出产的由马氏珠母贝所生产的珍珠被称为南珠，以其优良品质在世界珠宝界享有盛誉，自古就有"西珠不如东珠，东珠不如南珠"的美誉[1-2]。目前有水产行业标准《马氏珠母贝》（SC/T 2071—2014）和《马氏珠母贝 亲贝和苗种》（SC/T 2072—2015）。

水产行业标准《马氏珠母贝》（SC/T 2071—2014）给出了马氏珠母贝主要形态特征、生长与繁殖、细胞遗传学特性、检测方法和判定规则。适用于马氏珠母贝种质检测和鉴定。

水产行业标准《马氏珠母贝 亲贝和苗种》（SC/T 2072—2015）规定了马氏珠母贝亲贝和苗种的质量要求、检验方法、检验规则及运输要求。适用于马氏珠母贝亲贝和苗种质量评定。以下对《马氏珠母贝 亲贝和苗种》（SC/T 2072—2015）进行解读，涉及的第4章、表1、表2都源于此标准。

**1. 亲贝**

亲贝来源于捕自自然海区的野生亲贝。采用原（良）种场提供的亲贝。质量要求如下：

规格：壳长>6 cm，壳高>7 cm，壳宽>2.5 cm，体重>50 g。

年龄：宜用2.5～4.0年龄。

外观：亲贝宜选择个体大、体型端正无损、活力强、对外界反应灵敏，壳表面外缘鳞片生长旺盛且壳体没有被才女虫穿凿钻孔病变的。

内观：壳内面的珍珠层质光亮艳丽，呈银白色略带彩虹色或黄色，外套膜无萎缩。

性腺成熟：雌贝生殖腺呈黄色或浅黄色，表面光滑，富弹性。雄贝生殖腺呈乳白色或橘红色，流出的精液呈乳白色鲜奶状。

生殖细胞：卵子大小均匀一致，圆形或梨形，柄短，卵黄颗粒分布均匀，卵膜薄而光滑，直径为48 μm左右；精子在海水中游动活跃。

**2. 苗种来源**

符合第4章规定的亲贝所繁殖培育的苗种。

苗种规格分为出池苗、小规格苗种、中规格苗种和大规格苗种，见表1。

外观：大小均匀，鳞片生长鲜明、旺盛，足丝附着力强，无附着污物。

可数指标：苗种规格合格率、畸形率、伤残率及死亡率应符合表2的要求。

**3. 检验方法**

亲贝来源查证：查阅亲本培育档案和繁殖生产记录。

亲贝外观：肉眼观察亲贝外观。

亲贝年龄：根据养殖档案记录确定年龄或从贝壳表面的周年生长有间隔环状鳞片的轮廓判定其生长年龄。

亲贝可量性状：随机抽取20～30只亲贝作为样品，除去附着生物，擦洗干净，以游标卡尺测量壳长、壳高、壳宽，用天平称个体湿重量。

亲贝生殖细胞：用显微镜观察卵子形状和精子活力。

苗种外观：肉眼观察苗种外观、比较，判断是否符合质量要求。

苗种规格合格率：用抽样计数法得出规格合格率。

苗种畸形率和伤残率：在抽样计数时，将抽取出池苗、养殖苗种规格的几个样品分别充分混合均匀，从中随机抽取不同规格的苗种200～300只，查计畸形、伤残及死亡数量，统计畸形率、伤残率及死亡率。

**4. 检验规则**

亲贝：亲贝销售时或繁殖前应进行检验。按照质量要求和检验方法对抽取的样品逐项检验，其中一项不符合要求则判定为不合格亲贝。

苗种：苗种出售前必须通过检验。

组批规则：出池苗以同一批培育池的苗种为一批；不同规格的养殖苗种以一次出售为一批。

判定规则：按照质量要求和检验方法的规定逐项检验，其中一项达不到规定要求，判定本批苗种为不合格。若对计数结果有争议，可由购销双方协商,按本标准规定的检验方法和规则重新抽样复检,并以复检结果为准。

5. 苗种计数

(1) 数量计数。①出池苗:在一个培育池内的不同位置各抽取一串附苗器,分别从附苗器的上中下位置轻取1~2片计算样品苗种平均数,换算出每片附苗器上的苗种数量,推算出整个培育池附苗器的出池苗数量。②养殖苗:从相同的养殖笼具中随机抽取一个笼具作为样品进行计数,然后按同批次、同规格的养殖苗种,每组分别重复抽取4~5个样品进行计数,求出苗种平均数,再按贝笼数推算不同规格的苗种总数。

(2) 重量计数。①出池苗:从一个培育池中收集出池苗并清洗除去杂质,用过滤网袋滤去水分,放在电子天平上称总重量,然后在上中下位置随机抽取2~5 g分别称重,并进行个体计数,求出平均数,据此推算出池苗的数量。②养殖苗:把同一规格的养殖苗种从同一种养殖笼具中全部取出,清除出附着物,洗净后称总重量,然后随机抽取4~5个样品进行称重和计数。每个样品的苗种称取50 g(每个样品的苗种重量应>50 g),计算所取样品的平均重量的苗种数量,再按总重量计算同一规格的苗种总数量。

6. 运输要求

亲贝运输:采用干露或带水运输亲贝。干露可用车船,采用露空遮光、防雨淋、保温、湿润方法运输。水运可用活水车、活水船,充氧运输。用水水质应符合《渔业水质标准》(GB 11607—1989)或《无公害食品 海水养殖用水水质》(NY 5052—2001)的要求。注意需要长时间运输时,不应选择性腺发育处于成熟期的亲贝,以免途中排精放卵造成体质虚弱而导致亲贝死亡。

运输时间:干运时气温在22~25 ℃,途中防风干、日晒,运输时间在12 h以内;水运时温度不高于26 ℃,运输时间在12 h以内,时间加长,中途必须换水、充氧。

苗种运输包括出池苗运输和养殖苗运输。

出池苗运输:用双层聚乙烯薄膜袋装入1/4海水,然后充氧打包装,装入泡沫包装箱中,包装箱加冰袋或用封口袋装入冰块(冰袋及冰块用旧报纸裹包),再用胶带封箱。温度23~25 ℃,运输时间在12 h以内,途中防止日晒。

养殖苗运输:采用干运和水运方法运输。干运法:苗种露空运输,温度22~25 ℃,运输时间在10 h以内。可用保温车运输,防日晒雨淋及防风干,车厢内铺有一层吸足海水的布料或海草、海绵,并用这些材料盖在苗种的上面保持湿度。途中常用海水喷淋,但要注意避免积水浸泡苗种。水运法:苗种浸在海水中运输,水温23~26 ℃,运输时间在12 h以内。可用活水车充氧运输,防日晒,保持温度。用水水质应符合《渔业水质标准》(GB 11607—1989)或《无公害食品 海水养殖用水水质》(NY 5052—2001)的要求。

## 二、三角帆蚌

三角帆蚌俗称河蚌、珍珠蚌、淡水珍珠蚌、三角蚌,学名 *Hyriopsis cumingii*。淡水双壳类软体动物,属双壳纲、蚌科、帆蚌属,是我国淡水珍珠养殖的当家品种,广泛分布于湖南、湖北、安徽、江苏、浙江、江西等省,尤以我国洞庭湖以及中型湖泊分布较多[3]。壳大而扁平,壳面黑色或棕褐色,厚而坚硬,长近20 cm,后背缘向上伸出一帆状后翼,使蚌形呈三角状。后背脊有数条由结节突起组成的斜行粗肋。珍珠层厚,光泽强。铰合部发达,左壳有2枚侧齿,右壳有2枚拟主齿和1枚侧齿。雌雄异体。目前有国家标准《三角帆蚌》(GB 20553—2006)和浙江省地方标准《无公害三角帆蚌苗种》(DB33/T 741—2009)。

国家标准《三角帆蚌》(GB 20553—2006)给出了三角帆蚌的学名与分类、主要形态特征、生长与繁殖、细胞遗传学特性、生化遗传学特性及检测方法。适用于三角帆蚌的种质检测与鉴定。

浙江省地方标准《无公害三角帆蚌苗种》(DB33/T 741—2009)规定了无公害三角帆蚌苗种的术语和定义、蚌苗质量、小蚌质量、手术蚌质量、检验方法和规则。适用于无公害三角帆蚌苗种的质量评定。

涉及下列术语和定义适用于本标准。

蚌苗:壳长0.3~0.8 cm。

小蚌:壳长0.8~6.0 cm。

手术蚌:蚌壳长≥6.0 cm的用于植片和植片的蚌。

**1. 蚌苗质量要求**

外壳乳白色,半透明,能看到充满消化物的后肠。蚌壳生长线基本均匀,表面平整。离水时喷水有力。壳长差异率≤20%。无蛭类等寄生虫。

**2. 小蚌质量要求**

外壳逐渐呈黄褐色、绿褐色,透明度下降。生长线均匀光滑、平整,没有明显凹凸。帆部呈三角形。离水时喷水有力。壳长差异率≤15%。外壳光滑，蚌体无蛭类等寄生虫。

### 3. 手术蚌质量

外壳逐渐呈黄褐色、绿褐色，色泽鲜明，生长线宽大清晰，壳顶无白化。壳腹缘软边明显，两壳间宽厚，斧足肥壮，外套膜呈玉白色。受惊或离水时闭壳迅速，喷水有力。壳长差异率≤10%。外壳光滑，蚌体无蛭类等寄生虫。氯霉素、孔雀石绿代谢物和呋喃唑酮代谢物残留不得检出。

### 4. 检验方法

组批：以同一批次培育的三角帆蚌苗种，按一个育苗池（或一箱）为检验批次，抽检方式如下：20只以下育苗池（或箱）抽检1只池（或箱），20只以上按1%～5%的比例抽检。

取样：每批蚌苗和小蚌，各随机取样100只以上；手术蚌随机取样50只以上。

方法：

外壳：将蚌苗、小蚌或手术蚌置于洁净的解剖盘内，用肉眼观察或用放大镜观察。

壳长：用游标卡尺测量蚌的前后端点距离。

生长线：肉眼观察。

寄生虫：在普通显微镜下，按鱼病常规诊断方法检验并计数。

氯霉素的测定按《可食动物肌肉、肝脏和水产品中氯霉素、甲砜霉素和氟苯尼考残留量的测定液相色谱—串联质谱法》（GB/T 20756—2006）中的规定进行。

孔雀石绿代谢物的测定按《水产品中孔雀石绿和结晶紫残留量的测定》（GB/T 19857—2005）中的规定进行。

呋喃唑酮代谢物的测定按《水产品中硝基呋喃类代谢物残留量的测定液相色谱—串联质谱法》（DB33/T 599—2006）中的规定进行。

### 5. 判定规则

检验结果蚌苗质量全部达到第4章规定的各项指标要求，则判为本批次蚌苗合格；检验结果小蚌质量全部达到第5章规定的各项指标要求，则判为本批次小蚌合格；检验结果手术蚌质量全部达到第6章规定的各项指标要求，则判为本批次手术蚌合格；若6.6条款不合格则判本批次产品不合格。其他指标若有一项不合格，允许加倍抽样将此项指标复检一次，复检仍不合格的，则判定为不合格产品；有两项及两项以上指标不合格，则判定本批次产品不合格。

### 三、马氏珠母贝养殖与插核育珠技术规程

水产行业标准《马氏珠母贝养殖与插核育珠技术规程》(SC/T 5802—2021)确立了马氏珠母贝（*Pinctada fucata martensii Dunker*，1872）养殖与插核育珠技术规程的程序，规定了人工育苗、母贝养成、插核、休养与育珠和采珠等阶段的操作指示，描述了生产资料和生产记录建档的追溯方法。本文件适用于马氏珠母贝人工育苗、养殖和育珠。以下对《马氏珠母贝养殖与插核育珠技术规程》(SC/T 5802—2021)进行解读，涉及的附录B、附录C、附录E.1、附录E.2、附录F、附录H和附录I都源于此标准。主要内容如下：

1. **术语和定义**

贝龄：马氏珠母贝出池苗转入海区后生长的时间。

插核：把珠核和细胞小片插入手术贝内脏团规定位置的操作过程。

母贝：用于插核或制备细胞小片的珍珠贝。

排贝：插核前，将手术贝腹缘朝上紧密排列于透水容器，浸没于水槽内的洁净海水中一段时间的操作过程。

色线：马氏珠母贝外套肌集束和外套膜边缘之间的一条由腺细胞形成的淡褐色的线。

施术贝：完成插核后，处于休养阶段的珍珠贝。

手术贝：经过术前处理后，用于插入珠核和细胞小片的珍珠贝。

术前处理：调整母贝生理状态至符合插核要求的过程。

栓口：把楔形塞子插入手术贝的前腹角保持贝壳张开的操作过程。

小片贝：专门用于制备细胞小片的珍珠贝。

休养：调整施术贝生理状态恢复至正常的过程。

眼点：发育成熟的壳顶幼虫在消化盲囊的腹面，靠近软体部后方出现的深色色素点。

育珠贝：插核后经过休养进入育珠阶段的珍珠贝。

2. **马氏珠母贝养殖与插核育珠程序的构成**

马氏珠母贝养殖与插核育珠程序包括5个阶段，人工育苗（5.1）、母贝养成（5.2）、插核（5.3）、休养与育珠（5.4）和收珠（5.5）。

3. **人工育苗**

水质：水源水质应符合《渔业水质标准》(GB 11607—1989)的要求，

育苗用水应过滤处理。

亲贝要求：亲贝种质应符合《马氏珠母贝》（SC/T 2071—2014）的要求，亲贝质量应符合《马氏珠母贝 亲贝和苗种》（SC/T 2072—2015）的要求。雌贝生殖腺呈黄色或浅黄色，表面光滑，富弹性。雄贝生殖腺呈乳白色，流出的精液呈乳白色鲜奶状。亲贝雌雄比例宜为3∶1～8∶1。

人工授精，包括诱导催产受精和解剖法授精[4]。诱导催产受精：采用阴干流水法、温差法或阴干流水+温差混合法等方法，刺激亲贝排放精卵，自然受精。解剖法授精：解剖获得内脏团，用消毒脱脂棉擦除内脏团表面黏液，通过吸管吸取或用手指挤压生殖腺分别采集精卵，在0.05‰左右的氨海水中完成授精。

受精环境：宜在玻璃容器中进行，海水温度23～30 ℃，海水盐度24～32。受精过程应避免阳光照射。

孵化：受精后每隔30～50 min用虹吸法换水，换水2～3次后静置，待幼虫上浮后，再将幼虫收集到育苗池。

幼虫培育：包括①密度：育苗水体中的幼虫密度以1～3个/mL为宜。②换水：随着幼虫发育，换水量由1/3逐步增加到1/2～2/3，换水前后育苗水体温度变化不宜超过2 ℃、盐度变化不宜超过3‰。③投饵：日投喂2次，换水前4 h以上或换水后投喂。不同发育阶段的饵料种类和投饵量见附录A。④充气：置气石0.5～1个/m$^2$，连续充气。在D型幼虫期充气保持水面微波状，壳顶幼虫期后气量逐渐加大，附着后水面微沸状，水体中溶氧量应大于等于1.5 mg/L。⑤光照：光照强度宜控制在500 lx以下。⑥附着：20%的幼体出现眼点时，在2～3 d内分批投完附着基，或在30%的幼体出现眼点时一次性投放附着基。⑦收苗：贝苗壳长≥2 mm时，从附着基上轻柔洗脱收集。苗种质量应符合《马氏珠母贝 亲贝和苗种》（SC/T 2072—2015）的要求。⑧育苗用海水排放：育苗用海水的排放应符合《海水养殖水排放要求》（SC/T 9103—2007）的要求。

### 4. 母贝养成

场地条件：养殖海区以风浪较平静、潮流畅通、饵料生物丰富，底质以沙泥、沙、砾石或岩礁为宜。水质应符合《渔业水质标准》（GB 11607—1989）的要求，水温宜≥13 ℃，盐度宜≥20。

养殖方式：常用的养殖方式有短桩式平养、长桩式吊养、棚架式吊养、浮筏式吊养和浮球延绳筏吊养等。不同的场地条件宜采用相应的养殖方式，见附录B。

养殖管理：①清洗与分疏：清洗笼具和贝体，更换不同网目的笼具并分疏养殖，见附录C。②污损及敌害生物清除：将笼具和贝体一同浸泡于淡水中30～60 min，或人工清除贝体表面污损生物及笼具中的敌害生物。

5. 插核

核位：核位有3个，常用左袋和右袋，见附录D。

插核季节：春秋两季，春季为主，水温宜在18～28 ℃。

（1）插核母贝准备如下：

插核母贝选择：贝龄宜≤30个月，贝体健康，壳形完整端正，腹缘鳞片明显，无病虫害。

术前处理操作：利用温差、充气刺激诱导插核母贝排放精卵后，将贝装入术前处理笼（见附录E.1）中，贝体约占术前处理笼七成容积，吊养在3～5 m水层中，处理至插核母贝不长新鳞片、足丝2条左右、生殖腺呈乳白半透明、核位膨胀触碰有弹性。

小片贝选择：宜选贝龄≤24个月，壳高≥5.5 cm，贝体健康，贝壳珍珠层银白或彩虹色、外套膜色泽鲜亮的母贝。

插核工具：插核工具包括切片刀、通道针、送核器、小片针、开口器、夹贝台等（见附录F），插核前应清洁消毒。

手术贝准备：插核前对手术贝进行清洁、排贝、栓口，栓口后宜在30 min内完成插核。

珠核准备：插核前用过滤海水清洗珠核，置于装有过滤海水的浅口碟中。手术贝的体重与插入珠核直径对照见表3-1。

表3-1 手术贝的体重与插入珠核直径对照

| 手术贝的体重（g） | 珠核直径（mm） | |
| --- | --- | --- |
| | 左袋 | 右袋 |
| 20 | 2.5～3.0 | 2.0～2.5 |
| 25 | 3.5～4.5 | 3.0～4.0 |
| 40 | 6.0～7.0 | 5.5～6.5 |
| 50 | 7.0～8.0 | 6.0～7.0[a] |
| 60 | 8.0～9.0 | 7.0～8.0[a] |
| [a]视具体情况，可插也可不插 | | |

（2）外套膜小片制备：

取片条：切断小片贝闭壳肌，打开贝壳，在外套膜肌集束端和色线之间，从唇瓣下方至肛门腹面之间切取片条后，放在清洁、湿润的玻璃板或木块上。切取位置见附录G。

修片条：用湿润洁净的棉球轻柔擦拭片条黏液和杂质，以色线为中心线修裁两侧的边缘，使其宽度为2～3 mm。

切外套膜小片：根据插核方式，调整已修片条贴壳面的朝向，将片条切成长度2.0～3.5 mm的小片。珠核直径与外套膜小片规格对照见表3-2。

表3-2　珠核直径与外套膜小片规格对照

| 珠核直径（mm） | 外套膜小片长度（mm） |
| --- | --- |
| ≥9.0 | 3.0～3.5 |
| 7.0～9.0 | 2.5～3.0 |
| 5.0～7.0 | 2.0～2.5 |
| 3.0～5.0 | 约2.0 |

外套膜小片处理：切好的外套膜小片立即用3%的汞溴红溶液（生理盐水或过滤海水配置）浸润，宜20 min内使用。

（3）插核手术：

切口：将已栓口的手术贝固定在夹贝台上，用开口器撑开贝壳，在足基部与内脏团交界处开一个弧形切口。切口应在缩足肌的正上方或偏于背面，与足基部的黑线平行或成30°角。刀口深度要浅，切口宽度略小于珠核直径，不要割伤足丝腺。

通道：用通道针打开通道，通道宽度略小于珠核直径，深度不超过核位。

送珠核、外套膜小片：用送核器将珠核经切口和通道送至核位。用小片针刺在距外套膜小片边缘1/3处挑起外套膜小片，送入核位，外套膜小片的贴壳面应完全展开并紧贴珠核。

施术贝处理：从施术贝中取出开口器，将贝体腹缘朝上倾斜约45°角，整齐排满休养笼（见附录E.2）底部，表面加网盖。或放入微流动海水中暂养1～4 h，再装入休养笼。下海休养，运输过程干露时间不宜超过2 h。

6. 休养与育珠

场地条件：养殖场地宜避风，浪小，潮流平缓畅通，其他条件符合5.2.1。

（1）休养。

吊养：吊养水层为3～5 m，宜在浮筏上休养。

休养管理：休养周期20～30 d，其间应抽查施术贝死亡、吐核情况，并采取相应措施。

（2）育珠。

育珠贝养殖方式：参见母贝养殖方式（见附录B），宜采用浮球延绳筏养殖。

笼具与养殖密度：根据养殖方式，采用相应养殖笼具和养殖密度，见附录C。

育珠管理：休养期结束后，宜采用X光珠核检测仪分选出含珠核的育珠贝进行后期养殖。定期抽样检查珍珠生长情况，调整养殖密度和吊养水层。定期清理敌害和污损生物。片式笼宜用机械设备清洗与清理。

收珠：珠层厚度达到GB/T 18781珠宝级最低要求方可收珠。收珠季节宜在12月至翌年2月。开贝取珠后，应尽快用加入洗洁精的温淡水将珍珠清洗干净，干燥后保存。

**7. 追溯方法**

生产资料建档：应对每批入库的原料、辅料、药品等的验收或检验报告分类存档备查。

生产记录建档如下。

批次编号：应对人工育苗、母贝养成、插核育珠和收珠每个生产阶段的不同批次分别编号。

建立养殖追溯卡：每个批次应建立养殖类型、批次、种类等内容养殖追溯卡，生产周期结束，归档存放。养殖追溯卡的内容见附录H。

记录养殖日志：应对每个批次的养殖过程进行记录，生产周期结束，归档存放。养殖日志内容见附录I。

追溯：每个批次养殖过程中或结束后，根据存档资料可以追溯贝种、药品等生产资料来源和追查每个生产环节的管理、操作细节。

## 四、淡水有核珍珠培育技术规范

淡水有核珍珠是我国采用三角帆蚌（*Hyriopsis cumingii*）、池蝶蚌（*Hyriopsis schlegeli*）、褶纹冠蚌（*Cristaria plicata*）蚌等进行人工植核养殖的淡水珍珠。广东汕头是淡水有核珍珠的发源地，最早取得大规模养殖淡水有核珍珠的成功，并在我国长江中下游地区进行推广应用[5]。日本对珍珠生产、质量检测和分级等制定了一系列标准以规范管理,其珍珠质量在国际上享有很高的声誉。我国淡水有核珍珠产业标准化水平低,产品缺乏竞争力。多年来,由于缺乏淡水有核珍珠养殖技术规范,导致淡水有核珍珠质量低下,经济效益不好。因此,制定广东省淡水有核珍珠养殖技术规范的地方标准已迫在眉睫。

在这一背景下,2010年12月广东省海洋与渔业局下达了广东省地方标准《淡水有核珍珠养殖技术规范》(DB44/T 1020—2012)的编制任务,由广东海洋大学和广东绍河珍珠有限公司承担本标准的起草制定工作。自2010年12月接受广东省海洋与渔业局《淡水有核珍珠养殖技术规范》地方标准的编制任务后,广东海洋大学和广东绍河珍珠有限公司成立了标准起草小组,包括多名长期从事淡水珍珠养殖、加工和质检的具有制定相关标准的经验和能力的专业技术人员。起草小组多次到广东、浙江、湖南、安徽、江苏等淡水有核珍珠生产企业,深入现场考察和调研,搜集了大量的技术资料和样品,对淡水有核珍珠的养殖环境条件、母蚌的选择与养成、植核手术、术后休养、放养、育珠管理和收珠等操作规程进行了必要的验证工作。

起草小组对所掌握的试验验证、市场调研和有关文献等资料,进行了全面的整理和分析。同时参考了国内相关标准,如国家标准《渔业水质标准》(GB 11607—1989)和《无公害食品 淡水养殖用水水质》(NY 5051—2001)。在上述工作的基础上,按照国家标准《标准化工作导则第一部分:标准的结构和编写规则》(GB/T 1.1—2009)等的规定进行编写。于2011年9月完成了本标准的征求意见稿,征求有关技术专家和行业管理人员对本标准的意见。发出10份专家征求意见稿并收回标准征求意见表10份,起草小组针对反馈意见,编写了意见汇总处理表,并对标准征求意见稿进行了修改,于2011年12月形成本标准的送审稿。2012年1月6—7日通过广东省质量技术监督局和广东省海洋与渔业局组织的审订,并根据审订意见进行修改,形成报批稿。广东省质量技术监督局2012年6月4日发布,2012年9月15日实施。

本标准主要对淡水有核珍珠的养殖环境条件、母蚌的选择与养成、植核手术、术后休养、放养、育珠管理和收珠等操作规程进行规定,主要内容如下:

**1. 环境条件**

养殖水质应符合《渔业水质标准》(GB 11607—1989)的规定,养殖水质应符合《无公害食品 淡水养殖用水水质》(NY 5051—2001)中的有关规定。

养殖场地选择淡水流域的池塘、沟涧、水塘、水库、河道,水源充足,水质清新,排灌方便,水深为1.5~8.0 m。

物理因子、化学因子和生物因子的有关指标通过长期生产实践经验确定。

### 2. 母蚌的选择

育珠母蚌主要选用河蚌优良品系,具备以下要求:蚌体宽、壳厚、腹缘中间至出水口处饱满呈椭圆形;珍珠层光泽明亮、鲜艳;软体部健壮、饱满,外套膜肥厚;生命力强盛。

### 3. 母蚌养成

在蚌苗培育中,一般在培苗池培育的蚌苗生长至1.5 cm以后便移至大水体养成。可采用网笼底铺垫塑料膜加泥土,播入蚌苗吊养,当蚌苗生长至约8 cm后便弃土换笼吊养,使蚌苗的外套膜适当增厚,壳高约9 cm开始植核育珠。在实施植核育珠使用的母蚌中,第一年可以参照上述植片培育无核珍珠母蚌的培育方法;第二年当蚌苗生长至12 cm后,必须使用网夹片笼装放,将蚌腹朝上竖立吊养,促使蚌体增宽,外套膜增厚。从繁殖育苗开始,至母蚌养成约两周年时间,当母蚌生长至壳高15 cm以上便可以提供植核育珠。

### 4. 植核手术

珠核处理:手术植核之前必须将珠核残留的酸性物质和重金属离子除去。然后,将珠核涂上一层相关药膜,其作用为:术后抗菌消炎;为创口补充营养能量;避免创伤摩擦,减少排异脱核。标准提出了植核操作的具体过程和要求。

植核操作:具体步骤可参照有关专利[6-7]。植核的大小和数量是根据手术蚌和珠核的大小而定。2龄母蚌体长达15 cm时,选用直径为6~7 mm的珠核,植核数量10粒/只。核位错位排列,分布示意图见图3-1。

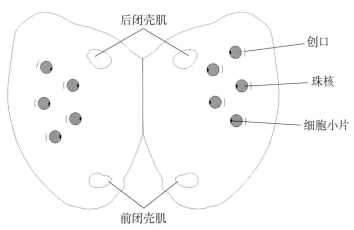

**图3-1 植核位置分布**

植核手术注意事项：无论是先送片后送核或先送核后送片，细胞小片一定要紧贴在珠核表面。手术后的创口可采用脱脂棉擦干，用医用生物黏合胶黏合，避免休养池池水大量进入创口。保持良好的卫生条件，手术工具等都要经过严格消毒，要用盛有消毒液的水杯装放，每半天收工时必须清洗干净，开工时再用消毒液装放。

### 5. 术后休养

育珠前的准备：在吊养育珠蚌前15~20天，有条件时要进行干塘消毒，清除周边水草和埂边旱草后，用生石灰按1125~1500 kg/ha的用量消毒，曝晒3~5天后，加满新鲜水，施用经充分发酵后的有机肥料培养、繁殖浮游生物，保证在育珠蚌吊养时有丰富的饵料生物。

休养方式：育珠蚌手术后，休养期一般为20~30天，用网夹片笼吊养，腹缘朝上，以降低脱核率。休养期过后，采用笼养或网箱吊养。

标准提出了植核手术后的休养方式和管理措施，为有核珍珠培育进行指导。

### 6. 育珠管理

水质调节中的物理方法、化学方法、生物方法和日常管理通过长期生产实践经验确定。

### 7. 病害防治

三角帆蚌、池蝶蚌和褶纹冠蚌等的主要病害和防治方法通过长期生产实践经验确定[8]。

### 8. 收珠

用小刀将育珠蚌的闭壳肌割断，打开蚌壳，刮去蚌肉，取出珍珠后将珍珠用清水洗净，用软布擦干或自然晾干，分类保存。育珠周期长短应根据育珠蚌珍珠质分泌速度和植核手术情况而定。植核后一次性收获珍珠的育珠周期是2~3年，选择在水温较低的11月、12月和1月较为适宜。

本标准提出了淡水有核珍珠培育的时间和收获季节，可指导淡水有核珍珠的养殖与收获。GB/T 18781—2008珍珠分级标准要求珍珠厚度要大于0.3 mm，为了保证淡水有核珍珠的质量，建议珠层厚度达0.3 mm以上时采收；11、12月和1月，水温比较低，珍珠层比较细密，珍珠光泽好，在此时收获珍珠比较合适。

## 五、大珠母贝工厂化中间培育技术规范

### 1. 编制背景

近年来由于极端天气频发、海洋环境恶化、马氏珠母贝品种退化、养殖技术落后和管理不规范等原因,育珠贝死亡率增加,且培育的珍珠粒径小(一般小于7.5 mm)、薄层珠、污珠和畸形珠率高,采用马氏珠母贝培育的珍珠产量和质量不断降低,湛江珍珠产业十分低迷。随着现代社会发展和生活水平提高,普遍追求个性化,开发新的珍珠母贝和培育优异大颗粒(一般小于10 mm)珍珠品种已非常迫切。大珠母贝 Pinctada maxima(Jameson)俗称白蝶贝,生长快,成体大,是生产大型优质珍珠的最佳母贝。大珠母贝能培育价值高昂的具有国际竞争力的银白色和金黄色南洋珍珠,其贝壳可用于制作优美的贝壳工艺品和室内建筑装饰材料。我国于20世纪70年代开始进行大珠母贝人工繁育、养殖和育珠研究,积累了一定的经验。湛江市海域具有野生大珠母贝群体,由于极端天气频发、近海水域环境恶化、水质条件复杂多变,大珠母贝中间培育成功率很低,苗种质量良莠不齐,制约了大珠母贝相关产业的发展[9-11]。

世界各国一直都把开发新的育珠珍珠贝作为重要的研究方向。近几年在世界范围掀起采用大珠母贝培育大型南洋珠的开发热潮,除历史较长的澳大利亚外,目前已扩展到菲律宾、印度尼西亚、马来西亚、泰国、印度和缅甸等地。这些南洋大珍珠生产国主要采用野生大珠母贝进行培育,没有公开报道的大珠母贝工厂化中间培育技术和相关标准。日本珍珠养殖技术处于世界一流水平,制定了一系列技术规范标准,日本珍珠质量在国际上享有很高的声誉,但是日本国对外保密珍珠贝苗中间培育技术。

工厂化中间培育是指利用机械、生物、化学和自动控制等现代技术装备起来的车间进行中间培育的生产方式,具有高效、节水、节地、排放可控的特点,能够降低天气灾害和病害风险,保证贝苗质量,符合可持续发展要求,是未来珍珠贝中间培育的重要发展方向。近年来广东海洋大学、广东荣辉珍珠有限公司和湛江海洋大学珍珠有限公司合作开展了大珠母贝工厂化中间培育技术研究与试验,已取得了成功,但尚未制定技术标准。

本标准立足我市大珠母贝资源现状,采用工厂化培育技术模式,既提高了产量产值,又不污染环境,生态效益良好。本标准符合国家大力发展特色优质高效绿色现代农业相关政策,有助于推动我市珍珠行业提质增效、珠

农增收和一、二、三产业融合发展，增强湛江珍珠产业链和供应链的整体实力，发挥技术标准在乡村振兴、富民兴村的示范带动作用。

通过制定、发布和实施大珠母贝工厂化中间培育技术规范，旨在引导珍珠企业按标准规范操作、科学管理，保障大珠母贝的优良经济性状，提高大珠母贝贝苗产量、质量和生产效益，为培育大型优质珍珠提供贝苗资源，促进湛江珍珠产业的可持续发展。

## 2. 工作过程

2023年3月，本标准立项后广东海洋大学、广东荣辉珍珠养殖有限公司、湛江海洋大学珍珠有限公司等单位成立了本标准起草小组，既分工，又协助，按照各自工作基础和技术优势分配任务，对承担的与本标准相关的科研项目——广东省海洋渔业科技与产业发展专项"大珠母贝金唇系选育技术研究与应用"（粤财农〔2014〕600号—Z2014011，100万元）和"利用大珠母贝培育南海大珍珠的研究与应用"（粤财农〔2015〕100号—Z2015002，120万元）等多项大珠母贝的繁育、中间培育、养成、植核育珠等方面的技术进行归类、分析和总结，确定了本标准的编制方案。

2023年4—6月，对本标准的技术内容进行调研、验证，收集目前生产第一手资料，完成前期调研和资料收集工作；对前期调研收集的资料进行筛选，并结合现行有关国家、行业和地方标准，确定标准起草的主要内容，完成标准初稿的编制。

2023年7月，组织召开了多次针对标准初稿的研讨会，对关键技术进行研讨、论证，进一步查阅文献、整理资料，修改标准初稿内容，形成本标准征求意见稿。

2023年8月23日，向湛江市市场监督管理局提出申请，通过挂网、函询等方式，向社会公开征求意见。同时征求国内从事大珠母贝中间培育技术研究与应用的高校、科研院所、技术推广机构、生产企业和珍珠协会等单位的意见，发出、收到标准意见反馈表10份。

2023年9—10月，本标准起草小组对于标准反馈意见，经过认真讨论，积极采纳意见，仔细对比、核实、修改、完善，于2023年11月10日形成本标准送审稿。

2023年11月22日，湛江市市场监督管理局组织召开标准技术审查会，来自教学、科研、质检、标准化、生产和推广等方面的7位专家对本标准进行了技术审查。专家组认为标准符合市级地方标准制定的事项范围和编制程序，文本格式符合GB/T 1.1—2020的要求，与我国现行法律、法规和强制性标准不冲突。本标准结构合理，内容完整，技术成熟，方法可靠，具有科学性、先进性和可操作性。专家组一致同意该标准通过审查，同时提出修改意见。编制小组积极采纳专家所提意见，进行了认真修改，形成本标准报批稿。

2023年12月11日，湛江市市场监督管理局批准发布本标准［湛江市地方标准发布公告2023第4号（总第9号）］，标准编号为DB4408/T 29—2023，自2023年12月18日起实施。

3. 编制原则

遵循国家有关方针和政策、法规和规章。格式上按照GB/T 1.1—2020《标准化工作导则 第1部分：标准化文件的结构和起草规则》的规定进行编写。严格执行强制性国家标准，充分考虑与其他相关标准相协调。参阅大量文献，进行广泛的调查研究和必要的验证工作，掌握目前国内外大珠母贝的自然资源与工厂化培育环境、研究水平与技术现状等实际情况。

4. 主要内容

（1）标准适用范围。本文件规定了大珠母贝*Pinctada maxima*（Jameson）工厂化中间培育的场地、水质条件、培育管理和出苗。本文件适用于大珠母贝的工厂化中间培育。

（2）标准引用文件。《农产品安全质量 无公害水产品场地环境要求》（GB/T 18407.4）、《良好农业规范 第15部分：水产工厂化养殖基础控制点与符合性规范》（GB/T 20014.15）、《无公害食品 海水养殖用水水质》（NY 5052）。

（3）术语和定义。下列术语和定义适用于本文件。

幼贝（juvenile oyster）：壳高5～20 mm的大珠母贝。

小贝（small oyster）：壳高20～50 mm的大珠母贝。

中贝（middle oyster）：壳高50～100 mm的大珠母贝。

（4）技术要求。①场地。场地环境：场址临近海边，场地交通、通信便利，周边1 km范围无工业和生活污染源、无大量淡水注入，符合GB/T 18407.4和GB/T 20014.15的规定。设施设备：具有中间培育池及配套的藻类培养池，供电、供水、供气和供热等设施设备以及水质分析仪、显微镜等仪器。这是工厂化中间培育的基本条件。②水质条件。养殖用水的水质符合NY 5052的规定，盐度20～33，水温25～30 ℃，pH值7.8～8.4，溶氧保持在6.0 mg/L以上，氨氮小于0.5 mg/L。大珠母贝属外海性种类，对水质要求较高,这是根据珠母贝的生态习性规定的,能满足大珠母贝的人工繁殖。③培育管理。贝苗进入中间培育环节后,应分池疏养,分池时间和养殖密度应符合表3-3的规定。

表3-3 幼贝、小贝和中贝分池疏养

| 贝苗 | 养殖密度（个/m³） | 分池时间（d） |
| --- | --- | --- |
| 幼贝 | 200～300 | 10～20 |
| 小贝 | 100～150 | 20～30 |
| 中贝 | 30～50 | 40～50 |

饵料投喂：换水或移池后每天投饵2～3次。饵料种类有扁藻、金藻和角毛藻。每次投喂量为扁藻1万cells/mL,金藻和角毛藻各5万～10万cells/mL。投喂量可随季节、天气和贝的摄食状况作出相应调整。

充气与光照：中间培育池每2 m³水体设置1个气泡石,气泡石气量以水面呈中等沸腾状为宜；中间培育池为遮光环境,光照度为1500～2000 Lx。

换水与清污：流水培育,进水量为每天4个循环。清污在每天早上进行,排干中间培育池海水后,用海水冲洗干净池底和贝体表面,再加满海水。

日常监测：每天9点、18点对水温、水色、盐度、溶氧、氨氮等常规水质指标进行详细测定和记录,发现异常水质指标及时分析原因并处理。每天用显微镜检查所投放饵料单胞藻是否有原生动物污染,有污染的藻类不投放；每天用显微镜检查粪便以掌握贝的摄食消化情况,根据摄食消化情况调整饵料的种类和比例。

巡池：24小时巡池检查,有专人负责对水、气供应进行监视管理；每天检查贝的活动、摄食和死亡情况。

（5）病害防治。贝苗进场前应严格检疫,严禁带病贝苗进场；培育用具定时消毒,专池专用,防止交叉感染；每日定时观察,及时捞出病贝、死贝；保证饵料营养全面,提高贝自身免疫能力。本标准明确规定了大珠母贝的病害预防、提高免疫力的方法。

（6）出池。中贝壳高达到100.0 mm以上、体色正常、无畸形、无损伤、无病害、摄食良好、活动能力强的中贝,宜出池到海区养殖。按照上述规定，可以确保贝苗质量。

## 六、珠母贝养殖技术规范

### 1. 编制背景

珠母贝（*Pinctada margarilifera*）俗称黑蝶贝，在我国北部湾沿海都有分布，生长快、个体大，培育的黑珍珠具有色泽美、体积大、质量优和价值高等特点，在国际珠宝市场占据重要地位。珠母贝贝壳珍珠层厚实凝重、光泽很强，浑然天成的黑色基调上伴有各种缤纷色彩，极具神秘、高贵、典雅的气质，可做高档贝雕和工艺品，深受人们的喜爱。十多年来广西、广东、海南有关单位开展了珠母贝人工育苗试验与生产，有利于改变我国海水珍珠只养殖合浦珠母贝珍珠，并且颗粒规格较小、价值较低的局面[12]。

为了规范操作、科学管理，需要制定珠母贝养成技术规范，旨在加快大型、高档、优质海水珍珠的规模化生产进程，对振兴南珠产业、重塑南珠品牌的国际形象，推动南珠产业的升级增效，具有重要的意义。

北海市产品质量检验所北海市质量技术监督局下属事业单位，现有实验室面积1222平方米，实验室设施及环境条件符合ISO/IEC 17025的要求，已于2006年通过CNAS认可。具有珠层测厚仪、红外光谱仪、原子吸收分光光度计、气质联用仪、气相色谱仪和液相色谱仪等测试分析仪器设备。设在本所的国家珍珠及珍珠制品质量监督检验中心是我国唯一的珍珠专业性检测机构，具有较强的人才优势和技术条件。

广东海洋大学是我国现代人工养殖珍珠的重要策源地，2000年以来，广东海洋大学主持完成多项珠母贝养殖研究课题，在选种、人工繁殖、养成和育珠等方面取得国内领先成果，对促进我国珍珠产业发展产生了重大影响。广东海洋大学具有修订本标准的工作基础和条件、能力。

2016年9月27日，广西壮族自治区质量技术监督局下达了2016年第十批广西地方标准制定（修订）项目《珠母贝（黑蝶贝）养成技术规范》（桂质监函〔2016〕468号，序号2016—1008）的制定任务，由国家珍珠及珍珠制品质量监督检验中心和广东海洋大学承担起草工作。

为了保障修订标准的科学性、实用性，成立由长期从事珠母贝养殖、珍珠质检和标准化技术人员组成的标准起草小组，起草小组多次到广西北海、防城港、广东湛江、海南三亚等珠母贝养殖生产企业，深入生产现场考察和调研，搜集了大量的技术资料，结合生产实践，进行了珠母贝养成的环境条件、养殖设施与方式、养成技术和病害防治技术等试验、验证工作。起草小组对取得试验验证、市场调研和有关文献等资料，进行了全面的整理和分析。同时参考了国内相关标准，在上述工作的基础上，按照国家标准GB/T 1.1—2009《标准化工作导则　第一部分：标准的结构和编写规则》等的规定进行编写。于2017年7月完成了本标准的征求意见稿，征求有关技术专家和行业管理人员对本标准的意见。广西壮族自治区质量技术监督局2017年12月30日发布，标准编号DB45/T 1650—2017，自2018年1月30日实施。

## 2. 制定原则

格式上按照GB/T 1.1和GB/T 1.3的规定进行编写。遵循国家有关政策、方针、法规和规章。参阅大量文献，进行广泛的调查研究和必要的验证工作，掌握目前国内外珠母贝的自然资源与养殖环境、研究水平与开发现状等实际情况。从提高珠母贝养成技术水平和生产效率的目的出发，主要针对珠母贝养成环境条件、设施与方式、养成管理和病害防治等进行了规定。严格执行推荐性国家标准，充分考虑与其他相关标准相协调。

## 3. 主要内容

本标准主要对珠母贝养成的环境条件、设施与养殖方式、养成管理和病害防治技术等操作进行规定，现将有关内容说明如下：

环境条件：规定了海区环境和水质条件。海区环境侧重强调了养殖场地必须选择风浪较平静的开放式海区，并根据不同的养殖方式提出水深要求；水质条件要求应符合GB 11607和NY 5052的规定，并规定了水温、盐度、pH值等主要理化指标的范围。依据是珠母贝的生态习性和生产实践。

养殖设施与方式：规定了排筏式和浮子延绳筏式两种养殖方式的设施构造、设施规模、材料规格和吊养密度等。本标准根据广西海区的实际情况，提出的养殖方式要因地制宜地根据海区水深、风浪、潮流等特点采取合适的方式方法，以便于操作管理为主要考虑因素。

笼具：分别规定了幼贝笼、小贝笼、中贝笼、大贝笼的各自形状结构、笼框规格和材料规格等。本标准提出了养殖笼具的规格，根据研究结果和生产实际，不同养殖阶段采用不同形状的笼具，养殖效果较好。

养成管理：规定了从2～5 mm的幼苗下海，到养成壳高50 mm中贝的幼贝和小贝的养殖时间、笼具规格、清洗与分笼间隔时间、吊养水深和吊养密度等操作。规定了从80 mm的中贝养成120 mm以上大贝的养殖时间、笼具规格、清洗与分笼间隔时间、吊养水深和吊养密度等操作。

敌害及病害的防治：明确规定了贝笼和贝体的附着物和敌害生物的清理，以及清理物的处理方法。明确规定了珠母贝的病害预防，以及感染伤害珠母贝的凿贝才女虫的杀灭方法。这是多年科研和生产实践验证的，是有效的方法。

### 七、企鹅珍珠贝附壳珍珠培育技术规范

企鹅贝[*Pteria penguin*（Röding）]，即企鹅珍珠贝，属软体动物门，瓣鳃纲，珍珠贝目，珍珠贝科，珍珠贝属，分布在热带、亚热带海区。世界范围内，主要分布在日本、泰国、菲律宾、印度尼西亚、马来西亚、澳大利亚、马达加斯加岛等地，在我国主要分布在广西、广东和海南沿海的深水海域。属大型珍珠贝，成体壳高可达20多厘米，两壳隆起显著，具有生长速度快，对环境适应力强，成活率高，分泌珍珠质机能旺盛等特点，在国内外主要用于培育半圆附壳珍珠，用于制作大型珍珠首饰，具有独特的装饰价值。近年来，广东和广西企鹅珍珠贝的养殖面积以及附壳珍珠的养殖规模不断扩大，参与作业的人员越来越多。一段时间以来还没有企鹅贝附壳珍珠养殖的技术标准，生产上基本处于无序状态，产品质量没有保证，育珠贝成活率低，优质珍珠比例低，养殖效益差，严重制约附壳珍珠产业的发展，为了使企鹅珍珠贝附壳珍珠的养殖规范化，有效指导企业进行生产，急需制定相关技术规范[13]。

广东海洋大学是我国现代人工养殖珍珠的重要策源地，在著名珍珠专家熊大仁教授的指导下，在20世纪70年代率先在国内成立珍珠加工研究小组，1978年成立珍珠研究室，2005年发展成为珍珠研究所。十多年来，广东海洋大学主持完成多项省、市有关企鹅珍珠贝养殖技术的研究课题，在广东、广西和海南等省区对企鹅珍珠贝亲贝培育与诱导催产、育苗、养成、附壳珍珠培育等方面进行了系统的研究，取得大量研究成果，在珍珠生产企业中推广应用，产生了良好的社会效益和经济效益。主持完成的"企鹅珍珠贝全人工繁殖、育珠和养殖示范与推广"成果获得了2003年度"湛江市科技进步一等奖"。2015年4月，广西壮族自治区质量技术监督局下达了广西地方标准《企鹅贝附壳珍珠养殖技术规范》（DB45/T 1445—2016）的编制任务，由国家珍珠及珍珠制品质量监督检验中心和广东海洋大学承担起草编制工作。

为了保障制定标准的科学性、实用性，由长期从事附壳珍珠养殖、加工、质检和标准化技术人员联合组成本标准起草小组，起草小组多次到广西

北海、广东湛江市雷州、徐闻等企鹅贝附壳珍珠生产企业，深入生产现场考察和调研，搜集了大量的技术资料，结合生产实践，进行了企鹅珍珠贝附壳珍珠养殖的海区环境条件、植核贝的选择、植核的定位、模核和模核材料、植核操作、植核后休养以及育珠期的管理等研究工作。起草小组对取得试验验证、市场调研和有关文献等资料，进行了全面的整理和分析。同时参考了国内相关标准，在上述工作基础上，按照国家标准GB/T 1.1—2009《标准化工作导则　第一部分：标准的结构和编写规则》等的规定进行编写。于2015年9月完成了本标准的征求意见稿，拟征求有关技术专家和行业管理人员对本标准的意见。经过认真讨论，积极采纳的征求意见，修改完善本标准，于2016年7月形成本标准送审稿。2016年7月9日，广西壮族自治区质监局在南宁市组织有关专家对本标准进行了审定，提出了修改意见，同意通过审定。本标准起草小组编制了标准审定意见汇总处理表，对标准进行了再次修改，形成本标准的报批稿。广西壮族自治区质量技术监督局2016年12月15日发布，标准编号DB45/T 1445—2016，自2017年1月15日实施。

本标准规定了企鹅贝附壳珍珠养殖的术语和定义、培育的海区环境条件、植核贝的选择、植核的定位、模核和模核材料、植核操作、植核后休养以及育珠期的管理等内容。

现将主要内容说明如下：

1. **环境条件**

养殖海区的选择：潮流畅通、水深大于5 m，饵料生物丰富、藤壶等附着生物少的海区。

水质条件：水质应符合GB 11607的规定，海水透明度3～5 m，盐度26～36，水温15～30 ℃，pH 7.8～8.3。

本标准提出适合养殖企鹅贝附壳珍珠的环境条件，企鹅珍珠贝为外海性珍珠贝类，海水透明度越大、水越深，养殖效果越好。根据我国状况及生产实践，以水深大于5 m，透明度3～5 m比较适合。

2. **植核贝的选择**

用于植核的企鹅贝贝龄宜达1.5龄以上，壳高12 cm以上，形状规则，贝壳无分层脱落现象，无病虫害，足丝粗壮，附着于闭壳有力。

植核贝的质量规格要求，根据研究试验结果以及生产经验，壳高达12 cm以上，贝龄1.5龄以上的母贝，植核效果比较好。

### 3. 植核的定位

植核处要选择在企鹅贝贝壳内表面比较平坦的位置，确保模核与企鹅贝贝壳内表面紧密结合，不形成缝隙；模核应固定在距离黑色的棱柱层和彩虹色的珍珠层交界处2 cm左右的企鹅贝贝壳内表面上；左右两壳的模核粘贴位置要错开，以免影响企鹅贝贝壳的闭合。

本标准提出了如何选择附壳珠的植核位置：要平坦，模核才能与珍珠层紧密结合，不形成间隙，否则，杂物沉积在间隙处，影响附壳珍珠质量；植核的位置，既不靠近闭壳肌，以免影响贝体的活动，又不靠近壳缘，以免形成无价值的棱柱珠和壳皮珠。左右两壳所植的模核不能相对，以免影响贝体闭合。

### 4. 模核和模核材料

模核表面要光滑、底面平坦、边缘无缺损，对企鹅贝外套膜刺激小。模核材料宜选用亚克力（有机玻璃）、聚乙烯塑料或其他可用于植核的材料等，应无毒。模核大小以企鹅贝外套膜能完整覆盖模核为宜。

标准提出了模核的外表与材料的质量要求，为模核的选择提供依据。模核不光滑会对贝体外套膜造成刺激，引起外套膜溃烂；其他材料模核会被海水腐蚀，影响附壳珠质量。模核过小，附壳珍珠价值低；模核过大，外套膜不能完整覆盖，形成不了完整的附壳珍珠。

### 5. 植核

排贝：植核开始前1 d，将待植核贝从养殖海区取回，清洗干净，吊养在室内水池中，水深80～100 cm，充气暂养，植核前1～2 h进行排贝处理，即将待植核贝腹部向上密排在工具筐中。

栓口：植核开始前，从工具筐中取出1～2个待植核贝，将贝体放松，待贝自然开口，用开口钳插入两壳之间缓慢用力张大贝壳开口，在两壳之间插入木楔，栓口宽度2～3 cm。

植核操作：一般选择每年的3—5月和8—11月植核，适宜水温为20～30 ℃，海水盐度不低于26‰。用平板针或自制竹片，将植核贝外套膜轻轻挑起，再用镊子夹住涂有黏合剂的模核一次性放到粘贴部位，停顿3～5 min，使粘贴牢固。或不使用黏合剂，将植核贝外套膜剥离贝壳后，用钻孔机在贝壳上打孔，然后用铜丝或尼龙丝穿过小孔将模核固定在贝壳上。左壳粘贴模核2～3个，右壳1～2个。

标准提出了植核操作的具体过程和要求。试验表明，水温低于29 ℃

时，排贝时间要30～60 min，水温大于29 ℃时，排贝30 min左右则可以使大部分贝体自然开口；3—5月和8—11月水温比较高，饵料生物丰富，有利于珍珠贝上层；左壳位置比较宽适合植入模核2～3个，右壳位置要与左壳植核位置错开，植入模核1～2个。

### 6. 植核后休养

休养笼具采用锥形笼（一般为塑料制作），底部直径35～40 cm，高15～20 cm，网目2 cm×3 cm。

休养方式，包括室内休养和池塘休养。

室内休养：植核后的植核贝按每笼4～5个的密度装到休养笼中，移到室内池连续充气休养，休养池水深80～100 cm，休养密度为3～4笼/m²，休养时间为7～10 d。休养期间，日投喂单细胞藻早晚各一次，每次投喂量为扁藻$1.5 \times 10^4 \sim 2 \times 10^4$ cells/mL，或金藻$5.0 \times 10^4 \sim 8.0 \times 10^4$ cells/mL。

池塘休养：植核贝休养密度为每笼4～5个，每亩吊养殖核贝少于1000个，池塘水深2 m以上，吊养前7～10 d施$2 \times 10^{-6} \sim 5 \times 10^{-6}$ g/m³尿素培养基础饵料生物。水色为黄褐色或绿色，环境比较稳定，经约10 d的休养，将植核贝移至海区进行育珠。

休养期管理：植核贝在植核后，每天早上检查一次，清除死贝，回收脱落的模核，清洗休养池，休养池塘水质发生变化时，及时将植核贝移到室内水池或海区吊养。

标准提出了企鹅贝附壳珍珠植核后的休养方式和管理措施。休养笼的规格为目前生产上使用最普遍的笼具规格；休养方式分为两种，目前只有少部分珠农具备休养水池，部分具有老化的养虾池塘，可以用来短时间休养育珠贝；植核后前5天，模核脱核和死亡比较多，要每天检查，5天后死亡的则比较少，可以隔日检查。

### 7. 育珠管理

植核贝休养结束后，移到海区进行育珠管理，笼间距为50 cm，贝笼离水面2～3 m。下海一个月内，每隔8～10 d检查一次，清除死贝并调整养殖密度为每笼4～5个。随后每隔2～3个月，根据附着生物的多寡，进行清理换笼。

标准提出了植核贝育珠期的管理措施。手术后一个多月，死亡和脱核的植核贝比较多，应8～10 d检查一次，一个月后已经稳定，2～3个月检查一次即可。

**8. 附壳珠收获**

育珠时间：育珠期为12个月以上，当珠层厚度达到1 mm以上即可收获附壳珍珠。

收获季节：一般在每年的12月、1月和2月采收。

收获方法：用小刀将贝体的闭壳肌割断，打开贝壳；除去贝肉，用清水洗净附壳珍珠，再用软布擦干或自然晾干，分类保存。

标准提出了附壳珍珠培育的时间和收获季节，可指导企鹅贝附壳珍珠的养殖与收获。附壳珍珠上层比较快，优良的海区养殖10个月，珠层厚度可达1 mm；水温低，饵料生物少的海区则要养殖12个月以上，珠层厚度才能达到1 mm；国家《珍珠分级》（GB/T 18781—2023），要求特厚级珍珠厚度要大于0.6 mm，为了保证附壳珠的质量，建议珠层厚度达1 mm以上时，于12月、1月和2月采收，水温比较低，珍珠层比较细密，珍珠光泽好。

**参考文献**

［1］邓陈茂，童银洪．南珠养殖和加工技术［M］．北京：中国农业出版社，2005．

［2］邓陈茂，童银洪，符韶．马氏珠母贝的研究进展［J］．现代农业科技，2009（2）：204-206．

［3］白志毅，李家乐，汪桂玲．三角帆蚌产珠性能与生长性状和插片部位的关系［J］．中国水产科学，2008，15（3）：493-499．

［4］谢绍河，蔡英亚，胡启明，等．三角帆蚌室内流水育苗［J］．湛江水产学院学报，1995，15（2）：4-8．

［5］谢绍河．淡水有核珍珠大面积养殖技术研究与示范推广［J］．广东海洋大学学报，2010，30（1）：56-58．

［6］谢绍河．用淡水河蚌养殖珍珠的插核方法：ZL00117190.9［P］．2001-05-16．

［7］谢绍河．一种淡水有核再生珠的养殖方法：ZL001299957.3［P］．2001-05-16．

［8］张根芳．河蚌育珠学［M］．北京：中国农业出版社，2005：225-237．

［9］罗振鸿，曹家录，齐常元，等．大珠母贝人工苗工厂化标粗试验［J］．湛江水产学院学报，1996，16（1）：12-14．

［10］刘建业，曾关琼，喻达辉，等．大珠母贝人工苗水泥池中间培育技术的初步研究［J］．福建水产，2009（1）：55-59．

［11］张春芳，刘永．大珠母贝人工育苗过程中水质控制技术［J］．水产养殖，2008（2）：18-20.

［12］邓陈茂，黄海立，符韶，等．珠母贝人工苗养殖研究［J］．湛江海洋大学学报，2006，26（4）：26-30.

［13］符韶，梁飞龙．企鹅珍珠贝附壳珍珠培育的中间试验［J］．海洋科学，2000，24（2）：12-14.

# 第四章 珍珠加工标准

一、珍珠增光技术规范

1. 概述

增光是指为了增加珍珠的光泽、提高后续漂白速效率所进行的工艺过程。主要采用碱、有机溶剂处理珍珠,使珍珠层中色素物质构像发生改变而退色,或使色素物质从珍珠层中析出而达到退色、变透的过程。在珍珠增光前需要进行洗珠、选珠,增光后需要对珍珠进行钻孔。珍珠加工行业将珍珠漂白前的加工工艺称为珍珠加工前处理,其中增光是最重要的工艺过程[1-2]。从珍珠养殖场收获的珍珠,由于开珠时珍珠表面附有大量黏液和珍珠囊细胞组织,停置时间久后,会形成一层氧化膜,影响珍珠颜色和光泽。因此,洗珠对保持珍珠质量来说非常必要。

洗珠:采用塑料或木质洗珠桶,先用清水对珍珠进行清洗,然后用温和中性洗洁精(如高富力GFL)浸洗,至珍珠表面无黏液,再用清水漂洗至无泡沫为止。如图4-1所示。在通风条件下阴干或在45℃左右鼓风干燥箱中烘干。

一般说来,从珍珠母贝收获的珍珠原珠可直接用于制作饰品的仅占10%左右,无饰用价值的外珠占15%左右,而需漂白加工后才适用于饰品的珍珠占75%左右。因此必须进行选珠。选珠的目的是将珍珠原珠按上述三大类进行分类。

选珠:在灰色或白色背景下,避开明亮、彩色的物体,采用北向日光或采用色温为5500~

图4-1 洗珠

7200 K的日光灯，距离被检样品20～25 cm，肉眼距离被检珍珠样品15～20 cm，滚动珍珠，剔出残破、损缺的珍珠，选出白色或其他颜色鲜艳的优质珍珠，其余部分珍珠进行后续工艺。如图4-2所示。

图4-2　选珠

增光：为了使后续工序中漂白液易于渗透，对珍珠进行碱处理和有机溶剂处理，使色素物质构像发生改变或析出而褪色的过程。增光后，光线在珍珠层内的反射、折射量增加，光泽得到增强，俗称"上光"。一般采用水浴装置控制温度条件，具体化学试剂配方和处理过程在后续讨论。如图4-3所示。

图4-3　增光装置

钻孔时以尽可能地克服避免瑕疵，改善珍珠外观为目的，确定钻孔位置，如隆起、凹陷、缺口、斑点等。钻孔分为钻半孔或全孔或对角孔，可采用机械或超声波钻孔设备；钻孔时，要夹稳扶好珍珠，用力要均匀、缓慢；钻孔过程中，要用连续水滴冷却被钻孔的珍珠，避免珍珠爆裂。如图4-4所示。

图4-4　珍珠钻孔

增光是前处理中最关键的工艺过程。

目前学术界普遍认为,珍珠主要是由$CaCO_3$的文石结晶成片状堆积形成。文石结晶片之间的有机质起黏合作用,色素物质主要处在珠核与珍珠层之间以及珍珠层文石片状结晶之间。漂白珍珠就是要将这两处位置存在的色素物质漂白或去除。珠核与珍珠层之间存在一定量的无定形基质,空隙大,漂白液较易渗透发挥作用;而珍珠层之间结构非常致密,漂白液难以渗透到色素物质部位与之反应。为了使后续工序中漂白液易于渗透,采用碱处理和有机溶剂处理,使珍珠结构变得"疏松"一些,且珍珠光泽得到增强,故又称"上光"。增光工艺主要是先对珍珠进行适度碱浸泡处理,再用有机溶剂浸泡处理[3]。所用的碱,必须对人无害性,且碱液浓度和温度条件必须合理控制。

### 2. 材料与方法

增光试剂:甲醇;氨水;氢氧化镁;聚乙二醇2000(进口分装)。

增光溶液的配制:

A1液:将10~12 g氢氧化镁和25~30 mL氨水加入少许蒸馏水中,用蒸馏水稀释至1000 mL。

A2液:将10~12 g氢氧化镁和5 mL氨水加入少许蒸馏水中,用蒸馏水稀释至1000 mL。

A3液:将10~12 g氢氧化镁和3 mL氨水加入少许蒸馏水中,用蒸馏水稀释至1000 mL。

B液:将10~15 g的聚乙二醇2000加入到1000 mL甲醇中,摇匀。

C液:将10~15 mL的氨水加入到985~990 mL蒸馏水中,摇匀。

增光步骤(烧瓶中液面高度高出珍珠1~2 cm,在18 ℃和40 ℃水浴条件进行）：

用A1液在18 ℃水浴条件下浸泡珍珠，约48 h后洗净、脱水、烘干。

用B液在40 ℃水浴条件下浸泡珍珠，约72 h后洗净、脱水、烘干。

用C液在40 ℃水浴条件下浸泡珍珠，约48 h后洗净、脱水、烘干。

用A2液在40 ℃水浴条件下浸泡珍珠，约72 h后洗净、脱水、烘干。

用C液在40 ℃水浴条件下浸泡珍珠，约48 h后洗净、脱水、烘干。

用A3液在40 ℃水浴条件下浸泡珍珠，约72 h后洗净、脱水、烘干。

3. 结论

不同颜色和深浅不同的珍珠，A液处理后，珍珠褪色明显，而且颜色越深，退色越显著，这与色素物质的构象（分子结构）改变有关；B液处理后珍珠光泽增强明显，主要原因是珍珠文石结晶体之间溶于有机溶剂的色素物质析出，使光线透过珍珠层时吸收减少、反射和折射增加；C液处理后，珍珠变得透明一些，这与珍珠中水溶性色素物质析出有关。

总之，通过增光处理，能有效提高珍珠光泽，主要结论如下：采用碱-有机溶剂对珍珠进行漂白前处理，即增光，能有效提高珍珠的光泽，原因是光线透过文石结晶层时吸收减少，反射、折射量增加。在增光过程中，珍珠层内有荧光物质、长碳链饱和脂肪酸（或脂）等物质被溶出或分解，一些金属离子发生了变化。珍珠颜色不同，溶出或分解物质的种类或含量也不同。针对不同颜色的原珠，采取不同的增光工艺，提高增光的有效性。具体增光工艺过程可以参考广东省地方标准《南珠加工前处理技术规范》（DB44/T 482—2008）。

## 二、珍珠漂白技术规范

### 1. 概述

漂白以增加珍珠白度为目的，所采用的去污脱色的工艺过程。由于养殖水域环境条件、插核育珠技术等的影响，珍珠原珠只有极少数呈银白色、金黄色，绝大部分呈各种不良颜色。呈色物质主要分布在珠核与珍珠层之间，部分分布在珍珠层内。珍珠漂白是指去除不良色素物质或通过化学、物理方法使其褪色变白，包括化学脱色、光致脱色、溶解脱色和热分解脱色等。世界上，日本最早于1922年开展珍珠漂白研究和应用，至今已有80多年的历史，其珍珠漂白技术居世界领先水平。日本国对珍珠漂白技术严加保密，其漂白配方和工艺外人不甚了解。近年来各国都致力于该技术的研究，但是相互交流甚少。从公开的部分珍珠漂白技术的资料来看,早在1930年,日本的宝来利就开发了珍珠漂白方法,使用的漂白剂——过氧化氢,一直被沿用至今。20世纪60年代以来,日本的波多野博全面系统地阐述了珍珠加工的基本技术,首次将化学工业中的表面活性剂引入到珍珠漂白工艺中。20世纪70年代初,日本的横尾惠介通过大量的实验,肯定了可见光有促进珍珠漂白的作用,指出在漂白时施以荧光灯照射可提高珍珠的漂白效率和白度。20世纪80年代后,日本逐渐采用低温方法漂白珍珠,使珍珠具有较好的光泽、细腻的表面和较高的白度。

广东海洋大学等对海水珍珠漂白的技术及漂白过程中长麻率做了相关研究。研究表明:漂白剂浓度、配方pH值以及漂白配方、漂白温度等因素对珍珠长麻有不同程度的影响[4]。珍珠漂白技术在不断深入地发展,生物化学、固体物理新技术,现代仪器测试分析方法的综合应用是今后发展的方向。可以采用现代测试分析方法系统深入地研究珍珠漂白前后的成分、结构与性质之间的内在相互关系,揭示珍珠漂白机理。综合运用物理、化学和生物学等原理和方法研究珍珠漂白配方、条件和工艺过程,获得了具有自主知识产权的珍珠漂白技术,并同时建立质量管理控制体系,促进了珍珠漂白技术水平的提高。

## 2. 材料与方法

试剂:30%过氧化氢,为漂白剂;甲醇,为主溶剂;丙三醇、乙醚、丙酮,为助溶剂;吐温-80,为表面活性剂,有助于漂白剂的分散和渗透,提高漂白效率;三乙醇胺、乙二胺四乙酸,为pH值调节剂;九水合硅酸钠、聚乙二醇(进口分装),为稳定剂,提高漂白剂的利用率。

漂白温度为16~18 ℃,pH值控制在8.5左右,光照强度为(20+5)×$10^3$ Lx。漂白车间如图4-5所示。

漂白液的配制:

以甲醇为溶剂的漂白液:聚乙二醇1 g;乙醚或丙酮 1 mL;三乙醇胺2.5 mL;吐温-80 1~2 mL;30%过氧化氢20~60 mL;甲醇至1000 mL。

以水为溶剂的漂白液:1.5%九水合硅酸钠水溶液15 mL;1.0%乙二胺四乙酸水溶液10 mL;吐温-80 1 mL;丙三醇1~2 mL;30%过氧化氢20~60 mL;蒸馏水至1000 mL。

珍珠内色素物质种类很多,一般采用多配方接力的方法进行漂白。先用甲醇漂白(甲醇作溶剂),后用水漂(水作溶剂)。

图4-5 珍珠漂白车间一角

甲醇漂白：将珍珠浸泡在装有漂白液的烧瓶中，每天将烧瓶搅拌、翻转一次，2～3天后用清水漂洗，直至无泡沫为止，再烘干珍珠，换漂液；重复上述工艺过程4～5次。

水漂：将珍珠浸泡在装有漂白液的烧瓶中，每天将烧瓶搅拌、翻转一次，2～3天后用清水漂洗，直至无泡沫为止，再烘干珍珠，换漂液；重复上述过程多次，直到珍珠白透为止。

3. 结论

关于污珠的颜色成因，目前主要有两方面的观点，即金属离子致色与有机物致色。珍珠的颜色与其所含有机成分没有太多的联系，而与其微量元素的质量分数密切相关，颜色越深，微量元素相对越富集。

珍珠漂白是一种物理与化学多重作用的过程，主要的作用有：溶解脱色、光致脱色、氧化脱色和热分解脱色。双氧水的化学氧化脱色是珍珠漂白中最主要的脱色作用。

珍珠漂白液是一个混合体系，在这个体系中，pH值呈现为弱碱性，一般为8～9，因此[$OH^-$]的浓度极小，由碱催化所产生的双氧水分解也存在，但极少。双氧水漂白体系中金属离子的含量也极低，但珍珠中的过渡金属离子较多，在漂白过程中金属催化过氧化氢分解也存在，而且占珍珠漂白中双氧水分解比例的较大部分，金属催化产生的活性分子为超氧自由基；另外，使用光照能加快珍珠漂白的速度，光分解所产生的超氧自由基能使珍珠中某些致色物质发生变化而失色。具体漂白工艺过程可以参考广东省地方标准《南珠漂白技术规范》（DB44/T 481—2008）。

三、珍珠染色技术规范

1. 概述

染色将漂白后的珍珠浸泡在染色液中，使珍珠染成一定颜色的工艺过程。染色在珍珠行业又称为增色、补色、着色和调色。颜色是评价珍珠质量的重要因素。针对市场需求，一般采用染料将珍珠染成粉红色、金黄色和黑色。漂白的珍珠颜色显得苍白、单调，经过染色后，珍珠的色彩亮度和饱和度得到提高，给人以珠光闪烁、晶莹夺目之感。

国内外珍珠颜色成因、染色和辐照改色工艺方面的研究始于20世纪80年代末，不同研究者侧重点不同，缺乏对影响珍珠染色效果的系统研究，对珍珠染色机理的认识比较肤浅。

大量研究结果表明，活性染料是有效的珍珠染料。活性染料是指在染色过程中染料会与被染物质发生化学反应，又称反应染料，由母体和活性基两部分组成。母体是活性染料发色体的主要部分，决定了染料的颜色。活性基主要决定染料的反应性能，是与被染物质直接起反应的部分。活性染料色谱广、色泽鲜艳、性能优异、适用性强，其色相和性质能适应市场的要求。染色工艺操作简单，成本低廉，色牢度也很高。另外，活性染料由于结构简单，分子量小，且含有较多的水溶性集团，线性、芳环共平面性不强，染料在水溶液中聚集程度较弱，所以其渗透性和皂洗牢度均优于直接染料和酸性染料[5]。

近年来我国珍珠染色技术水平提高较快，但与世界先进技术的差距仍然较大。日本为了维护其国际珍珠产业的霸主地位，转让给我国的珍珠染色技术亦是其已淘汰的二流技术，或者技术中的染料、设备、配方和工艺仍由日本控制。由于珍珠染色技术是一项实用技术，收益率较高，对任何一个单位都是保密的，相互交流甚少，这也是影响我国珍珠染色技术发展的因素之一。目前，广东海洋大学制定了广东省地方标准《南珠染色技术规范》（DB44/T 650—2009），公开发表了多篇珍珠染色的学术论文。

珍珠染色需要解决的主要问题：珍珠染色机理、珍珠染色液的配方及制备方法、珍珠染色过程条件控制、珍珠染色设备与工艺。为此，采用现代分析测试技术，系统深入研究珍珠染色前后的颜色、光泽和表面形貌，揭示珍珠染色机理，旨在为珍珠染色提供理论指导。染色液的配方及制备方法研究、珍珠染色过程条件控制的目的在于增加染色液的稳定性，提高颜色鲜艳度和牢固性。珍珠染色设备与工艺研究，以获得具有自主知识产权的珍珠染色技术体系，并在生产中应用。

**2. 材料与方法**

（1）染色液配方：染料（活性红、活性黑、活性黄）0.3~0.5 g；吐温-80 1 mL；三乙醇胺适量；甲醇1000 mL。其中吐温-80是一种表面活性剂，有助于染料的均匀分散，提高染色效果。染色车间如图4-6所示。

（2）配制方法：将染料、吐温-80溶于甲醇溶剂中，搅拌均匀，用适量三乙醇胺调节pH值至7.0～8.6，甲醇定容至1000 mL。如图4-6所示。

图4-6 珍珠染色车间一角

（3）染色条件：染色液温度为40～50 ℃；pH为7.0～8.6；染色液液面高度高于珍珠所在平面1～2 cm。

（4）染色过程：①浸染，将珍珠浸泡在装有染色液的烧瓶中，浸染时间一般为2～10 d，每1～2 d将烧瓶搅拌或翻转一次。②漂洗，将已染色的珍珠倒出，先用自来水洗2～3次，再用去离子水漂洗，直至无泡沫为止。③烘干，将已漂洗的珍珠在温度40～50 ℃的鼓风干燥箱中烘干。④重染，取样观察，若未达到生产要求，重复①～③步骤，直到合格为止。

3. 结论

漂白后的珍珠在染色后颜色鲜艳，钻孔未经漂白的珍珠在同样染色条件下仅孔口处有轻微着色，未钻孔且未经漂白的珍珠在同样染色条件下，颜色几乎没有变化。

通过对染色后珍珠的剖面观察，发现颜色主要分布在珍珠外表面和靠近珠核处的珍珠层内表面，珠核内部并没有颜色分布。染液进入珍珠内的方式主要是通过珠核和珍珠层之间的空隙由内而外渗透以及沿表面疏松部位由表及里渗透。染料在珍珠内部的扩散就是由这些结构疏松部位渗透进入珍珠，在珍珠内从高浓度到低浓度的扩散过程。

对染色后珍珠表面微观结构的观察表明，染色后，染料对珍珠漂白时形成的表面文石小片间的缝隙等疏松结构具有一定的填补、修复作用，使珍珠表面层之间结合得更加紧密，珍珠层的表面更加平整，增强了珍珠表面的镜面反射，所以染色后珍珠表面光泽度会有所提高。

综上所述，珍珠的染色主要是具有足够亲和力的染料分子与珍珠有机成分间的相互作用。其作用历程可认为是扩散、吸附、渗透、固着沉淀的过程。亦即染料分子从染液经珍珠结构疏松处渗透并被这些部位所吸附；吸附染料部位所吸附的染料分子继续运动，由染料浓度高部位向低浓度部位渗透；染料与珍珠内的有机物直接反应或与有机质结合的部分金属离子发生置换反应，进而染料分子被固着在有机物上。具体染色工艺过程可以参考广东省地方标准《南珠染色技术规范》（DB44/T 650—2009）。

### 四、珍珠抛光技术规范

#### 1. 概述

抛光是指珍珠漂白、染色后，提高珍珠的光泽所进行的加工工艺。光泽是珍珠表面的一种物理现象。珍珠表面受到光线照射后，会产生反射光。珍珠的光泽是指珍珠表面反射光的强度及映像的清晰程度。珍珠表面越平滑，珍珠层中文石晶体越细腻，结合越紧密，珍珠的光泽越强。

珍珠是珍珠母贝生命活动的分泌物，是由许多文石小片结晶层与有机质层重叠黏结而成。前已述及，在插核育珠等养殖过程中，由于海区环境条件的影响，育珠母贝生理状态不同，绝大部分珍珠呈现各种瑕疵。由于珠核表面存在平头、珍珠层生长的不平衡和育珠母贝的异常生物矿化，导致珍珠表面出现一些瑕疵，如凹陷（平头）、隆起（丘疹、尾巴）和皱纹（沟纹）等，使珍珠表面凹凸不平。观察珍珠剖面可知，褐黑等不良色素主要分布在珠核与珍珠层之间，其他不良色素多分布在珍珠层内。珍珠漂白是通过物理和化学方法去除珍珠内的不良色素物质。经过漂白，珍珠表面会形成一些微小孔洞，只有部分微小孔洞在染色过程中被染料填补。在珍珠钻孔时有时会产生夹痕、划痕和裂纹等次生表面缺陷。上述瑕疵、微小孔洞和表面缺陷都会降低珍珠表面反射光的强度及映像的清晰程度，即对珍珠光泽产生负面影响。珍珠抛光就是要提高珍珠的光泽和表面光洁度。抛光是珍珠加工中的最后一道工艺，它反映了珍珠加工技术水平的高低，抛光结果直接影响着珍珠的质量和市场价值[4]。

20世纪80年代以前，采用浸过松节油的软皮子、浸过橄榄油的熟皮、硅藻土粉或涂蜡的小竹粒作为抛光材料对珍珠进行抛光，效果不好。后来引进了日本的玉米芯抛光材料、抛光设备和抛光工艺，我国珍珠抛光水平得到明显提高。日本的玉米芯抛光材料制作工艺处于保密状态，而且由于密度低，仅适用于离心式抛光机，不适用于震动式抛光机。广东海洋大学开展了橄榄壳抛光材料的研制，橄榄壳密度高于玉米芯，可用于震动式抛光机。

#### 2. 材料与方法

抛光机器设备：抛光桶内壁为塑料或木质的抛光机，运动方式为离心旋转或上下震动。离心旋转式抛光机，具有自动控制系统，转速和抛光时间可调。上下震动式抛光机的抛光桶上有加热装置。

抛光材料：抛光载体为经过去脂脱水的玉米芯或橄榄壳，呈不规则状，粒径为2～3 mm。抛光蜡为白色、熔点低的蜂蜡、地蜡等混合物。将抛光蜡浸入抛光载体中，制备抛光材料。如图4-7、图4-8所示。

图4-7　珍珠抛光车间一角（左-震动式抛光机，右-离心式抛光机）

生产环境：在室内生产场地，明亮，通风，干燥，无粉尘，周围无噪音（小于60分贝）。抛光环境在室内生产场地，避免日晒雨淋。明亮，通风，干燥，以便于生产操作。无粉尘，有利于保持珍珠和抛光材料的洁净。周围无噪音（小于60分贝），在抛光设备出现故障发出异常声音时，能够及时察觉，以便采取措施解除故障。

抛光操作要求：严格按抛光机安全生产规程进行。抛光前要洗净、烘干珍珠，将表面受腐蚀的珍珠剔出。湿润的、脏的珍珠不仅达不到抛光效果，而且会污染、损坏抛光材料。表面受腐蚀珍珠会损耗抛光材料，价值不大，不必抛光。

抛光材料要用密封的容器存放，应防潮。避免使用发霉的、抛光蜡已耗尽的抛光材料。发霉的、抛光蜡已耗尽的抛光材料达不到抛光效果，使用它们还会浪费能源和时间。

图4-8　珍珠抛光材料（左-玉米芯抛光材料，右-橄榄壳抛光材料）

抛光工艺过程：先将占抛光桶容积的2/5～3/5的抛光材料放入抛光桶中，再加入占抛光桶容积的1/5～2/5的珍珠，抛光桶要留有1/5左右的空隙。预留的空隙有利于抛光材料与珍珠在抛光桶中翻滚运动。在抛光过程中，抛光材料会发生受热膨胀,抛光材料装得太满,会阻碍抛光的充分进行。

开动抛光机,进行抛光。离心旋转式(转速为40转/分左右)连续抛光时间为2.5小时左右;上下震动式连续抛光时间为6小时左右。抛光时间的确定以抛光效果为准。珍珠个体差异性很大,并且珍珠表面瑕疵和缺陷的种类、数量、分布特点等也有所不同。因此,抛光时间不尽相同,一般说来,离心旋转式(转速为40转/分左右),2.5小时左右的抛光时间;上下震动式为4小时左右。将抛光材料的温度提高到50 ℃左右,使抛光蜡熔融。自动或手动控制抛光机,关闭电源,取出珍珠、抛光材料,将抛光材料密封保存。

3. 结论

抛光后的珍珠,珍珠光泽显著提高。如图4-9所示。

图4-9 珍珠抛光效果(左-抛光前珍珠,右-抛光后珍珠)

珍珠是一种有机宝石,从抛光的角度来说,珍珠有别于其他宝玉石。其他类的宝玉石如钻石、玉石的抛光过程是磨削的过程,是机械作用(磨细)、化学作用(形成表面塑性层或溶化层及分子层重新流布)和物理化学作用(抛光剂、水和宝玉石表层物质之间的物化反应)的过程。而珍珠抛光是磨削与添补的过程。一方面,抛光载体可磨削珍珠表面的凹凸不平;另一方面,将光亮物质(即蜡质)添补到珍珠表面微小孔隙和表面缺陷中。使得光线在珍珠表面传播时保持连续不断,从而提高珍珠的光泽和表面光洁度[6]。具体抛光工艺过程可以参考广东省地方标准《南珠抛光技术规范》(DB44/T 530—2008)。

珍珠加工过程中涉及珍珠分选,按照形状、大小、颜色、光泽、表面光洁度对珍珠进行分类和选择。目前我国珍珠分选流程基本依靠人工检测与分类,导致了人力资源浪费,人工成本费用高,检测与分类准确率低下。海南大学、中国计量大学、东华理工大学等单位提出了基于图像处理技术、机器视觉技术、计算机视觉技术和模式识别技术,实现珍珠自动化检测与识别,

**珍珠产业标准体系**

提高检测是以分类准备率，节省大量人力资源，降低成本，具有很强的实用价值，为我国珍珠的自动化检测与识别打下必要的理论与技术基础，对促进珍珠产业高质量发展具有非常重要的意义。建议开展珍珠分选自动化、智能化技术规范的标准编制工作，抓紧在生产中推广应用[7-10]。

## 参考文献

[1] 沈海光，曾生. 缩短珍珠加工周期，提高加工质量的试验[J]. 湛江水产学院学报，1991，11（1）：16-20.

[2] 童银洪，邓陈茂，陈敬中. 中国珍珠业的历史、现状和发展[J]. 中国宝玉石，2005（3）：27-29.

[3] 童银洪，杜晓东，邓陈茂，等. 南珠加工前处理技术规范的研究与制订[J]. 现代农业科技，2010（17）：27-28，30.

[4] 李弦弦. 海水珍珠漂白、抛光机理及其技术优化研究[D]. 湛江：广东海洋大学，2010.

[5] 张艳苹，童银洪，杜晓东. 染色对海水珍珠结构和光泽的影响[J]. 宝石和宝石学杂志，2011，13（3）：12-17.

[6] 李弦弦，童银洪，杜晓东，等. 珍珠抛光乳化蜡的研制[J]. 广东海洋大学学报，2010，30（6）：40-44.

[7] 邓志坚. 基于图像处理的珍珠质量检测系统[D]. 杭州：浙江大学，2008.

[8] 黄柳，郑春煌，周明朗，等. 基于图像处理的珍珠形状和螺纹检测系统研究[J]. 科技创新导报，2014，11（8）：65-66.

[9] 郑春煌，黄柳，唐玮，等. 图像处理的珍珠形状大小检测系统研究[J]. 中国计量学院学报，2014，25（3）：258-262.

[10] 李金萍. 利用数字图像处理技术检测珍珠体型[J]. 信息通信，2015（11）：37-38.

# 第五章 珍珠珠核标准

## 一、珍珠珠核概述

世界海水养殖珍珠都是有核珍珠,近年来我国淡水有核珍珠发展迅猛,在珍珠市场中所占份额越来越多。珠核是不可或缺的,它是珍珠层形成的物质基础,珠核的性质、形状和大小显著地影响珍珠质量,其中珠核表面的光洁度和光泽强度是两个重要因素[1]。光泽强的珠核能提高珍珠的光泽,存在表面缺陷(如裂隙、平头)的珠核所养殖的珍珠大多会有表面缺陷。因此,制作表面光洁度高、光泽强、颜色洁白和无瑕疵的珠核具有实际生产意义。

珠核是珍珠生产必不可少的原材料,我国珠核年产量超过100吨,由于缺乏质量评价和分级标准,珠核质量不稳定,严重影响了珍珠质量和产业效益。因此,制定珠核分级的国家或行业标准迫在眉睫。

珠核分级项目具有良好的技术基础和技术依据。我国不少珍珠相关教学、科研和生产单位长期从事有核珍珠的研究、生产和贸易,熟悉珠核生产工艺、质量检测和标准化工作。十多年以来开展了珠核原材料调查,研究了珠核安全性、珠核生产、珠核钻孔设备、植核后的生物识别作用,发表系列学术论文,掌握了珠核分类、质量因素和检测方法等关键技术[2-4]。2013年编制了广东省《珠核生产技术规范》(DB44/T 1280—2013)地方标准[5],广东省质量技术监督局2013年12月20日批准发布该标准,自2014年3月20日开始实施。

世界海水养殖珍珠都是有核珍珠,珠核是海水珍珠生产必不可少的原材料。根据《中国渔业年鉴》,我国是珍珠生产大国,我国珍珠产量占世界珍珠总产量的95%以上,其中98%以上是淡水珍珠。中国珍珠产业大而不强,是因为淡水珍珠主要是价值较低的无核珍珠。近年来由于技术进步和管理水平的提升,我国淡水有核珍珠养殖规模不断增加,珍珠质量和产量也不断提高,已经在质量、数量上对全球名特优珍珠,如日本Akoya珍珠、大溪地黑珍珠和南洋珍珠构成了巨大挑战。随着全球珍珠产业的发展，对珠核的需求也持续走高。20世纪80年代以来国内、国际对珠核需求的迅猛增长。我国生产珠核的原料主要是淡水背瘤丽蚌和海水砗磲的贝壳，这二者都是国家保护动物物种。20世纪90年代后期，为了合法地获取珠核原料，不少珠核研究单位和生产企业探索采用非保护动物物种的贝壳、非生物的岩石矿物制作珠核，取得了一些进展。其中开发的拼合珠核，其生产工艺是利用普通养殖淡水蚌贝壳，通过切条、切块、磨平、胶水黏合、打角、研磨和抛光工序生产，适于制作直径6 mm以上规格的珠核。这种方式生产的大规格珠核，既可以保护野生贝（蚌）资源，又能减少采珠后贝壳固废的产生和浪费，有利于保护自然资源和生态环境[6]。

日本是世界珍珠强国，日本珍珠养殖和加工技术处于一流水平，在国际珍珠行业拥有绝对的话语权。我国拼合珠核出口近20年，完全能满足黑蝶贝（生产黑珍珠）和白蝶贝（生产南洋珍珠）珍珠养殖所需大规格珠核的质量需求，但因无相关技术标准支撑，近几年日本珍珠行业对其进行了打压和不实宣传，我国拼合珠核逐渐失去国际市场。

珠核质量直接制约着珍珠的质量和产量。我国已成为国际最大的珠核生产国，近年来我国珠核年产量超过100吨。由于缺乏质量评价和分级标准，珠核原料来源混杂、质量不稳定，严重影响珍珠质量和产业效益。因此，亟须制定珠核分级的水产行业标准，促进珠核生产绿色高质量发展，推动我国拼合珠核重新进入国际市场。

珠核分级项目符合《渔业法》《环境保护法》《产品质量法》等法律法规，按照《农业部、国家标准化管理委员会关于加快推进农业标准化工作》《市场监管总局农业农村部关于加强农业农村标准化工作指导意见》等文件要求，贯彻国务院办公厅印发的《关于进一步促进农产品加工业发展的意见》文件精神，立足我国贝类资源优势和特色，着力构建珍珠全产业链和全价值链，进一步丰富珠核品种、提升产品质量、创建优良品牌，提高珠核产品的国际竞争力。

## 二、珍珠珠核生产技术规范

以下是广东省地方标准《珠核生产技术规范》（DB44/T 1280—2013）涉及珠核加工生产环境、机器设备、原料要求和生产工艺[5-7]。

## 第五章　珍珠珠核标准

### 1. 生产环境

生产车间要光线明亮，通风良好；切片车间要有吸尘装置，需配备供生产人员使用的眼镜、口罩和头巾等防尘劳保用品；切片、倒角和磨圆车间要有自来水供给和循环使用系统。

### 2. 机器设备

切割机，配置转盘锯，配备排尘装置；倒角机，转速为2800 rpm；磨圆机，配置SiC同心沟磨盘，转速为1400 rpm；抛光机，配置木质或塑料抛光桶，转速为40～50 rpm。

### 3. 原料要求

珠核生产原料为海水砗磲贝、淡水丽蚌类贝壳（经过管理部门批准，可使用边角末料），或粒径小于0.1 mm的白色白云岩。

### 4. 生产工艺

切块：用切割机，将珠核生产原料依次切割为片、条和方块。工序余量为1.2±0.3 mm。用筛机分选方块大小，筛片的规格间隔为0.5 mm。

倒角：对淡水丽蚌类贝壳珠核生产原料，通过磨削倒角，制得毛胚；对海水砗磲贝类贝壳珠核生产原料，将之切成方块后，装入倒角机中进行倒角。方块体积占倒角机桶的1/5～1/4，开启倒角机，2～3 min后，取出，制得毛胚。

磨圆包括粗磨、中磨和细磨，工艺分别如下：

粗磨：将毛胚均匀铺满在40目（SiC粒径为0.640 mm）磨盘上。将上、下磨盘合上，用手转动活动磨盘（即上盘）1～2圈，开启磨圆机，2～3 min后，关闭电源，取出粗磨后的珠核。工序余量为0.8±0.2 mm。

中磨：将粗磨后的珠核均匀铺满在80目（SiC粒径为0.178 mm）磨盘上。将上、下磨盘合上，用手转动活动磨盘（即上盘）1～2圈，开启磨圆机，2～3 min后，关闭电源，取出中磨后的珠核。工序余量为0.3±0.1 mm。

细磨：将中磨后的珠核均匀铺满在200目（SiC粒径为0.074 mm）磨盘上。将上、下磨盘合上，用手转动活动磨盘（即上盘）1～2圈，开启磨圆机，2～3 min后，关闭电源，取出细磨后的珠核。工序余量为0.1±0.1 mm。

抛光包括漂光和上光，工艺分别如下：

漂光：将细磨后的珠核倒入抛光桶中（珠核体积不超过抛光桶的2/3），加入温度为65±5 ℃的自来水，自来水的水面高于珠核所在平面约1 cm；开启抛光机电源，抛光桶的转速为40～45 rpm，采用点滴方式，不断地将0.1 mol/L的HCl溶液加入抛光桶中，40～50 min后关闭抛光机电源。重复进行3～4次。

上光：将漂光后的珠核倒入抛光桶中（珠核体积不超过抛光桶的2/3），加入温度为80±5℃的自来水，自来水的水面高于珠核所在平面；开启抛光机电源，抛光桶的转速为40～45 rpm，采用点滴方式，不断地将1 mol/L的$FeCl_3$溶液（先将$FeCl_3$溶解于适量HCl饱和溶液中）加入抛光桶中，20～30 min后关闭抛光机电源。

### 5. 晾干

将抛光后的珠核，洗净，铺着在塑料膜上，自然晾干。

### 6. 分选

采用玻璃平板，挑出有平头的珠核，重复6.3至6.5的工艺过程；再按大小、颜色、表面瑕疵等进行分选和分类。

### 7. 质量要求

商品珠核，要求为正圆、洁白、光滑、无裂纹、无平头，核面无凹凸线纹和斑纹。珠核性状、颜色和表面瑕疵的描述和检测按照GB/T 16552和GB/T 18781的相关规定。

此外，针对市场需求，采用活性染料将贝壳珠核染成红色、绿色、金黄色和黑色，制备彩色珠核。染色后，贝壳珠核的虹彩、光亮度、丰满度显著提高，经植核育珠，控制适合的养殖时间，让珠核颜色能透过珍珠层显示出来，制备彩色珍珠，给人以珠光闪烁、晶莹夺目之感。活性染料，又称反应染料，由母体和活性基两部分组成。母体是活性染料发色体的主要部分，决定染料的颜色。活性基主要决定染料的反应性能，与被染物质直接起反应。将贝壳珠核浸入染液中，珠核的碳酸钙分子和有机物分子与染料分子结合，染料固着在珠核上，达到染色效果。但由于染料不稳定，珠核颜色的鲜艳度和饱和度发生变化，珍珠色泽会受到影响，目前此类彩色珠核在市场上并不多见。

辐照加工是一种高效、绿色、安全并涉及多门学科的综合性技术，已广泛应用于农产品、食品和医药的保鲜贮藏。辐照加工的安全性早已得到联合国粮食及农业组织（Food and Agriculture Organization of the United Nations，FAO）、国际原子能机构（International Atomic Energy Agency，IAEA）、世界卫生组织（World Health Organization，WHO）等国际组织的确认。将白色正常贝壳珠核送入辐照装置中（辐照源为钴60-γ射线，装源为100万～200

万Ci），辐照3~6 h，实际吸收剂量为6~9 kGy。按照我国有关规范，辐照后的产品的吸收剂量在10 kGy以下，不会有放射性污染或残留。广东海洋大学进行了珍珠辐照改色技术研究，通过试验发现，白色的淡水珍珠蚌壳和淡水珍珠在3~10 kGy辐照剂量范围内颜色变化为浅灰、灰、钢灰、深灰，剂量越小颜色越淡，剂量越大颜色越深[8-9]。通过反复试验验证，6~9 kGy的剂量辐照可使白色珠核变为钢灰色。采用钢灰色珠核，可以生产钢灰色珍珠，即真多麻珍珠。今后可以将彩色和钢灰色珠核生产工艺编入珠核生产技术规范，为珍珠产业提供丰富多彩的珠核。

### 三、珍珠珠核质量因素

参照《珠核生产技术规范》广东省地方标准，商品珠核产品质量要求：正圆、洁白、光滑，无裂纹，无平头，核面无凹凸线纹和斑纹[5]。珠核性状、颜色和表面瑕疵的描述和检测按照GB/T 18781的相关规定[10]，对珠核进行分级：A. 白色，没有裂纹，没有粉层，没有平头，表面光滑；B. 白色，有些色差，没有平头，没有粉层，表面光滑；C. 白色，有色差，没有平头，没有粉层。

珠核的物质组成、结构构造、颜色光泽、外部形态、表面光泽度、粒径大小对珍珠质量都有影响。珠核物质组成决定珍珠密度。珍珠原珠一般按斤论价，珠核密度过大或偏小，会引起市场争议。密度过大，育珠母贝在培育珍珠过程中，包裹珠核的内脏团负荷过重，造成留核率低，尾巴珠率高。珠核颜色影响珍珠颜色，若珍珠层低于0.2 mm，珠核颜色会透过珍珠层显示出来。彩色珍珠就是这样生产的。珍珠层厚度，是珍珠分泌细胞在珠核表面沉积形成的，与珍珠母贝的分泌能力、生长环境等相关。珠核材料与贝壳内表面越接近，珍珠分泌细胞越快进入正常分泌系列。珠核结构构造，若珠核与珍珠层差异大或者珠核结构构造不均匀，在后期钻孔加工过程中，由于热胀冷缩、受力不均匀，会导致珍珠破裂[4]。此外，对于珍珠层厚度低于0.2 mm的珍珠，珠核的反光亮点、平头、环纹、油花、裂纹等会在珍珠表面显示出来，形成珍珠瑕疵。珠核外部形态，珠核圆度影响珍珠的圆度。珠核表面若有破口、凹坑，珍珠表面会有平头、凹坑。

珠核表面光泽度影响珍珠光泽强度。珠核粒径大小影响珍珠的粒径大小。尤其是二次植核，通常植入与取出珍珠粒径相近的珠核，珠核粒径较大，植入后与已形成的珍珠囊容易吻合，形成粒径较大、质量较好的珍珠。

## 四、珍珠珠核分级标准

主要为珠核质量要求及其检验方法。其中珠核质量要求包括形状、硬度、密度、表面粗糙度、颜色、反光亮点、平头、环纹、油花和裂纹等。

### 1. 范围

本文件规定了珠核（Nucleus）相关的定义、分类、质量要求、检验方法和质量分级。本文件适用于珠核的生产、贸易、质量评价等活动；本文件不适用于经漂白、染色、药物处理的珠核分级。

### 2. 规范性引用文件

下列文件中的内容通过文中的规范性引用而构成本文件必不可少的条款。其中，注日期的引用文件，仅该日期对应的版本适用于本文件；不注日期的引用文件，其最新版本（包括所有的修改单）适用于本文件[10-13]：《珠宝玉石 鉴定》（GB/T 16553）、《珍珠分级》（GB/T 18781）、《海水育珠品种及其珍珠分类》（GB/T 35940）、《淡水育珠品种及其珍珠分类》（GB/T 37063）。

### 3. 术语与定义

GB/T 16553、GB/T 18781、GB/T 35940和GB/T 37063界定的以及下列术语和定义适用于本文件。

拼合珠核：以薄层马氏珠母贝或淡水蚌贝壳为原料，采用黏结工艺生产的珠核。

油花：珠核由内到外显现的黑色、咖啡色等深色暗纹。

### 4. 珠核分类

珠核制作原材料一般采用淡水蚌科丽蚌属贝类贝壳，也可用养殖珍珠的其他淡水蚌或海水贝类制作拼合珠核。近年来出现了一些新型珠核，如磁性珠核、荧光珠核、溯源珠核和天然玻璃陨石珠核[14-18]。

按加工工艺分为天然珠核和拼合珠核。天然珠核是指利用丽蚌属贝类贝壳为原料，通过传统的切条、切块、打角、研磨、抛光工序生产的珠核，适于制作各种规格的珠核，但珠核直径受原料贝壳厚度决定。拼合珠核是指利用养殖珍珠的淡水蚌科或海产马氏珠母贝贝壳通过切条、切块、磨平、胶水黏合、打角、研磨、抛光工序生产的珠核，适于制作直径6 mm以上的规格的珠核。拼合珠核便于置入RFID标签，有利于产品溯源和质量评价。

按珠核规格，根据珠核直径大小，可以分为细厘核、厘核、小核、中核、大核、特大核，见表5-1。

表5-1 珠核分类

| 分类 | 细厘核 | 厘核 | 小核 | 中核 | 大核 | 特大核 |
|---|---|---|---|---|---|---|
| 直径/$d$（mm） | <3.00 | 3.00～4.00 | 4.00～5.00 | 5.00～7.00 | 7.00～9.00 | ≥9.00 |

注：每一类珠核的直径标准的下限纳入此类规格。

### 5. 珠核质量要求

形状应正圆球形；硬度宜为3.5～4.0；密度宜为2.6±0.2 g/cm³；表面粗糙度Rz宜小于1.6 μm；颜色以白色为佳，黄色、灰色或带有色斑者为次；无反光亮点、无平头、无环纹或环纹不明显；油花无或少；无裂纹。

### 6. 分级

珠核主要分为A、B、C三级。分级标准见表5-2。

表5-2 珠核分级标准

| 级别 | A | B | C |
|---|---|---|---|
| 形状 | 正圆球形 | 正圆球形 | 正圆球形 |
| 摩氏硬度 | 3.5～4.0 | 3.5～4.0 | 3.5～4.0 |
| 密度（g/cm³） | 2.6±0.2 | | |
| 表面粗糙度Rz（μm） | <1.6 | <1.6 | <1.6 |
| 颜色 | 白 | 白、浅牛油色、 | 白、黄或有色斑 |
| 反光亮点 | 无 | 有 | 有 |
| 平头 | 无 | 无 | 无 |
| 环纹 | 无 | 无 | 有 |
| 油花 | 无 | 少于5条，色淡 | 有 |
| 裂纹 | 无 | 无 | <10% |

## 7. 检验方法

大小参照GB/T 18781的7.2大小，筛子孔径规格的连续间隔0.25 mm。

形状参照GB/T 18781的7.3形状。

摩氏硬度参照GB/T 16553的4.1.14摩氏硬度。

密度参照GB/T 16553的4.1.8密度。

表面粗糙度Rz参照光切法，是应用光切原理来测量表面粗糙度的一种测量方法。采用光切显微镜对珠核表面进行观测，该仪器适用于车、铣、刨等加工方法获得的金属平面或外圆表面。主要测量Rz值，测量范围为Rz 0.5～60 μm。

颜色按照GB/T 16553的4.1.1规定的方法执行。

反光亮点按照GB/T 16553的4.1.1规定的方法执行。

平头按照GB/T 16553的4.1.1规定的方法执行。

环纹按照GB/T 16553的4.1.1规定的方法执行。

油花按照GB/T 16553的4.1.1规定的方法执行。

裂纹按照GB/T 16553的4.1.1规定的方法执行。

## 参考文献

[1] 童银洪，陈敬中．新型白云岩珠核的研究［J］．岩石矿物学杂志，2007，26（3）：280-284.

[2] 童银洪，张珠福．珍珠珠核材料的安全性研究［J］．现代农业科技，2011（13）：16-17，19.

[3] 师尚丽，杜晓东，童银洪，等．白云石珠核对马氏珠母贝外套膜表皮细胞作用的研究［J］．水产科学，2013，32（1）：15-20.

[4] 鄢奉林，童银洪．珍珠珠核超声波钻孔试验研究［J］．机械研究与应用，2014，27（6）：98-101.

[5] 广东省质量技术监督局．珠核生产技术规范：DB44/T 1280—2013［S］．2013.

[6] 童银洪，杜晓东，黄海立．珍珠珠核材料的历史现状和发展［J］．中国宝玉石，2008（6）：44-49.

[7] 蒲月华，童银洪，尹国荣．淡水贝壳珠核抛光工艺的研究［J］．农业研究与应用，2015（3）：39-44.

[8] 童银洪，尹国荣，刘永．辐照加工优化珍珠蚌贝壳板材色泽的研究［J］．农业研究与应用，2020，33（1）：31-34.

[9] 李耿，蔡克勤，余晓艳．养殖珍珠的辐照改色与鉴定特征［C］//华南青年

地学学术研讨会论文集，2006：432-433.

［10］国家质量监督检验检疫总局，国家标准化管理委员会. 珠宝玉石鉴定：GB/T 16553—2017［S］. 2017.

［11］国家市场监督管理总局，国家标准化管理委员会. 珍珠分级：GB/T 18781—2023［S］. 2023.

［12］国家市场监督管理总局，国家标准化管理委员会. 海水育珠品种及其珍珠分类：GB/T 35940—2018［S］. 2018.

［13］国家市场监督管理总局，国家标准化管理委员会. 淡水育珠品种及其珍珠分类：GB/T 37063—2018［S］. 2018.

［14］刘永，张春芳. 一种磁性珠核的制作方法［P］. 中国：CN201610491392.5，2016-11-16.

［15］何德边. 发光珠核及其制备方法、培育夜光珍珠的方法［P］. 中国：CN201210006758.7，2013-07-17.

［16］王俊杰. 用于珍珠养殖的珠核及其生产方法［P］. 中国：CN201310359278.3，2019-12-10.

［17］欧传景，刘佳，朱莹，等. 可溯源高免疫珠核制备方法［P］. 中国：CN202210365796.5，2022-08-16.

［18］纪德安，童银洪，刘永，等. 一种蓝紫色珠核的制作方法［P］. 中国：CN202310512327.6，2023-08-15.

# 第六章 珍珠深加工标准

## 一、珍珠粉标准

我国已有2000多年使用珍珠粉的历史,珍珠粉可用于内科、外科、妇科、儿科、五官科、皮肤科等护肤、保健和医药行业,具有润肤祛斑、解毒生肌、安神定惊和明目消翳等功效[1-2]。近年来珍珠粉用于压疮护理、骨损修复、免疫调节和改善产后切口愈合等方面,受到医药行业的广泛关注[3-6]。20世纪90年代,一些制造商开始用贝壳粉假冒珍珠粉,在社会上引起轩然大波,珍珠粉行业也因此受到巨大打击。针对市场上存在采用贝壳粉冒充珍珠粉的情况,国家药监局2010年9月22日发布通知,要求各级食品药品监管部门加强含珍珠粉原料保健食品、化妆品以及以珍珠粉为制剂原料的药品的监督管理,保障消费者安全。通知要求,保健食品、化妆品生产企业以及以珍珠粉为制剂原料的药品生产企业要加强珍珠粉原料管理,应当严把进货关,确保原料质量,建立原料采购记录和供应商档案,确保原料采购可溯源。

珍珠粉和贝壳粉的外观、成分相近,同时在微量元素、氨基酸等组成上存在差异[7-10]。广东省中医院主任医师吴焕林认为,珍珠粉是中医的常用药,可以内服也可以外用,主要用来平肝潜阳、镇定安神。用贝壳打成的粉末都具有类似作用,不过效果差些,贝壳粉平肝的作用会强一点,但安神作用上却不如珍珠粉。长期以来,两者鉴别存在技术上的空白,目前珍珠粉加工工艺技术较成熟,行业衍生出的超细珍珠粉、纳米珍珠粉等都缺乏统一的分级鉴别标准。消费者缺乏对珍珠粉的鉴别知识,也助长了假冒产品的虚假宣传。

2019年7月1日起实施的《珍珠粉》(GB/T 36930—2018)和《珍珠粉鉴别方法 X射线衍射分析法》(GB/T 36923—2018)两项国家标准,让珍珠粉真假鉴别和品质鉴定有据可依。为重拾消费者对珍珠粉的信任、推动珍珠粉行业良好发展,诸暨一企业联合科研院所组建了研发团队,历经8年时间成功攻克珍珠粉与贝壳粉的鉴别难题。《珍珠粉》(GB/T 36930—2018)

国家标准规定了珍珠粉的术语与定义、检测方法、标志、包装、保质期等要求，为珍珠粉从生产到上市过程提供了具体的监督和检查依据；《珍珠粉鉴别方法　X射线衍射分析法》国家标准则利用X射线，测定粉体热处理前后的方解石含量，从而准确分辨出珍珠粉和贝壳粉。《珍珠粉鉴别方法　近红外光谱法》（GB/T 34406—2017）标准规定了近红外光谱法鉴别珍珠粉的术语和定义、原理、仪器与设备、样品选择、测试分析、模型评价及测试报告。适用于淡水珍珠粉的定性鉴别和半定量分析，海水珍珠粉可参考本标准，不适用于经过高温加工的珍珠粉和仲裁检验。珍珠粉国家标准的出台将更好地规范中国珍珠粉市场，提升消费者信心，促进珍珠粉产业健康发展。

发明专利《基于红外光谱与白度测试联用技术鉴别珍珠粉与贝壳粉的方法》涉及一种鉴别淡水三角帆蚌培育的珍珠与其贝壳研磨粉的方法[11]。此发明鉴别方法是鉴于生物成因文石碳酸钙的$CO_3^{2-}$离子的面外弯曲振动特征吸收峰峰位以及三角帆蚌珍珠与贝壳中有机物含量的差异为依据，利用傅里叶变换红外（FTIR）光谱仪与粉体样品焙烧热处理后粉体的白度检测联用技术实现对上述两者粉体的区分辨别。此鉴定方法易行、操作简单，可以为真假珍珠粉的鉴别提供实验室检测依据，并对促进珍珠粉加工产业经济的可持续健康发展、规范珍珠粉行业良性竞争具有现实意义，但是尚未形成技术标准。

## 二、海水珍珠层粉标准

珍珠是传统的中药材和理想的美容佳品，现代科学研究证明，珍珠中除含有十多种人体所需的氨基酸和多种微量元素外，还含有多种抗衰老因子——卟啉类化合物、牛磺酸和类胡萝卜素等。这些成分可增强人体表皮细胞活力，促进新陈代谢，调节内分泌，延缓皮肤衰老，从而起到保健美容的功效。

广东和广西每年生产加工的海水珍珠层粉达400～500吨，其原料丰富又低廉，产品销往全国各地，产值超10亿元人民币，且呈逐年增长的良好势头。目前市场上可见五花八门的珍珠层粉，海水与淡水来源不分，粉体细度参差不齐，纯度不均和营养有用成分含量不等，生产设备、工艺配方和检测方法等缺乏科学性，导致珍珠层粉质量不稳定，损害了广大消费者的利益。生产企业和消费者都希望有一个统一的标准来规范这一产品，从而促进珍珠产业的健康发展。

2012年，广东海洋大学主持编制了广东省地方标准《海水珍珠层粉》（DB44/T 396—2012），规定了海水珍珠层粉的要求、试验方法、检验规则、标志、包装、运输和贮存。适用于以海水珍珠母贝贝壳珍珠层和海水珍珠珍珠层为原料加工而成的海水珍珠层粉[12]。根据用途分为食用级和非食用级（化妆品级）。对原料要求：用于生产食用级海水珍珠层粉的珍珠母贝贝龄在1龄以下，采用机械磨削的方式除去贝壳角质层和棱柱层。粒度以通过孔径为0.120 mm标准筛（普通粉）或通过孔径为0.012 mm标准筛（超细粉）超过95%为要求。其他理化指标要求：碳酸钙（以$CaCO_3$计）≥90%，水分（以$H_2O$计）≤1%，蛋白质≥1.0%，锰（以Mn计）≤$100 \times 10^{-6}$。

我国市场上各种珍珠粉和珍珠层粉产品鱼目混珠，质量参差不齐，标示不规范。十多年来已有许多淡水和海水珍珠粉鉴别方法的研究，包括性状形貌观察、元素的测定、氨基酸的测定、方解石含量测定和光谱分析等鉴别方法，但这些鉴别方法需要专用设备，实施成本高或者耗时较多[13-14]，难以满足目前市场监管的需要。为了回应市场和社会需求，收集我国珍珠主产区的海水和淡水珍珠样品，采用电感耦合等离子体质谱仪对其微量元素的含量进行了测定，采用X荧光光谱仪对海水和淡水珍珠粉进行元素检测，计算其锶钙计数比（表6-1）。采用钴60-γ射线（装源100万Ci）对海水珍珠粉和淡水珍珠粉进行辐照处理3 h、6 h、9 h、12 h和15 h，观察珍珠粉颜色的变化，并检测实际辐照吸收剂量。旨在为珍珠粉与珍珠层粉、海水珍珠粉与淡水珍珠粉的鉴定提供科学有效方法，为进一步开发利用提供科学依据。

表6-1 珍珠粉样品的锶/钙计数比率

| 编号 | 样品名称 | 锶/钙计数比率 |
| --- | --- | --- |
| 1 | 湖南安乡三角帆蚌养殖珍珠 | 0.1177 |
| 2 | 湖北赤壁三角帆蚌养殖珍珠 | 0.1345 |
| 3 | 江西都昌三角帆蚌养殖珍珠 | 0.0975 |
| 4 | 安徽贵池三角帆蚌养殖珍珠 | 0.1187 |
| 5 | 江苏苏州三角帆蚌养殖珍珠 | 0.1875 |
| 6 | 浙江诸暨三角帆蚌养殖珍珠 | 0.1346 |
| 7 | 中国淡水天然珍珠 | 0.1439 |
| 8 | 广东雷州马氏珠母贝养殖珍珠 | 0.2890 |

续上表

| 编号 | 样品名称 | 锶/钙计数比率 |
|---|---|---|
| 9 | 广西合浦马氏珠母贝养殖珍珠 | 0.3473 |
| 10 | 中国海水天然珍珠 | 0.3138 |

实验结果表明，海水珍珠粉中富含Na、Sr、K、Mg和B元素，而淡水珍珠粉中富含Mn、Ba、Fe和Cr元素，Mn含量可作为区分海水与淡水珍珠粉的依据[9, 15]。因为海水珍珠多生长在浅海或海湾中，海水水域富集Na、Sr、K、Mg、B等微量元素；海水中Mn的含量为0.1～5 μg/L，地面水Mn的含量为1～500 μg/L，海水环境中的Mn含量相对淡水中Mn含量低，是海水珍珠层粉（粉）Mn含量较低的原因。辐照处理后，珍珠粉实际吸收剂量分别为3 kGy、6 kGy、9 kGy、12 kGy和15 kGy。经过辐照处理，淡水珍珠粉的颜色由灰白色转变为深灰色，而海水珍珠粉的颜色不发生变化[17]。据此，可以快速准确地鉴别海水珍珠粉和淡水珍珠粉。

从表6-1可以看出，海水珍珠粉的锶钙计数比率在0.2以上，淡水珍珠粉的锶钙比在0.2以下，两种之间差异明显，据此可以鉴别海水和淡水珍珠粉。锶是自然界广泛分布的微量元素，与钙原子一样，属于碱土金属元素。二价锶和钙的离子大小接近、离子构型一致、化学性质相似，在钙的矿化中锶通过类质替换进入生物矿化体中[18]。珍珠是碳酸钙（主要是文石）与有机质的集合体，在珍珠形成过程中，锶通过类质同象替换参与钙的生物矿化，其过程受珍珠生长水域锶离子浓度、温度、盐度和酸碱度等多种环境因素影响。研究锶钙比，进而深入研究锶的生物矿化机理，有助于更好地理解锶的地球化学行为及其在古环境重构中的作用，促进锶在地质、环境和医学等领域的应用。锶是人体内的一种微量元素，绝大多数锶都存于骨组织中。它可以调节骨组织的结构，改善骨的强度，促进骨细胞的生理活性。试验研究证实，锶盐具有抗骨吸收和增加骨形成的作用，还可以抑制破骨细胞的活性，促进成骨细胞的活性，促进骨盐的沉积；其与羟基磷灰石和磷酸三钙等复合后，其机械强度、溶解性及诱导成骨能力等特性明显得到改善；锶盐口服有治疗骨质疏松症的作用。掺锶的骨替代材料已成为目前骨组织工程研究的重点和热点，近年来大量研究证实，锶的掺入能够有效改善骨替代材料的力学性能，提高对成骨细胞的招募能力及分化能力，同时促进体内成骨和成血管能力。相较于淡水珍珠粉,海水珍珠粉的锶钙计数比率高,含有较高的锶,今后应在骨组织工程的研究和开发中予以重视[19-20]。

辐照技术作为一种新型的绿色非热加工技术,具有环保、安全、便捷、高效等特点,已得到广泛应用。辐照处理方法用于鉴别海水珍珠粉和淡水珍珠粉,具有以下特点:鉴别快速,3~6 h内可获得准确的鉴别结果;样品不需经过前处理,流程简单;费用低廉,每个样品的鉴别费用仅5~10元;按照WHO、FAO、IAEA等国际组织和我国目前辐照安全标准,辐照剂量低于10 kGy时,不会有放射性污染或残留,没有毒理学上的危险,本方法实际辐照剂量在6 kGy以下,操作过程安全可靠;辐照技术稳定,重现性好,且我国各地都有辐照加工机构可供选择。但辐照加工需要专门辐照装置,而且会改变淡水珍珠粉的颜色,属于一种有损的鉴别方法。

采用X荧光光谱仪对海水和淡水珍珠粉开展元素检测研究,从锶钙计数比来看,海水珍珠粉在0.2以上,而淡水珍珠粉在0.2以下,据此,可以无损地鉴别海水和淡水珍珠粉。这是一种无损的鉴别方法,但是需要X荧光光谱仪和熟练的操作技术人员。

建议尽快立项编制海水和淡水珍珠粉的鉴别标准,将辐照方法与X荧光光谱方法结合,相互验证,制定海水珍珠粉和淡水珍珠粉的鉴别方法国家或行业标准,用以规范珍珠粉市场,保障生产厂家和消费者的利益,指导珍珠粉的医药功效研究、评价与应用,促进我国珍珠产业的健康发展。

### 三、珍珠提取物标准

GB/T 35915—2018《化妆品用原料 珍珠提取物》规定了珍珠提取物的术语和定义、要求、试验方法、检验规则、标志、包装、运输及贮存等要求。本标准适用于以淡水珍珠为原料,经粉碎、酶解等工艺制成的珍珠提取物。

多糖是由10个以上单糖残基通过糖苷键连接而成的聚合物,是一切有生命的有机体必不可少的成分。它具有多方面、复杂的生物活性和功能,可作为广谱免疫促进剂,具有免疫调节功能;具有抗感染、抗放射、抗凝血、降血糖、降血脂作用;能促进核酸与蛋白质的生物合成;能控制细胞分裂和分化,调节细胞的生长与衰老。由于多糖来自自然、毒副作用小,倍受医学领域及化妆品领域青睐。广东海洋大学先后开展了马氏珠母贝和企鹅珍珠贝贝肉中提取多糖的科学研究,形成了珍珠贝多糖提取工艺规程,规定了珍珠贝多糖生产的环境条件、原料及提取、分离纯化方法,适用于以珍珠贝为原料提取分离纯化得到多糖[21-23]。但是该技术规程尚未进行技术审查，还没有得到政府批准、发布。

1. 生产环境

珍珠多糖提取环境应符合《食品安全国家标准 食品生产通用卫生规范》（GB 14881—2013）和《食品安全管理体系 水产品加工企业要求》（GB/T 27304—2008）中的规定。GB 14881—2013规定了食品生产过程中原料采购、加工、包装、贮存和运输等环节的场所、设施、人员的基本要求和管理准则。GB/T 27304—2008规定了水产品加工企业建立和实施食品安全管理体系的特定要求，包括人力资源、前提方案、关键过程控制、检验以及产品追溯和撤回。

2. 原料

应使用未受污染或经净化处理的珍珠贝。取其贝肉清洗干净，匀浆，冷冻干燥制成干粉，置于–20 ℃条件下储存。应符合《鲜、冻动物性水产品卫生标准》GB 2733—2005中卫生指标和检验方法以及生产过程、标识、贮存与运输的卫生要求。

3. 提取

（1）热水浸提法提取粗多糖。取珍珠贝干粉适量，加22.5倍体积的热水，92 ℃提取4.5 h，离心（10000 rpm，10 min）弃残渣，将澄清提取液浓缩5倍体积，加无水乙醇至终浓度75%，边加边搅拌，4 ℃静置醇沉过夜，离心，收集沉淀，此沉淀为珍珠贝粗多糖。

贝类多糖的提取有很多方法，如水溶液提取法、中性盐溶液提取法、碱提取法、超声波提取法等，其中最主要的是水溶液浸提法。本标准中规定以热水浸提法提取多糖，该方法成本低、简单易操作、条件温和、稳定性好。为了提高珍珠贝多糖的制得率，其提取条件（液料比、温度、时间）是经过多次试验验证得到的最优条件。提取后可蒸发提取液中大量的水分，达到浓缩的目的。经浓缩后醇沉，此沉淀即为珍珠贝粗多糖，里面还含有大量的脂类、蛋白质等，需进一步处理去除。

（2）脱脂。取醇沉后沉淀，用5倍体积丙酮洗涤3次，再用5倍体积石油醚洗涤3次，离心后其沉淀冷冻干燥制得脱脂粗多糖。

一般动物样品含较多的脂类物质，在提取之前需用石油醚、乙醚、丙酮等溶剂除去脂溶性杂质，用乙醇除去单糖、低聚糖及苷类等干扰性成分。由于贝类脂肪含量不是很高，贝肉量比较多，需要的试剂量大，不在提取前进行脱脂处理,而在经过醇沉之后,用丙酮和石油醚各洗涤3次,可以减少试剂的用量,能高效率地去除粗多糖溶液中的脂类物质,同时可以除去一些色素和单糖等小分子物质。

(3)除蛋白。

酶解法步骤:

将脱脂后的粗多糖配制成2%的粗多糖溶液;

选用动物蛋白水解酶,酶解最适条件下水解4 h(加酶量为1%),过程中连续搅拌直至酶解结束;

95 ℃灭酶15 min,冷却后离心取上清液;

加入3倍体积无水乙醇,4 ℃醇沉过夜,离心取沉淀;

冷冻干燥得酶解粗多糖。

Sevage法步骤:

将酶解后的粗多糖配制成10%的粗多糖酶解液;

取粗多糖酶解液、氯仿、正丁醇按此比例($V_{粗多糖酶解液}:V_{氯仿}:V_{正丁醇}$=20:4:1)混合,搅拌0.5 h;

离心,弃下层有机溶剂——蛋白相,重复3~4次,至离液面交界处无白色混悬出现;

浓缩上清液后,装入分子量8000~12000透析袋流水透析48 h,以除去小分子杂质和有机试剂,冷冻干燥得除蛋白粗多糖。

经脱脂后获得的粗多糖常含有较多的蛋白质,需进行除蛋白处理。除蛋白的方法主要有Sevage法、酶法、三氟三氯乙烷法和三氯乙酸法等。Sevage法是用得最多的方法,该方法是在多糖的水溶液中加1/(4~5)体积的氯仿和正丁醇(4~5:1)混合液,并震摇成乳化液,此时蛋白质变性成胶状,离心去除蛋白质。酶法是在多糖的水提液中加入中性蛋白酶、动物蛋白酶、木瓜蛋白酶等,与有机溶剂相结合进行脱蛋白。三氟三氯乙烷和三氯乙酸的毒性大、反应剧烈,对操作者身体有不良影响,不常用于除蛋白。

单纯的Sevage法除蛋白往往需要10次以上才能将蛋白除尽,费时费力;Sevage法所用的试剂,购买手续比较复杂,且都有一定的毒性。有机溶剂与去蛋白酶结合除蛋白法效率较高。因此,本标准确定使用酶与Sevage法相结合的方法除蛋白。

在酶解过程中选取多种酶,分别在其最适条件下水解珍珠贝脱脂粗多糖,评价不同酶种的酶解效果,获得最适宜的酶种为动物蛋白水解酶。酶解结束后灭酶、醇沉、离心取沉淀，冷冻干燥获得酶解粗多糖。将酶解粗多糖、氯仿、正丁醇按此比例（$V_{粗多糖酶解液}:V_{氯仿}:V_{正丁醇}$=20:4:1）混合，搅拌0.5 h，离心，弃下层有机溶剂——蛋白相，重复3～4次，至离液面交界处无白色混悬出现，表明蛋白质已经被完全去除。

4. 分离纯化

（1）DEAE-cellulose 52阴离子交换柱层析。取除蛋白粗多糖适量，溶于10倍去离子水，离心取上清液，用0.45 μm的微孔滤膜过滤。滤液通过装有DEAE-cellulose 52的柱子进行纯化，以去离子水平衡，用0.0 mol/L、0.1 mol/L、0.3 mol/L、0.5 mol/L、0.7 mol/L的NaCl溶液分段洗脱，分步收集，10 min每管，每个梯度收集20支管。

苯酚-硫酸法检测各管多糖含量，收集各主峰组分，重蒸水透析2天，冷冻干燥得初步纯化翡翠贻贝多糖。

（2）Sephadex G-100分子筛层析。经DEAE-cellulose 52阴离子交换柱层析后的初步纯化珍珠贝多糖，溶于5倍去离子水，用Sephadex G-100所装的柱子进一步纯化，以去离子水洗脱，每管收集10 min。用苯酚-硫酸法检测各管多糖含量，收集主峰组分，透析、冷冻干燥得到纯化翡翠贻贝多糖。

生物体内通常会存在多种多糖，因此要获取均一多糖需要对混合多糖进行分离并纯化。一般方法有：色谱法、透析法、乙醇分级沉淀法、电泳法、超滤法等，其中最常用的方法是色谱法。一般2～3种方法结合使用效果较好。

色谱法通常采用纤维素阴离子交换剂柱色谱法和凝胶排阻柱色谱法两种。纤维素阴离子交换剂柱色谱法是利用连接在纤维素上的离子交换基团的静电键合作用对所带电荷大小不同的物质进行分离的一种方法。其分离原理是，带不同电荷的多糖组分与色谱柱有不同的离子交换能力，然后用不同离子强度的洗脱剂作流动相进行梯度洗脱、分步收集，按洗脱曲线的不同峰值收集不同的组分，从而分离得到各个不同的多糖组分。常见的纤维素阴离子交换剂为二乙基氨基乙基（DEAE）、梭甲基（CM）等。凝胶排阻柱色谱法是利用凝胶微孔的分子筛作用对分子大小不同的物质进行分离的一种方法。其分离原理是，不同分子量大小的多糖组分流经色谱柱时受到不同程度的排阻，在色谱柱上移动速度不一致从而形成色谱带，然后以缓冲液或去离子水作洗脱剂进行洗脱、收集，使各种多糖得以分离纯化。通常选作填料（固定相）用的微孔凝胶有葡聚糖凝胶（SePhadex G-75、Sephadex G-100

和Sephadex G-200）、琼脂糖凝胶（Sepharose 2B、Sepharose 4B和Sepharose 6B）等。

经试验验证，选取DEAE-cellulose 52纤维素阴离子交换剂与Sephadex G-100作填料进行柱层析。离子交换层析纯化粗多糖过程中，层析柱长度和直径、洗脱盐浓度、流速、每管收集体积以及缓冲液的pH值都会对洗脱造成影响，也就是会对分离的效果产生影响。因此，摸索出一套最佳的洗脱方法，对于整个纯化过程起着决定性的作用。经DEAE-cellulose 52阴离子交换层析按照离子强度的不同进行初步分离，得到电荷单一的组分，然后再用葡聚糖凝胶色谱柱进一步纯化，采用Sephadex G-100凝胶分子筛层析，通过分子量的不同进行第二次分离获得电荷和分子量均单一的多糖。

**5. 鉴别**

（1）聚丙烯酰胺凝胶电泳。采用不连续垂直平板电泳，分离胶浓度为7%，浓缩胶浓度为4%，电极缓冲液0.2 mol/L的硼酸盐缓冲液（pH=10.0）。加样量为10 μL，样品在浓缩胶中电泳采用100 V恒压，指示剂进入分离胶后用180 V恒压，电泳约5 h，电泳结束后，剥胶，进行多糖PAS染色处理。

经分离纯化的多糖纯品，它的纯度实质上是一定相对分子质量范围的相对均一组分，只代表相似链长的平均分布。国内外多糖类复合物纯度的鉴定方法主要有：电泳法、超离心法、比旋度法和凝胶色谱法。电泳法是根据糖分子的大小所带电荷数和形状不同，在电场的作用下，在固体胶上迁移率不同，与纯标样的迁移率相比较而确定，是最常用的方法。本标准采用聚丙烯酰胺凝胶电泳，其关键技术步骤如下：

做胶，采用不连续垂直平板电泳，分离胶浓度为7%，浓缩胶浓度为4%，电极缓冲液0.2 mol/L的硼酸盐缓冲液（pH=10.0）。分离胶的浓度很关键，如果分离胶的浓度偏高，大分子量的多糖物质很难进入分离胶；如果偏低，由于胶本身太过于柔软，染色过程中会出现破损，不便于操作。

上样，吸取20～30 μL样品，向其中加入3 μL溴酚蓝，并滴入一滴甘油充分混匀。用微量进样器按顺序每个进样孔加入样品混合物10 μL。

电泳，样品在浓缩胶中电泳采用100 V恒压，溴酚蓝指示剂进入分离胶后用180 V恒压，待指示剂移至离底端0.5～1 cm处停止电泳，约5 h。电泳要在4 ℃进行。在电泳过程中，电泳液浓度不能太低，并且电泳液使用次数不能过多，经过试验，每3次电泳之后需要更换一次电泳液。

剥胶，取下凝胶模板，将上下两块玻璃板分开。用刀片在左下角切开一个小口以做记号,切去分离胶后,将凝胶剥出放置于染色盘中,准备染色。

染色,使用PAS法对多糖进行染色:加入1%高碘酸,摇床氧化15 min,倒去高碘酸溶液,用纯水洗3次;加Schiff试剂(淹没胶片),室温,避光,摇床染色30 min;倒去染色液,用新配0.5%偏重亚硫酸钠洗胶,每5 min换一次,更换3~4次(用甲醛进行检查:滴加甲醛,不变色即表示洗干净;若洗胶时间足够,此步可略),可看到多糖的电泳条带(摇床上进行)。

(2)紫外光谱扫描。将纯化后的珍珠贝多糖用去离子水配制成50 mg/mL的多糖溶液,采用紫外可见分光光度计于200~600 nm波段扫描。

纯化后多糖溶液是否仍含有核酸、多肽和蛋白质类物质,可采用紫外光谱扫描。在200~280 nm波段处若无吸收峰,则表明多糖样品中不含有该类物质。

### 6. 多糖中总糖含量的测定

苯酚-硫酸法:

制作标准曲线:将葡萄糖标准品于105 ℃下干燥至恒重,精确称取20 mg溶解,定容至500 mL备用,分别吸取0.0 mL、0.4 mL、0.6 mL、0.8 mL、1.0 mL、1.2 mL、1.4 mL、1.6 mL、1.8 mL葡萄糖标准溶液,补充蒸馏水至2.0 mL,加入6.0%苯酚溶液1.0 mL,混匀后快速加入浓硫酸5.0 mL迅速摇匀,室温静置20 min后于490 nm处测定各管中溶液的吸光度值,以2.0 mL蒸馏水作为空白对照。以葡萄糖的浓度为横坐标,吸光度值为纵坐标,绘制出标准曲线。

称取0.02 g珍珠贝多糖样品,蒸馏水溶解并定容至100 mL,吸取2 mL,加入6.0 %苯酚溶液1.0 mL,混匀后快速加入浓硫酸5.0 mL迅速摇匀,室温静置20 min后于490 nm处测定溶液吸光度值,以2.0 mL蒸馏水作为空白对照。按标准曲线计算待测多糖浓度。

苯酚-硫酸法原理是利用多糖在硫酸的作用下先水解成单糖,并迅速脱水生成糖醛衍生物,然后与苯酚生成橙黄色化合物,在490 nm处有最大吸收,吸收值与糖含量呈线性关系。此方法简单、快速、灵敏、对每种糖仅制作一条标准曲线,颜色持久。测定时根据光密度值确定取样的量。光密度值最好在0.1~0.3之间。

### 7. 记录管理

按《食品安全管理体系 水产品加工企业要求》(GB/T 27304—2008)中的规定执行。《食品安全管理体系 水产品加工企业要求》(GB/T 27304—

2008）中8.3规定，应制定产品追溯和撤回记录管理程序，规定记录的标记、收集、编目、归档、存储、保管和处理。记录应真实、准确、规范。记录的保存期不少于两年。若法律法规另有规定，按法律法规的规定执行。法律法规中未作强制要求的记录保存时间应超过产品保质期，以保证追溯的实现。

### 四、珍珠贝壳板材生产技术规范

我国珍珠贝壳资源丰富，目前大部分被作为养殖废物丢弃，造成了巨大的资源浪费和严重的环境污染。珍珠贝壳有着美丽独特的珍珠光泽，组成晶粒细小、结构致密、抗压强度高、机械加工和耐火性能良好，尤其适用于制备工艺品，具有很高的观赏价值和使用价值[1]。

珍珠贝壳工艺品包括珍珠贝壳帆船、壁画、雕塑、托盘、首饰盒、摆件、手机套和书房笔筒等，轮廓清晰、自然、时尚，体现了珍珠文化、民族文化和现代科技的完美结合，丰富了珍珠文化内涵。作为人文精神的新兴载体，珍珠贝壳工艺品在弘扬特色文化，陶冶国民情操，丰富人们精神文化生活等方面具有积极的作用。

珍珠贝壳工艺品一般由珍珠贝壳经过切割、磨削、抛光等工艺，加工形成具有一定轮廓外形的珍珠贝壳小片，再拼接组合而成。加工具有一定轮廓外形的珍珠贝壳小片是技术关键，基于经济实用原则，改进一种宝石加工设备，通过模板仿形磨削法对珍珠贝壳和贝壳薄片进行加工试验研究。珍珠贝壳仿形磨削加工的轮廓曲线很广泛，如矩形、菱形、正多边形、椭圆形、心形、水滴形、果圆形等多种，但受模板与滚轮接触的影响及砂轮半径的限制，轮廓曲线内凹曲率过大时不能正确地仿形。对磨平的珍珠贝壳片一次可装夹多片进行仿形加工，或改进设备以提高效率，能实现批量生产。对弧面珍珠贝壳的加工只能单件进行，因为每个贝壳都是唯一的。珍珠贝壳仿形磨削能实现平面和弧面多种轮廓形状加工，加工质量好、效率高，是一种有效的加工方法。

在试验研究的基础上，形成了广东省地方标准《珍珠贝壳板材生产技术规范》（DB44/T 1738—2015），按照该技术规范标准，选择具有珍珠光泽的珍珠母贝为原料，可以有效地生产珍珠贝壳板材[28]。

生产环境：生产车间应光线明亮，通风良好；应有吸尘装置，配备供生产人员使用的眼镜、口罩和头巾等防尘劳保用品；应有自来水供给和循环使用系统。

## 第六章　珍珠深加工标准

关键技术为珍珠贝壳加工工艺：切割→磨平→成型→抛光。

清洗：先用毛刷去除珍珠贝壳外表面的附着物和泥沙，再经1%氢氧化钠溶液浸泡珍珠贝壳1~2 d，去除珍珠贝壳内表面的残余贝肉，最后用自来水清洗1~2遍，晾干。

切割：调节切割机电动机转速至2800 rpm，根据贝壳的大小、形状、厚度、纹理、色彩和用途，将贝壳进行切割，工序余量为0.2 mm。切割方法分为两种：直线切割法，用直线型切割机先将贝壳分切成条状，再分切成矩形、正方形、菱形、三角形或多边形片材；圆弧切割法，切割工具是杯形金刚石砂轮，在贝壳上分割出圆形片材。

选厚薄：调节厚薄机分选轴转速至60 rpm，将切好的珍珠贝壳片材倒入厚薄机中，厚薄机下面置放多个料盒用来装分选出来的各种厚薄的珍珠贝壳片材。

磨平：调节磨平机主电机转速至900 rpm，辅电机转速至6 rpm，对切割的珍珠贝壳片材进行2~3次磨平加工。工序余量为0.1 mm。

定型：调节定型机主电机转速至2800 rpm，将预制的模板安装在定型机上，装夹好磨平后的珍珠贝壳片材工件，调节工件转速，将工件加工成与模板外形相同的珍珠贝壳板材。工序余量为0.1 mm。

抛光：将珍珠贝壳板材放入抛光机中（体积不超过抛光机内桶容积的2/3），加入温度为90±5 ℃的自来水，自来水的水面高于板材所在平面约1 cm；开启抛光机，调节抛光桶转速至45 rpm，采用点滴方式，不断地将0.1 mol/L的HCl溶液加入抛光桶中，40~50 min后关闭抛光机。重复进行3~4次。

晾干：将抛光后的珍珠贝壳板材用自来水洗净，甩干，铺着在棉质布席上，自然晾干。

质量要求：基本要求为外形规则，无裂纹，具有珍珠光泽，表面光滑、无凹凸线纹和斑纹。性状、颜色和表面瑕疵的描述和检测按照《珠宝玉石名称》（GB/T 16552）和《珍珠分级》（GB/T 18781）的相关规定。

采用辐照加工对珍珠蚌贝壳板材进行了色泽优化试验。辐照源为钴60-γ射线辐照设备（广州辐锐高能技术有限公司，装源75万Ci），试验材料为湛江荣辉珍珠有限公司生产的正方形（银白色边长24 cm，粉红色边长20 cm）、长方形（长24 cm、宽10 cm）和菱形（边长24 cm）珍珠蚌贝壳板材，厚度2 mm（图6-1、图6-2）。将珍珠蚌贝壳板材通过自动系统送进上述钴60-γ辐照装置中，分别辐照8 h、12 h、16 h，随机取样观察其颜色和光泽的变化，用VIVO Y3型数字手机进行拍照，与未辐照的样品进行比较。采用重铬酸钾（银）剂量计检测其实际吸收剂量[29]。

图6-1　银白色珍珠蚌贝壳板材辐照前后对比效果
（从左到右依次为未辐照、辐照8 h、12 h和16 h）

图6-2　粉红色珍珠蚌贝壳板材辐照前后对比效果
（从上到下依次为未辐照、辐照8 h、12 h和16 h）

辐照法可以优化珍珠蚌贝壳板材色泽，丰富珍珠蚌贝壳板材的颜色，增强珍珠蚌贝壳板材的光泽，提高珍珠蚌贝壳板材的价值。如图6-1所示。8 h后，银白色珍珠蚌贝壳板材变为灰白色，粉红色珍珠蚌贝壳板材变为蓝灰色，光泽变化不明显。经检测，珍珠蚌贝壳板材的实际吸收剂量为6.3 kGy。12 h后，银白色珍珠蚌贝壳板材变为深灰色，粉红色珍珠蚌贝壳板材变为蓝紫色，彩虹色明显。经检测，珍珠蚌贝壳板材的实际吸收剂量为9.3 kGy。16 h后，银白色珍珠蚌贝壳板材变为深黑色，粉红色珍珠蚌贝壳板材变为黑紫色，光泽变昏暗。经检测，珍珠蚌贝壳板材的实际吸收剂量为12.4 kGy。将完成辐照加工后的珍珠蚌贝壳板材，在室内室温环境下放置保存12个月，其颜色和光泽无变化。

在上述实验条件下，珍珠蚌贝壳板材辐照12 h，辐照剂量为9.3 kGy时，其颜色和光泽得到最佳优化，效果最好。辐照剂量过小，颜色和光泽变化不明显；辐照剂量过大，颜色会变黑，光泽变暗淡。

钴60-γ射线辐照优化珍珠蚌贝壳板材色泽的机理分析：珍珠蚌贝壳的主要是碳酸钙（文石）与少量有机质（包括壳角蛋白、色素有机质等）交互堆积而成。前期研究结果表明，相对于海水珍珠贝，珍珠蚌贝壳及其淡水珍珠中富集Mn、Fe、Cr元素。用一定剂量的钴-60伽马射线辐照辐照珍珠蚌贝壳板材，使贝壳板材中的低价Mn、Fe、Cr转化为有颜色的高价Mn、Fe、Cr，同时诱导和促进贝壳板材中的某些有机物大分子间共价键的生成和积累，结构构象发生改变而呈现颜色，使颜色变深，彩虹效应增强。其实淡水珍珠与珍珠蚌贝壳具有类似的内部结构和化学组成，上述对辐照优化珍珠蚌贝壳板材色泽的机理分析与前人对淡水珍珠辐照着色和改色机理的解释是一致的。

珍珠蚌贝壳是珍珠母蚌逐层分泌碳酸钙和有机质沉积叠加而成的，在不同生长季节，由于水域环境、珍珠母蚌生理状态的不同，各层的Mn、Fe、Cr元素和有机质的含量会有差异，因此辐照加工时，珍珠蚌贝壳板材会有色泽呈条带状不均匀的表现。WHO/FAO/IAEA等国际组织联合专家委员会认为，总体平均剂量为10 kGy以下辐照的任何食品没有毒理学上的危险。对珍珠蚌贝壳板材色泽优化进行辐照加工，接收9.3 kGy的辐照剂量，低于10 kGy，是安全的。

辐照加工优化珍珠蚌色泽，可使珍珠蚌贝壳板材颜由灰白色、粉红色向深灰色、灰黑色、蓝紫色等发生不可逆转的转变，同时增强了虹彩效应，使贝壳板材呈现五彩缤纷的效果，而且放置1年后色泽依旧牢固稳定。

由于珍珠蚌贝壳板材在实际生产过程中，由于贝壳原料来源、加工工艺不同，产业化应用时，应根据实际辐照加工效果和市场用户要求来确定合适的辐照剂量。辐照加工优化珍珠蚌贝壳板材色泽的工艺和流程简单，安全稳定性好，色牢度高，重塑性好，辐照加工机构遍布我国珍珠蚌主产区，而且辐照处理费用低廉，具有良好的应用价值和市场前景。

在珍珠贝壳板材的基础上，可生产珍珠贝壳托盘、首饰盒等各种各样的工艺品，以及屏风、框架等珍珠贝壳装饰材料。珍珠贝壳工艺品和装饰材料生产所需原材料丰富、加工技术先进、设备操作简便、生产过程安全卫生，而且社会效益、经济效益和生态效益显著，产业化前景良好。建议编制珍珠蚌贝壳板材辐照加工的行业或地方标准，规定辐照装置、装源条件、原料要求、辐照时间和剂量检测，实现珍珠蚌贝壳板材的色泽优化，提高板材产品价值。

## 参考文献

［1］郑全英，毛叶盟．海水珍珠与淡水珍珠的成分、药理作用及功效［J］．上海中医药杂志，2004，38（3）：54–55.

［2］国家药典委员会．中华人民共和国药典一部［M］．北京：中国医药科技出版社，2010：215–216.

［3］韩珮，张春椿，熊耀康．珍珠粉临床应用的最新研究进展［J］．中医学报，2011，26（7）：835–837.

［4］钱荣华，竹剑平．珍珠粉调节免疫功能的实验研究［J］．中国现代应用药学，2003，20（S1）：22–23.

［5］王雅雯，徐普．珍珠粉在组织工程中应用进展［J］．重庆医学，2022，51（22）：3938–3942.

［6］黄秀芳．珍珠粉预防性治疗产妇会阴侧切缝合术后切口感染的临床效果［J］．临床合理用药杂志，2019，12（30）：97–98

［7］夏静芬，钱国英，陈亮，等．珍珠粉和贝壳粉的化学成分和结构特征分析［J］．化学研究与应用，2010，22（11）：1467–1471.

［8］林江，林涌，杨继峰，等．海水珍珠与淡水珍珠的比较：药用价值、鉴别方法［J］．广西中医学院学报，2007（4）：80–82.

［9］蒲月华，何锦锋，高振声，等．珍珠粉与珍珠层粉微量元素的对比研究［J］．食品研究与开发，2016，37（16）：125–128.

［10］何锦锋，邓旗，蒲月华，等．珍珠粉与珍珠层粉的氨基酸组成分析［J］．食品工业，2016，37（4）：270–273.

［11］严俊．基于红外光谱与白度测试联用技术鉴别珍珠粉与贝壳粉的方法［P］．中国：CN201310198751.4，2014–12–03.

［12］广东省质量技术监督局．海水珍珠层粉：DB44/T 1280—2013［S］．2013.

[13] 林其溪, 林江, 单华. 药用海水无核珍珠的检测及鉴定方法研究 [J]. 广西中医药, 2010, 33 (3): 58-61.

[14] 吴文辉, 郭丽芬, 叶美颜, 等. 光谱成像指纹图谱在药用珍珠鉴定中的应用研究 [J]. 药物分析杂志, 2015, 35 (6): 1087-1091.

[15] 木士春, 马红艳. 养殖珍珠微量元素特征及其对珍珠生长环境的指示意义 [J]. 矿物学报, 2001, 21 (3): 551-553.

[16] 童银洪, 陈志强, 郭丰辉, 等. 海水和淡水珍珠粉的快速鉴别 [J]. 农业研究与应用, 2020, 33 (4): 39-42.

[17] 陈志强, 郭丰辉, 童银洪, 等. 辐照法快速鉴别海水和淡水珍珠粉 [J]. 轻工标准与质量, 2021 (2): 76-77, 83.

[18] 刘明学, 黄婷, 刘媛媛, 等. 锶的生物矿化与地球化学代用指标在古环境重构中的应用 [J]. 矿物学报, 2014, 34 (4): 607-612.

[19] 王会学, 叶晓健. 锶在骨组织工程中的研究与应用 [J]. 中国组织工程研究与临床康复, 2009, 13 (42): 8325-8328.

[20] 张骏, 尤奇, 邹刚, 等. 锶元素在骨组织工程研究中的应用与进展 [J]. 中国组织工程研究, 2019, 23 (18): 2936-2940.

[21] 邓一清, 童银洪, 陈小丽, 等. 4种海洋贝类多糖提取和保湿性研究 [J]. 广东海洋大学学报, 2012, 32 (3): 86-89.

[22] 卢传亮, 郑上华, 童银洪. 马氏珠母贝多糖提取及其保湿性研究 [J]. 现代农业科技, 2013 (21): 254-256.

[23] 卢传亮, 郑上华, 童银洪. 企鹅珍珠贝多糖的提取与应用 [J]. 农业研究与应用, 2013, 26 (6): 27-33.

[24] 蒲月华, 邓旗, 杨萍, 等. 珍珠贝多肽体外抗氧化活性的研究 [J]. 食品科技, 2013, 41 (11): 124-128.

[25] 蒲月华, 童银洪. 水解珍珠美白机理探讨 [J]. 香料香精化妆品, 2015 (3): 43-46.

[26] 杨安全, 王菁, 张丽华, 等. 珍珠提取物的美白功效研究 [J]. 药物生物技术, 2016, 23 (2): 146-149.

[27] 鄢奉林, 卢传亮, 童银洪. 珍珠贝壳仿形磨削工艺试验研究 [J]. 农业研究与应用, 2016 (3): 52-56.

[28] 广东省质量技术监督局. 珍珠贝壳板材生产技术规范: DB44/T 1738—2015 [S]. 2015.

[29] 童银洪, 尹国荣, 刘永. 辐照加工优化珍珠蚌贝壳板材色泽的研究 [J]. 农业研究与应用, 2020, 33 (1): 31-34.

# 第七章 珍珠质量检测标准

## 一、海水珍珠和淡水珍珠的鉴别

海水珍珠和淡水珍珠的产出水域环境不同，海水珍珠一般产自热带或亚热带的海洋中，淡水珍珠则主要产于江、河、湖和池塘中。海水珍珠的光泽度要比淡水珍珠更加强烈一些，而淡水珍珠显得柔和一些。随着淡水有核珍珠的养殖和加工技术的进步，海水珍珠和淡水珍珠在形态、颜色、光泽、表面洁净度等外观特征基本一致，难以用肉眼鉴别。淡水珍珠年产量达几千吨，海水珍珠仅几百吨，相对来说，海水珍珠更为稀有，价格高一些。快速鉴别海水珍珠和淡水珍珠，是珍珠市场发展的需要。2010年兰延等采用X荧光能谱技术研究珍珠中微量元素的种类及其质量分数，综合利用元素的组合关系Sr/Ca计数比率，提出了快捷、无损地鉴别海水珍珠和淡水珍珠的方法[1-2]。此鉴别方法不需前处理样品，属于无损检测，一分钟内可以得到鉴定结果，而且流程简单、安全可靠，得到了良好的应用。

在此基础上，2022年自然资源部发布了行业标准《海水珍珠与淡水珍珠的鉴别 X射线荧光光谱法》（DZ/T 0416—2022），运用能量色散型X射线荧光光谱鉴别海水珍珠与淡水珍珠的方法[3]。检测原理：珍珠表层元素经X射线激发，发射出各元素的特征X射线，元素特征谱线的强度与该元素的含量相关。根据其特征谱线的能量和强度可进行元素的定性和定量分析。利用海水珍珠和淡水珍珠在微量元素Sr和Mn的含量上存在明显差异的特征，用X射线荧光光谱法测试主元素Ca和微量元素Sr、Mn的计数，并求得锶钙比（Sr/Ca）、锰钙比（Mn/Ca）和锰锶比（Mn/Sr），通过两种或三者的组合关系，投影到现有已知多靠样品关系散点图中，依据参考样品的判定规则，可区分海水珍珠和淡水珍珠。

仪器和设备：能量色散X射线荧光光谱仪，可参照GB/T 16597的规定，锰元素在5.89 keV能量位置的能量分辨为优于170 eV。

参考样品选择：选取已知不同产地来源的海水珍珠和淡水珍珠至少各

## 第七章 珍珠质量检测标准

50粒（以70～100粒为宜，包含不同颜色，不同贝类、蚌类等），样品粒径宜大于5.5 mm，珠层厚度不低于0.3 mm，表面微瑕疵或无瑕疵。

X射线荧光光谱测定：遵照制造商的说明操作X射线荧光光谱仪。将已知来源的海水珍珠和淡水珍珠参考样品放置在测试窗口上，设置电流、电压、滤光片和图谱范围等实验条件，在相同条件下采集试样的X射线荧光光谱。

分析方法建立：定性分析参考样品的X射线荧光光谱，确定其中的元素特征。海水珍珠通常检测不到Mn（Mn含量通常低于检出限），具有Ca+Sr的组合关系，淡水珍珠通常具有Ca+Sr+Mn的组合关系，少数淡水珍珠检测不到Mn。

根据定性分析结果，选定分析线，分别选取参考样品中Ca、Sr和Mn的Kα线作为分析线，读取峰强度计数或峰面积计数。计算峰面积计数或峰强度计数的锶钙比（Sr/Ca）、锰钙比（Mn/Ca）及锰锶比（Mn/Sr）。统计分析绘制Sr/Ca和Mn/Si的关系散点图，参见附录A。海水珍珠以较高的Sr/Ca为特征，淡水珍珠以较低的Sr/Ca、较高的Sr/Mn为特征。划分出Sr/Ca和Mn/Sr的关系散点图中海水珍珠和淡水珍珠的Sr/Ca和Mn/Sr无重叠的区域，作为海水珍珠和淡水珍珠的判定范围。将无重叠区域中海水珍珠Sr/Ca和Mn/Sr所分布的范围作为海水珍珠的判定范围。将无重叠区域中淡水珍珠Sr/Ca 和 Mn/Sr所分布的范围作为淡水珍珠的判定范围。

海水珍珠与淡水珍珠的Sr/Ca和Mn/Sr重叠或相接近的区域范围，暂作为无法判定处理，结合仪器的实际分析情况，以及放大观察等其他测试手段进一步谨慎判断，相关示例参见附录A。在未告知测试分桥人员所选试样的分类属性和该设备的分类范围界限值的情况下，对参考样品7.1和7.2规定的测试分析程序进行实验，对Sr/Ca和Mn/Sr的关系以及海水珍珠和淡水珍珠的判定范围进行验证，若结果漂移较大，则应重新建立方法。

海水珍珠和淡水珍珠的鉴别，按照GB/T 16553给出的方法对未知来源的珍珠样品进行鉴定，确定其是否为未经人工处理的珍珠。对珍珠样品进行X射线荧光光谱测试分析，获取样品的Sr/Ca、Mn/Sr，将其投入7.2.4得到的Sr/Ca和Mn/Sr关系散点图中，根据7.2.5划分出的海水珍珠与淡水珍珠不同的比值范围，进行判定。在海水珍珠Sr/Ca和Mn/Sr界限值范围内的样品判定为海水珍珠。在淡水珍珠Sr/Ca和Mn/Sr界限值范围内的样品判定为淡水珍珠。在界限值范围之外的样品，暂作为无法判定处理，对其进行进一步检验。

检测要求：测量时宜尽量选择光滑面。若无法判定获得的测试结果，则宜适当增加测量次数。每件样品应至少选取三个不同位置的测试点，通过重复测量计算其平均值，计算结果保留到小数点后两位数字。

影响测量结果的因素，受方法原理的限制，在使用本方法时检测人员应了解和熟悉以下影响测量结果的因素（这些影响因素在不同情况下将对特征谱线强度的采纹产生很大的影响，甚至造成误判）：仪器分辨力；测试电压、电流、时间和滤光片；样品测试的面积；样品表面经过人工化学处理；样品形状不规则、表面严重缺陷。

检测方法说明，X射线荧光光谱仪的型号不同，测试的工作条件不同，将对试样的Sr/Ca、Mn/Ca和Mn/Sr产生影响，从而改变计数比率范围的界限值，因此每台用于测试珍珠的X射线荧光光谱仪都应用参考样品建立分析方法，以确定Sr/Ca和Mn/Sr的范围界限值。

鉴定结果的表示，确定为海水珍珠，鉴定结果可表示为"海水珍珠"；确定为淡水珍珠，鉴定结果可表示为"淡水珍珠"。未能确定的样品，不宜出具鉴定结果，或可依据GB/T 16552的规定表示为"珍珠"。

## 二、金黄色珍珠的鉴别

金黄色珍珠是指采用大珠母贝培育的、颜色为金黄色的珍珠，俗称"南洋金色珍珠"，简称"南洋金珠"。金黄色珍珠以其瑰丽富贵的色泽、结实厚重的质地，备受人们的青睐。近年来，各地珠宝市场上出现各种染色处理金黄色珍珠，以假当真，以次充好，欺骗和蒙蔽消费者，给我国珍珠市场带来不小的冲击[4]。广西壮族自治区制定了《金黄色珍珠鉴别方法》（DB45/T 2745—2023）地方标准，规定了金黄色珍珠鉴别的术语和定义、测定方法和测定规则等内容，适用于金黄色珍珠的鉴别，有利于规范市场行为，保护消费者权益，促进珍珠行业的可持续发展。

### 1. 观察法

将珍珠样品擦洗干净，置于放大镜或宝石显微镜下。用反射光观察珍珠样品的外部特征，用透射光观察珍珠样品内部特征。金黄色珍珠颜色分布自然、均匀，伴色或晕彩柔和。金黄色染色珍珠颜色分布不均匀，可见色斑或染料薄膜干涉圈，颜色在孔口、裂隙、凹坑等生长缺陷处富集。造珍珠表面呈现鸡蛋壳表面特征，有密集的小麻点。

### 2. 荧光图像分析法

利用高清晰度摄像机（CCD元件）紫外荧光仪DiamondView记录超短波

紫外光波在珍珠表面激发的荧光，依据珍珠的荧光图像特征，鉴别金黄色珍珠的种类。金黄色珍珠具有天蓝色荧光或惰性，金黄色染色珍珠具有蓝绿色或黄绿色荧光。

3. 成分分析法

原理：X射线管产生的入射X射线（即一次X射线）激发被测珍珠样品，受激发的珍珠样品中的每一种元素会放射出二次X射线（即X荧光），不同的元素放射出的X荧光具有特定的能量特性或波长特性。仪器探测系统测量这些X荧光能量或波长和数量。然后，仪器系统软件将探测系统所收集到的信息转换成样品中各种元素的种类及含量。鉴定仪器：X射线能量色散型光谱仪EDX 3000 PLUS，检测范围为S16-U92，SDD硅漂移探测器，准直器：4 mm，检测分析时间：20秒。操作步骤：取珍珠样品，直接放入样品座上，采用X射线荧光光谱仪对珍珠样品进行元素检测，根据Ca、Sr的K$\alpha$线的一定区域确定Ca、Sr的强度计数，并计算Sr和Ca强度计数的比值，得到了Sr/Ca计数比率。每个珍珠样品检测3个点，取其平均值作为Sr/Ca计数比率的检测结果。鉴定特征：金黄色海水珍珠和染色南珠的Sr/Ca在0.2以上，染色淡水珍珠的Sr/Ca在0.2以下。人造珍珠基本无Sr和Ca峰。

4. 紫外可见光谱分析法

原理和方法：测定珍珠样品对紫外可见波段范围单色辐射的吸收或反射波长、波长范围及强度，对珍珠样品进行定性分析。鉴定仪器：紫外可见分光光度计Gem-3000。操作步骤：使用标准白板进行测定校准；将被检珍珠样品清洁干净后放置在检测位处，检测位置应选择有代表性的光滑弧面，避开平头、凹坑和突起等缺陷，观测吸收谱线或谱带，读出对应的波长或波长范围。鉴定特征：金黄色珍珠的紫外可见光谱出现360 nm和420 nm处两个吸收谱峰，两者之间的曲线斜率为正值；金黄色染色珍珠的紫外可见光谱出现355 nm和450 nm附近的两个吸收谱峰，两者之间的曲线斜率为负值。

5. 红外光谱分析法

原理与方法：不同的分子结构产生不同的红外图谱，依据特征的红外吸收谱带的波数位、数目、谱型和谱带强度等特征，鉴别金黄色珍珠的种类。鉴定仪器：红外光谱仪Nicolet iS5。

鉴定特征：金黄色珍珠和金黄色染色珍珠具有典型文石中碳酸根离子振动所致的特征红外吸收谱带，人造金黄色珍珠没有文石特征红外吸收谱带。

### 6. 擦拭法

采用蘸有丙酮的白色棉签擦拭珍珠样品表面，有些染料会溶解，使棉签出现颜色。观察擦拭前后棉签的颜色变化，鉴别金黄色珍珠的种类。涂搽金黄色珍珠后，棉签颜色无变化。棉签颜色发生变化的为金黄色染色珍珠。人造珍珠表面会发生溶蚀。

### 7. 鉴定规则

鉴定人员应无色盲、色弱；接受过专门的技能培训；依据方法1~5的鉴定方法，符合三条以上鉴定特征，综合判断珍珠样品的鉴定结果，确保鉴定结果的准确性和唯一性；方法6鉴定方法可能会对珍珠样品产生损害，使用前需经过送样者同意；多粒组合金黄色珍珠，应逐一鉴定。

## 三、珍珠颜色的检测

颜色是珍珠质量评价的重要因素。珍珠是珍珠母贝外套膜形成的珍珠囊分泌的珍珠质沉积而成。珍珠由90%左右的碳酸钙和10%左右的有机质（包含各种不同类型的色素）组成。珍珠颜色主要是由成分和结构因素引起的光的反射、干涉等作用所呈现的综合光学效应。由于成分和结构的复杂多样性，珍珠的颜色丰富多彩。目前普遍采用肉眼来观测珍珠颜色，由于人为因素，观测结果必然存在一些偏差。我国国家标准《珍珠分级》（GB/T 18781—2023）对珍珠颜色的测量是采用肉眼测量法，一般要花费很大的精力，而且主观性较强，急需制定科学的测量方法。

分光测色仪拥有明亮的取景器和携带方便的机身，是颜色测量中的权威仪器，测量精度较高，具有高度的稳定性和复现性，已广泛地用于塑料、涂料、树脂、电子产品、药品、化妆品、印刷、建材、纤维等行业的颜色测量作业[5]。原理：根据CIE（国际发光照明委员会）的表色方法，对任何一种物体颜色，它的特性都可以用三刺激值$X$、$Y$、$Z$，CIE2°（1931）色度坐标来表示。

观察者根据光谱三刺激值可描绘出三刺激值曲线。$X$、$Y$、$Z$曲线分别代表匹配各波长等光谱刺激值所需要的红、绿、蓝三原色的量。而通过三刺激值可以得出色品坐标。

$$x=\frac{X}{X+Y+Z},\ y=\frac{Y}{X+Y+Z},\ z=\frac{Z}{X+Y+Z}$$

## 第七章 珍珠质量检测标准

将色品坐标与参照光源的色度坐标（测色仪器中内部给定）进行比较，就可以得出样品颜色的三属性（色相、饱和度、明度）。几乎一切色度的计算都是以$X$、$Y$、$Z$三刺激值为基础。其他的表色系统也大多通过$X$、$Y$、$Z$进行数学关系转化而得到。

在颜色检测中应用较多的是CIE 1976 $L^*a^*b^*$表色系统。CIE1976 $L^*a^*b^*$表色系统与$X$、$Y$、$Z$表色系存在如下的换算关系：式中$X_0$，$Y_0$，$Z_0$为标准照明光源的三刺激值。

$$L^* = 25\left|100\frac{Y}{Y_0}\right|^{1/3} - 16,$$
$$a^* = 500\left\{\left|\frac{X}{X_0}\right|^{1/3} - \left|\frac{Y}{Y_0}\right|^{1/3}\right\}$$
$$b^* = 200\left\{\left|\frac{X}{X_0}\right|^{1/3} - \left|\frac{Z}{Z_0}\right|^{1/3}\right\}$$

CIE 1976$L^*a^*b^*$表色系统，中间轴是明度轴，上白下黑，中间为亮度不同的灰色过渡。此轴称为$L^*$轴，$L^*$称为明度系数，$L^*=0$表示黑色，$L^*=100$表示白色。$+a^*$表示红色，$-a^*$表示绿色，$+b^*$表示黄色，$-b^*$表示蓝色。$a^*$，$b^*$值决定色调。颜色点的位置距离原点愈远，表示其饱和度愈高，由颜色点的$a^*$、$b^*$坐标半径表示其饱和度。如图7-1所示。

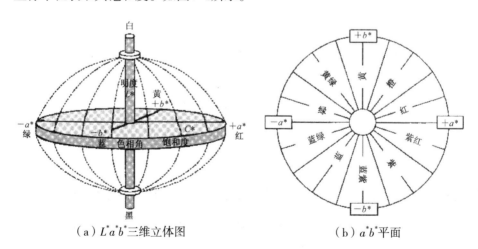

（a）$L^*a^*b^*$三维立体图　　　　　（b）$a^*b^*$平面

**图7-1　CIE 1976$L^*a^*b^*$表色系统颜色空间**

另外，在颜色测量中，为了使数据标准化，必须有一个严格的可以复制的光源，作为白光。CIE规定了几种标准光源，如A、B、C、D65。本实验采用D65作为标准光源，D65是CIE1967年建议使用的标准光源，相当于色温6500 K的白昼光。CIE 1976 $L^*a^*b^*$ 表色系统颜色空间目前广泛用于纺织、涂料、印刷、食品和化妆品等行业，为各国工业行业标准所采用[2-4]。

检测仪器为分光测色仪，照明、受光光学系统：d/8（扩散照明8°方向受光）、SCI（含加入正反射光）/SCE（不含正反射光）同时测量（无机械式转换）。波长范围为360～740 nm，间距为10 nm。积分球尺寸：$\phi$52 mm；受光素子：两对40素子硅光电二极管阵列；测量用光源：脉冲氙弧灯×3个；分光手段：平面绕射光栅。可以在$\phi$8mm和$\phi$3mm的测量口径间转换。先进的数码控制。仅需1.5秒即可完成测量。利用复合敏感器测量珍珠在可见光波长范围内的光谱反射比。仪器内的微计算机根据光谱反射比数据通过积分可计算出三刺激值$X$、$Y$和$Z$。为了得到均匀的颜色系统，通过数学转换得到CIE $L^*a^*b^*$ 颜色空间。显示屏显示$L^*$、$a^*$和$b^*$值。亮度（$L^*$）值在0～100之间，$a^*$值变化范围是+60～-60。$b^*$值变化范围是+60～-60。

检测步骤：使用标准白板进行测量校准；将被检样品清洁干净后放置在检测位处，检测位置应选择有代表性的光滑弧面，避开平头、凹坑和突起等缺陷；启动测量按钮，内置光源发光，读取显示屏的$L^*$、$a^*$和$b^*$作为测量结果。

## 四、珍珠光泽的检测

珍珠的光泽受到贝类生长水域环境、温度、母贝健康程度、珠核或插片殖入贝类生物体内的位置、养殖时间、捕捞收获的季节等诸多因素影响，珍珠的光泽差异较大，即使同一粒珍珠，其各个方向的光泽也可能不尽一致。光泽级别分为极强、强、中、弱4个级别，可分别用A、B、C、D来表示。拥有强（B）以上光泽的珍珠会比光泽级别为弱（D）的，更具高贵典雅的气质。

按照《南珠光泽的测定方法》（DB/T 649—2009）南珠光泽的测定方法进行。肉眼直接测定法，将送检样品与珍珠分级标准样品进行仔细对比，仔细地转动样品，全方位观察被检测样品对光的反射强度、均匀程度与映像的清晰程度，测定光泽强度。反射比法，采用曲面光泽仪进行检测，曲面光泽仪MN60-C；准确度≤0.01 mm。使用标准白板进行数据测量校准；将被检样品清洗干净后放置在样品台上，检测位置应选择光滑弧面，避开平头、凹坑和凸起等缺陷；测量样品的五个不同表面，取其平均值作为最终测定结果，单位为Gs。珍珠光泽级别划分采用表7-1的规定。

还可以采用Novo-Curve小孔光泽度仪测量珍珠光泽度，观测其各个方向光泽强度比例，最终确定该件样品的光泽级别。但尚没有编制小孔光泽度仪检测珍珠光泽相关标准。

表7-1　珍珠光泽级别

| 光泽级别 | 反射比（%） | 反射光强度和映像清晰程度 |
| --- | --- | --- |
| 极强 | >60 | 反射光非常耀眼、均匀，表面映像如镜子一样清晰 |
| 强 | 25~60 | 反射光锐利、明亮，表面映像清晰 |
| 中 | 10~25 | 反射光明亮，表面能见物体影像 |
| 弱 | <10 | 反射光较弱，表面影像模糊 |

珍珠光泽的定量表征是今后发展方向，近年来天津大学桑胜光开展了有效的研究工作，设计了基于CIE $L^*a^*b^*$的珍珠光泽度与色度的测量方法，搭建了珍珠光泽度与色度测量实验系统，设计了适合珍珠的照明系统，有效地消除了珍珠的局部强光现象，采集到表面照度均匀的彩色珍珠图像[6]。同时，对采集到的珍珠图像进行背景消除和滤波去噪的预处理。通过彩色CCD系统获得的图像出现了色度失真。研究了色度校正的方法，并对预处理之后的珍珠图像采用BP神经网络进行色度校正。将色度校正后的RGB色度空间转变到CIE $L^*a^*b^*$，并利用$L^*$的平均值对珍珠的光泽度等级进行划分，同时对珍珠表面内分区域进行光泽均匀性与色度均匀性的判断。在此基础上，对珍珠之间的色度均匀性进行测量与分类。

对于成串的珍珠饰品，每一珍珠的光泽可能不尽相同，检测人员会仔细观察每一粒，以大于90%的光泽级别作为该件样品的光泽级别。

## 五、珍珠层厚度的检测

从珠核外层到养殖珍珠表面的垂直距离称为珍珠层厚度。珍珠质量因素包括珍珠的大小、形状、颜色、光泽、光洁度和珍珠层厚度等，珍珠层厚度是衡量珍珠价值最重要的指标，亦是决定珍珠作为珠宝使用长久性的主要决定指标。珍珠母贝品种、矿化基因调控、养殖环境、植核育珠和管护技术对珍珠层厚度都有影响。采用OCT快速检测珍珠层厚度的方法，对于规范市场秩序、提升珍珠品牌形象、促进珍珠产业发展都具有重要意义[7-8]。

珍珠层厚度检测方法，目前主要有X射线成像技术和光学相干层析成像技术（OCT），两种方法都被珍珠分级国家标准采用[9-10]。以下是目前国家标准《珍珠层厚度测定方法　光学相干层析法》（GB/T 23886—2009）采用的三种检测珍珠层厚度的方法。

直接测量法：将切割制备好的被检样品置于测量显微镜下，测量珠层厚度。测量显微镜，分辨率不大于0.01 mm。将被检样品从中间剖开、磨平，剖面穿过珍珠几何中心，利用测量显微镜测量珠层厚度，至少测量珍珠层厚度的高值和低值各取3个数量，并取其平均值。

X射线法，原理：采用X射线透视技术拍摄珍珠内部结构照片，利用计算机技术确定被检样品的珠层厚度。测量仪器：X射线仪，分辨率不大于0.05 mm。操作步骤：将被检样品放入X射线仪载物台，拍摄被检样品图像，利用计算机技术确定被检样品的珠层厚度。至少选择3个穿过珍珠几何中心的剖面方向进行测量，获取每个剖面的平均珠层厚度，取3次数值的平均值。

光学相干层析法，原理：利用光学相干层析仪获得珍珠内部结构图像，用计算机技术对图像进行测量得到珠层厚度的光程，通过计算获得珠层厚度值。与《珍珠珠层厚度测定方法　光学相干层析法》（GB/T 23886—2009）的规定的方法相同[9]。仪器：光学相干层析仪-珍珠珠层厚度无损检测仪，仪器纵向分辨力优于0.015 mm。已知厚度及折射率的载玻片。测试方法及要求，校准：用已知厚度及折射率的载玻片作为校准标准片；使用中每隔一定时间以及怀疑校准有变化时，应进行重复校准。操作步骤：遵照制造商的说明操作仪器，要特别注意影响测量准确度的因素；将样品放置在样品台上；调整光源与样品间的位置、距离；根据获得的珍珠层扫描图像计算珠层厚度值。要求：测量时应选择光滑弧面，并使光源光线在珍珠的弧面顶部聚焦。至少测量珍珠三个互相垂直方向的珠层厚度值并计算平均值。对非圆形珍珠以及当获得的最大值与最小值之差不小于0.1 mm时，增加测量次数。珠层厚度均匀度值可用于正圆形、圆形、近圆形有核珍珠的质量评价。

影响测量结果的因素包括仪器分辨力、表面缺陷、图像取值、测量次数、折射率和电磁干扰。仪器分辨力：测量结果准确度受限于仪器的纵向分辨力。表面缺陷：珍珠表面缺陷如凹坑、突起等位置的珠层厚度变化大，在该位置获得的数据不应作为有效数据。图像取值：珠层厚度的测量是由人工或计算机根据扫描获得的珍珠层图像进行。当图像不清晰或取值不恰当时可能会影响测量的准确性。测量次数：非圆形珍珠以及珠层厚度不均匀的珍珠，多方向多次测量可提高结果的准确度。折射率：本方法中折射率值为引用数据，获得的珠层厚度值受折射率测量设备及测量者的操作影响。电磁干扰：各种电器设备产生的强磁场，可能干扰仪器的正常工作，或使光源光线发生偏移。为获得可靠的结果，仪器周围不要放置手机等电磁干扰源。珠层厚度值$d=z/n$，式中$d$为珠层厚度，单位为毫米（mm）；$z$为光程，单位为毫米（mm）；$n$为珍珠的折射率。计算结果保留到小数点后二位。准确度：测量准确度取决于仪器的性能、操作和校准等情况。采用正确的校准和操作应使珠层厚度能测准到真实厚度的+5%或+0.015 mm范围内，两个值取较大者。

作为一种无损的高分辨率的检测手段，OCT还可用来鉴别真假珍珠、区别海水有核珍珠与淡水无核珍珠、测定珍珠层厚度，已被国家标准所采纳，并可用于探讨珍珠生长动力学规律，在珍珠研究中具有广阔的应用前景[7]。国家珍珠及珍珠制品质量监督检验中心何锦锋团队、上海火逐光电科技有限公司赵彦牧和深圳市莫廷影像技术有限公司王辉团队不断完善检测方法，取得了多项发明和实用新型专利，推动珍珠层厚度检测技术的进步[11-13]。

### 六、珠宝玉石检测机构服务规范

珍珠检测市场鱼龙混杂、现场检测程序不规范、假冒国家级质检机构扰乱市场的问题比较突出，需要制定相应标准对珠宝玉石检测机构进行规范。山东省济宁市地方标准《贵金属首饰及珠宝玉石现场检验服务规范》（DB 3708/T 37—2023）规定了贵金属首饰及珠宝玉石现场检验的基本要求、服务实施、服务质量评价与改进等内容。适用于贵金属首饰及珠宝玉石检验检测机构开展现场质量检验活动，非检验检测机构也可参照执行。

总则：应以服务对象为中心，遵循法律法规和检验检测机构体系文件的规定，为服务对象提供公平、公正、科学、规范的检验检测活动。

机构要求：开展贵金属首饰及珠宝玉石现场检验的机构应取得资质认定等检验资质，并在其授权范围内开展检验检测工作。

人员要求：应配备现场检验检测人员至少2人以上（含2人）。检验检测人员均应具备相应的检测能力，并持证上岗。

设备要求：应配备满足现场检验要求的检测设备；检测设备应检定（或校准或功能核查）合格，符合相关标准的要求。

检验依据及项目：开展检验检测工作时，应优先采用以下标准或者产品明示的标准、方法。

鉴定、定名依据GB/T 16552、GB/T 16553和GB/T 18781。检验项目的选择以能综合得出鉴定结论为准；标识依据GB/T 31912。

环境要求：在确保满足相关标准或技术规范要求的环境条件下开展检验检测。检验检测标准或者技术规范对环境条件有要求时或环境条件影响检验检测结果时，应控制、监测环境条件。

公正性、保密性要求：检验检测机构应对外作出公正性声明，确保检验检测机构及其人员与受检方、数据和结果使用方或其他相关方不存在影响公平公正的关系。对于现场检验、检测工作中涉及的样品及资料，应遵守服务对象的保密要求。

服务着装要求：检测机构服务人员着装应做到：佩戴工作牌，穿戴整洁。

服务行为要求：应熟悉相关标准、抽检实施细则及检测方法等技术要求，了解检测的目的和被检产品的有关情况。应确认现场检测所用仪器、设备的溯源或核查结果。应按4.5条规定的相关标准等要求开展检验检测，填写原始记录等。

服务用语要求：应使用文明用语，讲普通话，表达清楚、条理清晰、言简意赅，不应使用服务忌语服务。服务用语示例见附录A。

服务质量评价：检测机构应密切关注服务对象的服务需求，主动收集服务对象的意见和建议，逐步提高服务质量。收集服务对象意见的主要方式，包括：服务事项办结后，主动请服务对象填写对本次服务的质量反馈单；设置"意见箱""意见簿"，征集服务对象的意见和建议；设置投诉接待窗口，受理检测服务事项有关投诉；开展服务对象满意度测评，根据测评结果得到服务对象不满意所在，驱动检测机构现场服务工作的改进。应建立服务质量评价机制，采用自我评价和外部评价相结合的方式，开展服务质量综合评价和服务满意度调查，定期公示评价结果。建立好差评处理闭环机制，对各渠道发现的问题，整改落实，积极提高服务质量。

服务改进：应根据评价提出的不符合项，分析不符合产生的原因，采取纠正或预防措施。在服务管理过程中进行改进或调整，避免不符合再发生，直至达到预期效果。应积极组织有关服务人员参加纠正措施的实施过程，提高服务人员的持续改进意识。应根据定期或不定期的自我评价或外部评价结果，按照策划—实施—检查—改进原则，进行持续改进。

## 参考文献

［1］兰延，张珠福，张天阳. X荧光能谱技术鉴别淡水珍珠和海水珍珠的应用［J］.宝石和宝石学杂志，2010，12（4）：31-35.

［2］兰延，王薇薇，谢俊，等. 金色海水珍珠和染色金色海水珍珠的鉴别［J］.中国宝石，2010（1）：98-100.

［3］中华人民共和国自然资源部. 海水珍珠与淡水珍珠的鉴别X射线荧光光谱法：DZ/T 0416—2022［S］.

［4］黄琨，王全永，罗超雁. 中国与印度尼西亚海水珍珠质量评价标准比对研究［J］.标准科学，2019（2）：21-25.

［5］童银洪，陈志强，杜晓东. 分光测色仪在珍珠颜色测量中的应用［J］.科技促进发展，2009（9）：70-71.

［6］桑胜光. 珍珠光泽度及色度测量方法的研究［D］.天津：天津大学，2009：28-46.

［7］童银洪，陈敬中，杜晓东. OCT在珍珠研究中的应用［J］.矿物学报，2007，27（1）：69-72.

［8］董俊卿，李青会. 应用OCT成像技术对海水珍珠的无损测量研究［J］.红外与激光工程，2018，47（4）：30-40.

［9］国家质量监督检验检疫总局，国家标准化管理委员会. 珍珠珠层厚度测定方法 光学相干层析法：GB/T 23886—2009［S］.2009.

［10］国家市场监督管理总局，国家标准化管理委员会. 珍珠分级：GB/T 18781—2023［S］.2023.

［11］广西珍珠产品质量监督检验站. 一种珍珠珠层厚度的无损检测方法［P］.中国：CN201310477360.6，2016-05-18.

［12］上海火逐光电科技有限公司. 一种基于X射线的珍珠层厚度测量装置及测量方法［P］.中国：CN202010573340.9，2020-09-11.

［13］深圳市莫廷影像技术有限公司. OCT扫描显示珍珠内部结构及珍珠外径测试方法［P］.中国：CN201410073529.6，2016-04-20.

［14］欧传景. 一种珍珠类型与珠层厚度的无损识别装置和无损识别方法［P］.中国：CN201910114569.3，2019-04-12.

［15］杨伟夫，阮利光. 提升服务能力，优化服务效能［J］.中国质量技术监督，2015（12）：36-37.

# 第八章　珍珠商贸服务标准

## 一、珍珠商贸服务标准概况

珍珠产业适应消费新潮流，运用数字技术开展线上营销，直播电商风生水起。除传统线下珍珠销售门店外，还有直播、电商等线上珍珠销售新模式，产生了许多数字珍珠交易平台基地，目前珍珠线上年销售额达到千亿元，成为珍珠产业发展的新引擎。珍珠商贸服务标准包括珍珠饰品经营服务规范、珍珠直播电子商务选品和品控管理规范、珍珠直播电商销售员服务规范、珍珠饰品售后服务规范和直播电商售后服务规范[1]。

辛选集团期望通过标准化为直播电商核心的选品交付、营销服务、售后服务等环节搭建通用性行为规范，规范商家、直播机构和相关从业主体的经营行为，营造良好的消费环境，保障消费者的合法权益，从而引导直播电商行业健康发展。坚持把质量放在首位，坚持为消费者服务的核心理念，坚持合法合规、诚信经营准则，促进直播电商行业的规范化发展。作为从广州市白云区发展起来的直播电商头部企业，辛选集团联合国内外头部品牌、工厂和原产地等打造C2M定制化供应链，积极引领行业发展并赋能各产业。辛选集团成立以来，一直把质量放在首位，以自身的严格自律树立行业标杆，为行业的健康发展释放正能量。

为了保障消费者权益，辛选集团从2020年全面升级了品控体系，从资质审核、工厂审核、样品检测、卖点卡审核、生产跟进、客诉处理六大节点严格控制产品质量。辛选集团还成立了质量专家委员会、质量监督委员会，并引入第三方机构，和华南农业大学、广州检验检测认证集团签署选品合作协议，严把质量和标准关。此外，辛选集团还通过对主播进行系统化培训、考核，直播监控管理等举措，多措并举进行精细化和标准化质量管理，切实保障消费者的权益。

2021年9月8日"建设质量强区　共享美好生活——2021年广东省广州市白云区质量月系列活动"启动仪式在广州举行，直播电商头部企业辛选集团受邀参加。活动现场，辛选集团联合广东省市场协会等发布了《直播电商选品与交付管理规范》《直播电商营销服务规范》《直播电商售后服务规范》三项直播服务团体标准，标志着广东首个直播电商行业团体标准正式落地。

网络直播电商团体标准的发布，是重视质量、重视经营、重视发展的体现，以质量带动效益，带强竞争力，带领企业从优秀走向卓越。该三项直播电商行业团体标准立项于2021年3月15日，由广东省市场协会牵头，辛选集团携各企业共同起草，广州市标准化研究院、广东省电子商务协会等参与编写的直播电商的相关主体和群体的规范与标准。2021年8月16日由相关企业、协会、省级专业标准化技术委员会、技术研究单位的专家评审通过，于2021年9月1日实施，并已提交在全国团体标准信息平台发布。旨在以标准铸质量，引领行业规范发展，为消费者营造安全放心的消费环境。

近年来，浙江省绍兴市诸暨市珍珠直播行业发展迅速，吸引了大量创业者，培养了大批本土主播。为规范珍珠商品直播营销，浙江省诸暨市市场监管局对外发布珍珠主播上岗"秘籍"。2022年10月21日，由浙江省珍珠行业协会和诸暨市22家珍珠相关企业共同起草的《珍珠商品电子商务直播销售员服务规范》（T/ZJZZ 003—2022）团体标准正式实施[2]。在编制过程中，依据《网络交易管理办法》《关于处理侵害消费者权益行为的若干规定》《网络主播行为规范》等法律法规，并广泛征询了相关专家、企业意见，是首个珍珠行业主播相关团体标准。明确了珍珠商品电子商务直播销售员服务规范的基本要求、行为规范、服务质量要求、服务评价。

《珍珠商品电子商务直播销售员服务规范》要求主播除了具备选品、真伪鉴别、保养及佩戴等珍珠商品专业知识外，还要具备珍珠商品直播策划、直播间场景搭建、引流短视频制作方向建议等直播专业知识。为保证主播的专业性，该规范要求主播实行持证上岗，经考试合格后，持浙江省珍珠行业协会与权威珠宝专业培训机构联合颁发的《新媒体主播职业技能证书》上岗。还从仪容仪表、语言表达、动作行为三个维度，对主播直播行为进行严格规范。要求主播在遵守《网络主播行为规范》的基础上，不得出现言语诋毁同行，发布虚假、违法广告，夸大宣传，经营以假乱真、以次充好珍珠商品等行为。为了让消费者更直观地了解所购珍珠，要求主播介绍珍珠商品时，应准确告知消费者商品的名称、尺寸、颜色、价格等信息，规定珍珠商品要有实物图片，且需要在自然光或白色灯光下从3个以上不同方向进行拍摄，充分展示其质量特性。

深圳市深圳标准促进会2023年2月16日发布《珠宝饰品网上交易服务经营规范》（T/SZS 4068—2023）团体标准，2023年2月17日实施[3]。该团体标准规定了珠宝饰品网上交易的基本原则、交易主体要求、网上交易安全要求、产品要求、信息展示要求、交易服务要求、交易信用评价管理、网上交易检测和质量问题追溯。适用于珠宝饰品网上交易主体。

## 二、珠珠饰品经营服务规范

该标准规定了珍珠经营服务的环境、饰品要求、服务人员要求、销售过程服务要求、经营者的价格行为要求以及安全防范要求等。

### 1. 经营服务环境要求

经营者应按照相关行政法规要求办理营业执照，持证合法经营。经营场所内外应保持干净整洁、布局统一，有明确、完整的名称标识。经营场所内应在醒目位置张贴或悬挂珠宝经销商的营业执照，商场中的专柜或其他店中店形式，则应保留营业执照或授权书备查。经营场所应设有醒目、统一规范的公共标识，公共标识应符合GB/T 10001.1的规定。经营场所应有规范畅通的消防安全通道，不得占用消防通道，应有消防安全设施设备。环境卫生、室内空气质量、噪声以及安全设施方面应符合GB/T 17110的规定。

### 2. 饰品要求

珍珠饰品的分类、分级应符合GB/T 18781珍珠分级的规定。饰品质量、外观及工艺应符合QB/T 2062和GB/T 16553的规定。印记内容完整、清晰、准确，打印在易于观察的位置上。镶嵌珍珠饰品的印记应打印在托架上，其内容和表示方法应符合GB 11887的规定。

### 3. 服务人员要求

服务人员应着装整洁、举止端庄、佩戴胸牌。服务人员在接待时应当文明、礼貌、亲和、诚恳。做到主动问候、热情周到、耐心讲解。从业人员应熟练掌握运用珠宝饰品的专业知识、熟练掌握运用服务技能，执行《珠宝首饰营业员职业资格证书》上岗制度。

### 4. 销售过程服务要求

售前应及时调整和补充饰品的品种、款式，摆放有序，易于消费者观察、购买，并明确等级、分类清晰、明码标价。饰品的购销应进行进货检查。饰品的购销应保证货品齐全、等级明确、分类清晰。应配备符合要求的天平等计量器具，正确使用计量器具及法定计量单位，计量器具应依法定期检定校准。

售中服务应营造良好的经营环境，使消费者感到舒适安全。做好售前服务，正确引导消费者。营业员对本柜台销售的饰品特性及质量标准应熟悉，主动正确地向顾客介绍饰品的名称、性能、质量特点、使用方法及使用过程中的注意事项。

热情帮助顾客挑选、试戴饰品，不得强买强卖。不得采用含混的词语误导消费者。应说明提供售后服务的方法、时间、内容。解释饰品价格与质量之间的关系。顾客选好饰品后，应向顾客当面确认饰品证书（标签）的编号、品名、款式、重量等。以重量计价的饰品应当面复称确认。并与顾客共同检查饰品外观质量及标识。营业员开具的发票名称、重量与饰品标签一致，请消费者当面验证后方可交付。营业员应根据饰品的特点以及顾客的要求进行包装，包装前应再次与顾客对饰品进行确认，并将与饰品有关的票据、证书等交给顾客。

售后服务应建立健全售后服务制度，制定售后服务程序和规范。根据饰品类别，制定不同售后服务制度。应建立饰品销售台账，内容便于售后服务检索。应建立维修服务和咨询服务窗口或专柜。

经营者的定价，应当遵循公平、合法和诚信的原则。经营者应合理制定饰品价格，实行明码标价，在价目签上注明饰品的品名、规格、等级、价格、收费标准等有关信息，不得出现高定价低打折的现象，损害消费者和行业利益。经营者不应恶意低价倾销，不搞价格垄断，维护行业整体发展。经营者在促销活动中应当遵循自愿、平等、公平、诚信的原则，遵守公认的商业道德。经营者不应利用价格因素做有损于行业形象的行为。

### 5. 安全防范要求

建立健全安全防范工作责任制，加强日常监督检查。根据实际情况，制定详细、完善的防抢防盗应急预案。建立健全岗位责任制，明确店面经理、安全管理员、仓库守护员、押运员等工作职责。建立健全管理制度，遵守治安管理规定，保障经营场所安全，维护经营场所秩序。经营场所应配备保安、安装监控设备和报警设备。监控录像应保存30天以上。

### 三、珍珠直播电子商务选品和品控管理规范

电商直播，是一种购物方式，在法律上属于商业广告活动，主播根据具体行为还要承担"广告代言人""广告发布者"或"广告主"的责任。如果

消费者买到假货，首先应联系销售者即卖家，销售者应承担法律责任，主播和电商直播平台也要承担相应的连带责任。选品为源，标准规范直播带货。选品是网络直播带货的基础和源头，用标准来把好选品质量关，就能从源头降低直播带货风险，提升整个行业的规范水平。

疫情影响下，直播电子商务呈现爆发式增长，网络直播购物已成为消费者日常购物的新模式之一。与此同时，在商品品质、广告宣传内容、消费者售后服务规范等方面也出现了各类新问题和新挑战。特别是商品品质方面。选品是直播电商的基础和源头，规范直播带货中的选品管理和品质控制，推动行业治理，共促消费公平是整个行业的价值共识。直播电商模式基于人的需求、以人为核心、通过人格化的认同和信任促成商品销售，获得消费者的认可。近年来，主播夸大和虚假宣传等问题，并没有完全解决，而且侵害消费者权益呈现多样化特点。加之，直播电商发展快、模式多、产业链复杂，相关法律法规和标准规范滞后，不断"翻新"的违法违规行为难以及时得到遏制。

只有切实保护好消费者合法权益，直播电商才能有更好的未来。监管部门应高度重视并创新直播电商消费者权益保护机制建设，建立健全直播电商监管体系。直播相关机构应当配备专岗品质管理人员，对供应商及直播商品采取必要的管理措施，建立完善的选品流程，包括对供应商资质、商品资质以及商品样品进行审核，对供应商提供的商品销售信息以及商品卖点内容进行审核，上播前对审核信息进行复审等。直播相关机构需建立审核台账备查制度，针对选品过程中资质提供形式多样、样品不能提供或不易保存等情况，留存相关台账备查。在直播销售事前、事中、事后，直播相关机构要选择性地对商品开展第三方检测，鼓励建立"飞行检测"和"神秘抽检机制"，以确保商品符合相关选品要求。

### 1. 建立品质管理人员专岗

考虑到直播相关机构规模不一，并非所有直播方都有能力建立专业的选品和品控团队，标准规定了直播相关机构应当配备专岗品质管理人员，对供应商及直播商品采取必要的管理措施。

### 2. 建立完善的选品流程

该标准规定了直播相关机构应当建立完善的选品流程，包括对供应商和直播商品的初步审查、资质审查、试样测评或抽样检测、卖点等宣传内容审核，以及复审等相关流程，并对各个流程进行了详细的规定。

### 3. 建立审核台账备查制度

鉴于选品过程中存在资质提供形式多样、样品不能提供或不易保存等情况，该标准规定直播相关机构应建立选品审核台账备查制度。

### 4. 建立第三方检测机制

该标准规定直播相关机构在直播销售事前、事中、事后应有选择性地对商品开展第三方检测，鼓励建立"神秘抽检机制"，以确保商品符合相关选品要求。

该标准针对直播生态中"货"的维度作出了深入务实的规范和要求，加强选品和品控，把住商品质量关，才能从源头降低直播带货风险，提升直播带货效果，营造更好的行业氛围，提高行业的规范水准，促进网络消费环境公平化。

## 四、珍珠直播电商销售员服务规范

现行网络直播带货存在平台、主播、经纪公司、商家、厂家等多个主体，缺乏规范管理。珍珠在不同的灯光背景下，颜色、光泽、伴彩和瑕疵等差异很大。主播为了激发消费冲动，实现商业交易总额GMV增长，往往展示珍珠产品不规范，标识欠规范，以次充好，售后服务含糊不清，损害了珍珠产业形象。

2022年10月21日由浙江省珍珠行业协会根据《网络交易管理办法》《关于处理侵害消费者权益行为的若干规定》《网络主播行为规范》等法律法规，并广泛征询了相关专家、企业意见，发布实施首个珍珠行业主播团体标准《珍珠商品电子商务直播销售员服务规范》（T/ZJZZ 003—2022），明确了直播销售员的基本要求、行为规范、服务质量要求和服务评价等[2]。要求主播除了具备选品、真伪鉴别、保养及佩戴等珍珠商品专业知识外，还要具备珍珠商品直播策划、直播间场景搭建、引流短视频制作方向建议等直播专业知识。为保证主播的专业性，要求主播实行持证上岗制度，需考试合格后持浙江省珍珠行业协会与权威珠宝专业培训机构联合颁发的《新媒体主播职业技能证书》上岗。从仪容仪表、语言表达、动作行为三个维度，对主播直播行为进行严格规范。要求主播在遵守《网络主播行为规范》的基础上，不得出现言语诋毁同行，发布虚假、违法广告，夸大宣传，经营以假充真、以次充好珍珠商品等行为。为了让消费者更直观地了解所购珍珠，要求主播介绍珍珠商品时，应准确告知消费者商品的名称、尺寸、颜色、价格等信息，规定珠宝商品要有实物图，且需要在自然光或白色灯光下从3个以上不同方向进行拍摄，充分展示其质量特性。加强此团标的培训宣贯工作，扩大标准实施范围，助推珍珠直播电商的健康发展。

### 五、珍珠饰品售后服务规范

《珠宝玉石饰品售后服务规范》（DZ/T 0417—2022）是针对珠宝饰品的售后服务编制的服务类规范[4]，促进售后服务程序的规范化，有利于明确责任归属及快速处理，促进珠宝玉石行业健康有序良性发展。

基本原则：服务方售后服务的提供应符合《中华人民共和国消费者权益保护法》的有关规定，售后服务活动应符合《消费品售后服务方法与要求》（GB/T 18760—2002）的规定[5]；服务方售出商品时，应向消费者出具售后服务保证文件，内容包括售后服务事项和售后服务方式，一般为售后服务内容、期限、范围、条件、方式、记录等；售出商品后，应向消费者提供购物凭证或服务单据，以作为消费者要求售后服务的凭据；服务方对售出商品需承担的产品质量责任应符合《中华人民共和国产品质量法》及《首饰贵金属纯度的规定及命名方法》（GB 11887—2012）、《珠宝玉石鉴定》（GB/T 16553—2017）等现行标准的规定。服务方应验证产品合格证明和产品质量的符合性，向消费者提供符合要求的合格产品。

**1. 服务方要求**

（1）售后服务资源：服务方应有适应售后服务要求的资源，包括服务手段、服务条件及后勤保障，如技术咨询、配件的供应及维修等；服务方宜根据自身经营模式和产品特点建立企业内部售后服务部门，配备有与售后服务相匹配的设备、仪器和用具，设备和仪器应按照国家的有关规定和服务组织内部的文件规定进行定期校准和维护；服务方应建立快速有效地与消费者沟通的渠道或平台，包括消费者服务网点、客服热线、信息化服务系统（含售后咨询网络平台）、投诉渠道等，配备售后服务人员，并明确其职责。

（2）售后服务制度：服务方应建立完善售后服务体系及相应的售后服务支撑体系，制定售后服务规范或与客户商定相关文件，作为售后服务活动的技术依据；服务方应建立健全售后服务管理制度并能有效实施，管理制度包括财务管理、消费者管理、服务质量管理、员工培训、配件管理、消费者投诉处理制度等。

售后服务人员：服务方应定期对售后服务人员提供职业操守、国家相关法律法规、相关标准和专业能力的培训；售后服务人员应经过礼仪、沟通技巧、行为规范等培训，具备相应工作技能，服务中应注意按时履约、文明服务、礼貌服务。

**2. 售后服务内容要求**

（1）维修：保修期应高于30天。超过保修期的，根据具体情况服务方与消费者协定维修，服务方根据消费者的要求，可给予有偿服务。配件、所镶嵌的珠宝玉石等饰品的组成部分的遗失不在保修范围内。由消费者造成的珠宝玉石破损、开裂、表面擦痕、松动、掉石、饰品变色、斑点、污染、折断、变形等问题，由消费者自行负责，服务方可提供维修方案，可以维修的，根据消费者的要求，可给予有偿服务。未经服务方授权的维修行为发生后，服务方不再承担维修责任。消费者有维修需求的，具体维修条件由服务方与消费者双方协定。

（2）保养：服务方应向消费者提供饰品清洗、抛光、防氧化处理等保养服务。

（3）退换货：珠宝玉石饰品售出后，未经使用，七天内消费者可提出退换货要求，需服务方根据产品的实际情况，与消费者协商执行。经服务方确定为产品制作工艺问题，保修期内同一部位经过两次修理仍不能正常使用的，消费者凭服务方提供的修理记录或证明，由服务方提供免费换货服务，如有差额，服务方与消费者协定。

不符合退换货要求的，服务方不提供退换货服务，如以下情况：服务方与消费者事先约定好不接受退换货；售出时验收无误，非质量问题而由消费者造成的损坏；私自对珠宝玉石饰品进行处理、误用、打磨、镶嵌、改动；没有与售后服务人员事先联系而直接将货物寄回；不按服务方要求进行退换货，如珍珠饰品不保价、产品不完整、鉴定证书等随附属物不齐全。

**3. 其他服务**

（1）服务方向消费者提供技术服务：服务方应对消费者进行必要的产品使用常识和产品保养培训，以便使用者正常使用、收藏和保养产品。

（2）定制服务：服务方提供珍珠饰品个人定制服务的，售后服务以协商为主，具体操作按服务方与消费者协定执行。

**4. 售后服务程序**

（1）售后服务信息的接收。①咨询服务：售后服务部门进行服务信息的接收、记录、沟通、确认和处理工作，售后服务人员应及时接收处理咨询信息、保障咨询渠道的畅通。售后服务人员在得到饰品出现质量问题的信息后，应及时查明情况、迅速处理，并通知消费者。服务人员应主动向客户解释售后政策及流程，确保消费者对售后服务内容完全了解，避免顾客误解，不在保修范围的情况下应提出合理建议。②售后服务记录，应记录咨询信息，至少包括顾客信息、产品信息、服务信息。

顾客信息应至少包括顾客姓名、联系电话。产品信息应至少包括产品名称、饰品材质、种类、重量、外观等关键信息，及货号、购买日期。服务信息应至少包括服务单位、服务提供日期、提供服务人员、售后事项、收费信息等，并由顾客确认。

信息安全要求，服务方不应泄露消费者信息，应维护消费者信息，确保其在保修期间内保存并可向消费者提供查询服务。

（2）售后服务的实施。①维修服务：服务方根据先议后修的原则开展维修服务。需返厂维修的产品，服务方在收取消费者需要维修的珠宝玉石饰品时，应拍照留档。②保养服务：消费者提出产品保养申请后，服务方根据产品的实际情况提供针对性服务，分为无偿和有偿服务。③退换货：消费者提出退换货申请，服务方根据产品实际问题，依据售后服务保证文件或企业承诺进行审核，审核通过后，予以退换货。④争议与投诉问题的处理：服务方与顾客出现争议时，应按照《中华人民共和国消费者权益保护法》等相关法律、法规及双方的事先约定进行处理。服务方应及时处理每件投诉，最迟应在24 h内作出响应，按照《投诉处理指南》（GB/T 17242—1998）进行投诉处理[7]，向顾客作出解释或提出妥善解决的方案。

（3）售后服务的完成。服务回访：售后服务人员宜定期或根据需要对接受过服务的顾客进行回访，并记录回访结果的信息，对于回访发现顾客问题没有完全得到解决或问题再次出现的，及时传递信息，安排售后服务人员再次提供服务。建立用户回访制度应注意下列信息的收集：消费者的抱怨与投诉、一段时间内消费者频繁投诉某一质量问题的信息、产品改进建议的信息、产品出现质量问题的原因等。用户回访形式宜为：电话回访、电子网络征询意见、信函回访、消费者满意度问卷调查。服务方应建立售后服务档案，并至少包括顾客信息、产品信息、服务信息、服务质量反馈信息、售后服务记录，售后服务相关信息记录完整并保存。

（4）售后服务评价及改进。《商品售后服务评价体系》（SB/T 10401—2006）是由商务部颁布实施的国内贸易标准，是中国第一部售后服务评价标准，规定了商品售后服务的评价方式、评价指标、评价程序和评价准则[8]；对评价方法、评价管理、评审员等作出了具体规定。自2006年颁布实施以来，对规范售后服务评价活动，约束企业售后服务行为，指导企业提升服务水平，保护消费者合法权益方面，都起到了非常积极的作用，社会舆论也给予了相应的支持。2007年，经国家商务部推荐，国家认证认可监督管理委员会（以下简称"国家认监委"）批准，成立了我国首家售后服务认证机构，在全国范围内推行服务认证。在实践中，也发现该标准的不足和局限，比如因为是行业标准，使得其适用面存在一定局限，一些具体条款在实践中存在难以操作的问题，还有一些缺漏的内容等。同时，国内经济环境的变化和产业发展政策导向的变化，尤其在生产、消费、流通等环节不断升级的背景下，售后服务升级既是企业发展的需要，也是经济发展的必然。因此在《商品售后服务评价体系》（SB/T 10401—2006）的基础上，将其升级制定为国家标准《商品售后服务评价体系》（GB/T 27922—2011）[9]，具有重要的意义，它将进一步推进市场经济法制化、系统化建设，大幅度提高中国企业售后服务质量和水平。

服务方应按照《商品售后服务评价体系》（GB/T 27922—2011），建立售后服务质量评价制度。销售服务型企业应向相应的生产型企业反馈受理的服务事项及处理结果，为企业持续改进产品质量提供信息。饰品生产型企业和销售服务型企业应利用信息反馈、客户回访、投诉处理等形式对售后服务管理、服务质量进行持续改进，提升顾客满意度。

通过认证，企业能够做到持续改进服务，完善服务体系，不断强化服务管理水平及服务能力，增强服务利润点收益持续发展。同时，证明了企业在全行业的服务领先性，获得消费者和市场认可，企业在产品及包装上使用服务认证星级标志，具有说服力和证实性，以供消费者放心选购，也为大型项目招标、政府采购招标等方面提供资质证明。

## 六、直播电商售后服务规范

### 1. 基本要求

积极保护消费者享有的合法权益。配备专业服务人员，积极响应消费者诉求，处理应公平、公正、公开、合理。建立售后服务制度并提供不少于一种渠道供给消费者进行售后行权。直播主体、商家和直播营销平台应建立并公示投诉处理制度，明确处理流程、节点、反馈期限和各方责任。直播主体、商家和直播营销平台应建立并公示退换货和退款制度，明确处理期限、各方责任等，并提供商品退换货及退款渠道。

### 2. 直播前关于开展售后服务的要求

直播主体直播前工作包括但不限于以下内容：可与商家、直播营销平台签订相关的服务质量协议，以明确各相关方提供的售前、售中、售后服务；可对商家提报的售后保障方案进行评估，确保商家的客服人力配置，人员服务能力；可开通商家销售载体账户的监控权限，监控商家的服务履约能力；应建立应急处理机制，明确投诉处理流程和反馈期限，积极解决消费者投诉。

商家直播前服务包括但不限于以下内容：应提前与直播主体确定交付时间、现货数量、预售数量、物流方式、退换货方式和处理期限、投诉处理流程和反馈期限等服务方案；应根据服务方案，提供的现货数量、预售数量、预售日期等评估配置相应数量的客服人员；宜根据产品特性，提前准备售后保障方案，以快速解决消费者提出的商品、售后、物流、购买等相关问题的咨询；宜对客服人员提前进行岗前培训。

直播营销平台直播前服务包括但不限于以下内容：应提前建立售后保障体系，并与商家、主播和直播营销人员服务机构等相关主体之间应明确各自权利、义务和责任；宜提前采用适宜的信息技术以支持商家和直播主体的售后服务和投诉举报处理等，并明确相应的处理流程和反馈限期。

### 3. 直播中关于开展售后服务的要求

直播主体应准确、清晰地介绍或标示商品价格、交付时间、现货数量、预售数量、物流方式、服务承诺、退换货方式等信息，对可能危及人身、财产安全的，应当作出明确的警示并说明和标明防止危害发生的方法；应积极解答消费者咨询的问题，对商品或者服务的质量和使用方法作出真实、明确的答复，必要时安排主播、直播营销人员等进行演示。商家应按照服务方案组织客服人员在线积极地解决消费者的诉求。直播营销平台在直播中，应以显著方式展示售后服务以及争议和投诉处理等信息，或显示信息的链接标识，并提供违法违规举报通道。

### 4. 直播后（售后）服务要求

直播主体的直播后服务包括但不限于以下内容：应积极履行直播间的交易承诺，并督促商家履行对消费者的交易承诺；消费者申请退换货或退款时，应督促商家、直播营销平台及时处理；应建立不低于一种消费者投诉渠道，根据应急处理机制的反馈期限内受理并解决消费者诉求；当消费者投诉无法及时处理时，应积极协调平台和商家，推动问题解决；必要时启动应急处理机制解决问题；宜监控商家的服务能力，通过直播账号和其他渠道了解消费者的诉求，并推动商家履行交易承诺，提升服务质量；当商家服务能力不能满足消费者需求时，直播主体可督促商家调整服务方案；出现违背承诺，要求赔偿等严重情况时，及时核实情况，与消费者协商处理，并与商家共同商议解决方案，推动问题解决。

商家的直播后服务包括但不限于以下内容：依法经营，履行消费者权益保护、知识产权保护、网络安全与个人信息保护等方面的义务；应根据服务方案、平台规则、与直播主体签订的售后协议及相关法律法规要求等，履行交易承诺，积极解决消费者诉求；应根据服务方案的处理期限或与消费者约定的期限内，受理消费者提出退换货和退款的要求；应建立不低于一种消费者投诉渠道，根据服务方案的反馈期限，受理并解决消费者诉求；对不属于自身职责内的投诉宜告知消费者实际情况并协调处理；出现违背承诺，要求赔偿等严重情况时，应联系消费者和直播主体核实情况，并与直播主体共同商议解决方案，推动问题解决；应及时处理商品促销活动的内容、服务承诺、领取方式等咨询；应及时处理商品支付、物流配送、退换货承诺等服务流程的咨询。

直播营销平台的直播后服务包括但不限于以下内容：应建立健全信用评价制度，为消费者提供对商家、主播等提供的产品或服务进行评价的便捷途径，售后服务评价体系宜遵循《商品售后服务评价体系》（GB/T 27922—2011）、《电子商务售后服务评价准则》（SB/T 11052—2013）和《消费者保证/担保准则》（GB/T 42504—2023）的有关规定[8-10]；应制定发货规则并纳入信用评价制度，明确商家发货期限，督促商家按照平台发货期限或与消费者约定的期限内发货；应提供投诉举报、退换货和退款通道，制订对应的处理流程、处理期限等售后服务方案并纳入信用评价制度；对消费者的诉求，平台应及时处理或督促直播主体、商家在售后服务方案的处理期限或与消费者约定的期限内受理并解决；被投诉方未按处理流程或处理期限内解决问题，平台应介入并提供解决方案；平台内无法解决的诉求，应向消费者推荐其他维权渠道等。

## 参考文献

[1] 廖晓芹,童银洪. 广西南珠产业标准体系建设[J]. 科技资讯,2020(14):91-92.

[2] 浙江省珍珠行业协会. 珍珠商品电子商务直播销售员服务规范:T/ZJZZ 003—2022[S]. 2022.

[3] 深圳市深圳标准促进会. 珠宝饰品网上交易服务经营规范:T/SZS 4068—2023[S]. 2023.

[4] 中华人民共和国自然资源部. 珠宝玉石饰品售后服务规范:DZ/T 0417—2022[S]. 2022.

[5] 国家质量监督检验检疫总局,国家标准化管理委员会. 消费品售后服务方法与要求:GB/T 18760—2002[S]. 2002.

[6] 中华人民共和国商务部. 商品售后服务评价体系:SB/T 10401—2006[S]. 2006.

[7] 国家技术监督局. 投诉处理指南:GB/T 17242—1998[S]. 1998.

[8] 国家质量监督检验检疫总局,国家标准化管理委员会. 商品售后服务评价体系:GB/T 27922—2011[S]. 2011.

[9] 中华人民共和国商务部. 电子商务售后服务评价准则:SB/T 11052—2013[S]. 2013.

[10] 国家市场监督管理总局,国家标准化管理委员会. 消费者保证/担保准则:GB/T 42504—2023[S]. 2023.

# 第九章 地理标志珍珠标准

## 一、地理标志产品保护概述

2023年12月29日国家知识产权局发布《地理标志产品保护办法》，自2024年2月1日起施行。所称地理标志产品，是指产自特定地域，所具有的质量、声誉或者其他特性本质上取决于该产地的自然因素、人文因素的产品。地理标志产品包括：来自本地区的种植、养殖产品；原材料全部来自本地区或者部分来自其他地区，并在本地区按照特定工艺生产和加工的产品。

地理标志产品应当具备真实性、地域性、特异性和关联性。真实性是地理标志产品的名称经过长期持续使用，被公众普遍知晓。地域性是地理标志产品的全部生产环节或者主要生产环节应当发生在限定的地域范围内。特异性是产品具有较明显的质量特色、特定声誉或者其他特性。关联性是产品的特异性由特定地域的自然因素和人文因素所决定。

实施地理标志产品保护制度，对于保护我国民族精品和文化遗产，提高中国地理标志产品的附加值和在国外的知名度，扶植和培育民族品牌，保护资源和环境，促进地理标志产品的可持续发展，增强中国地理标志产品的国际竞争力具有重要意义[1]。

《地理标志产品保护规定》由原国家质量监督检验检疫总局于2005年制定实施，在有效保护地理标志产品、促进地方经济发展方面起到了重要作用。截至2023年6月底，累计批准地理标志产品2498个，累计核准使用地理标志专用标志经营主体超2.5万家。

"由于规章制定时间较早，且一直未作修改，已不能满足地理标志产品认定、管理和保护的现实需求。"国家知识产权局指出，《地理标志产品保护规定》存在以下问题：首先，存在审查程序相关规定不完善，未规定不予认定的情形，且未规定变更和撤销程序；其次，地理标志产品和专用标志的使用管理规定较少，缺少明确的操作指引；最后，权利保护较弱，侵权行为不够明确。为解决上述问题，国家知识产权局制定该《地理标志产品保护办法》。

国家知识产权局表示，为了充分发挥地理标志促进特色经济发展、助力乡村振兴、保护和传承中华优秀传统文化以及推动高水平对外开放的重要作用，国家知识产权局正在加快推进地理标志统一立法，健全专门保护与商标保护相互协调的统一地理标志保护制度。鉴于立法论证调研中社会各界希望通过先行完善《地理标志产品保护规定》等部门规章，以在一定程度上解决实践中呼声较高的突出问题，国家知识产权局在推进地理标志统一立法的同时先对《地理标志产品保护规定》涉及的认定、管理和保护内容进行完善，制定了该《地理标志产品保护办法》。

国家知识产权局表示，《地理标志产品保护办法》以"急用先行"、解决实践中的突出问题为基本原则，贯彻落实机构改革要求，与机构改革职能调整相衔接；完善审查流程，优化审查认定程序；加强地理标志产品管理，明确生产者义务和地方知识产权管理部门日常监管职责；加强地理标志产品的保护，明确侵权行为。

地理标志产品获得保护后，根据产品产地范围、类别、知名度等方面的因素，申请人应当配合制定地理标志产品有关国家标准、地方标准、团体标准，根据产品类别研制国家标准样品。标准不得改变保护要求中认定的名称、产品类型、产地范围、质量特色等强制性规定。因此，编制地理标志产品标准成为必然。

地理标志作为一项重要的知识产权，扮演着重要的经济角色。由于地理标志最本质的特征在于它是一种质量标志，代表着商品的质量和声誉，所以在市场上，消费者见到标有地理标志的产品就会联想到该产品所具有的质量、信誉或者其他不同于同类产品的独特品质。消费者在选择商品时除了考虑价格、品质等因素之外，往往还根据产地信息对商品特性做出评价。产品一旦获得了地理标志保护，即相当于有形产品在原来的基础之上增加了无形资产，一般都会给产品带来大幅度的增值[2]。

珍珠产品地理标志，既是产品的标志，也是质量标志。有利于促进珍珠产品质量标准化，提高国际竞争力。联合国贸发会议的一项研究显示：地理标志能使生产者的产品获得良好的声誉；同时也能使传统质量的高标准得以维持、改良、创新。大量证据表明地理标志对提高农产品质量发挥着重大的作用。地理标志是对某地经过历史检验、具有良好声誉的农产品的官方认证，如果农产品质量不高，就不可能获得地理标志保护。在原国家质量监督检验检疫总局颁布实施的《地理标志产品保护规定》中明确提出，要对地

# 第九章 地理标志珍珠标准

理标志产品的通用技术要求和地理标志专用标志以及各种地理标志产品的质量、特性等方面的要求制定强制性国家标准。获得地理标志保护的产品须具有主要归因于其地理来源的特定质量和特征。对于原材料的选定、生产地域、生产工艺、安全卫生和加工设备都有严格的标准,并且产品须达到与其地理特征相关的感官等特色标准以及有关产品品质和功能的质量标准经由特别质量控制而具有特定质量和特征。要申请在农产品上加注地理标志,其产品质量必须达到国家认证的标准。其次农产品地理标志的保护为农产品质量的维持和提高提供了法律保证。

地理标志具有严格的地域性,要享受地理标志带来的利益,必须是在具有同样水土、地貌、气候的地域内生产的农产品,该地域之外的农产品没资格注册同样的地理标志,也不能经过许可或者转让使用该地理标志,这就减少了假冒地理标志产品的空间。一旦发现侵犯地理标志的假冒农产品侵权行为也比较容易认定,通过对该行为的惩治也保证了地理标志产品的质量。各国对地理标志产品都建立了严格的监督管理机制。对农产品地理标志的保护将有力地推动农产品质量的标准化,有力地支持和促进农产品实施品牌战略。

珍珠地理标志所标示的珍珠产品在市场竞争中具有广告促销的作用和特殊的品牌效益,可以将珍珠产品独特的地理环境、气候条件、养殖方法、与众不同的品质和人文底蕴一起推向市场。珍珠产品地理标志本身具有集体品牌的功能,它既是产地标志,又代表了产品品质。其市场信誉是固有的、历史形成的。因此,珍珠地理标志为珍珠经营个体提供了可以无需自创品牌而分享品牌利益并形成规模经营而提高品牌附加值的可能,并且珍珠产品地理标志具有很强的组织功能。珍珠地理标志产品执行政府统一的标准能将分散经营的珍珠产品按统一的标准、标识组织起来形成规模经营的效果。从而实现一定区域内优质特色珍珠产品的规模化生产[3]。因此,珍珠地理标志为珍珠产品的产业化、规模化经营提供了一个良好的价值平台。

珍珠地理标志作为知识产权在发展特色经济过程中起到了积极的作用,珍珠地理标志在市场竞争中具有特殊的品牌效应。通过注册珍珠产品地理标志,有利于提高珍珠产品的附加值,培育珍珠主产区地方主导产业,形成地域品牌,从而促进珍珠产业的发展。通过使用、宣传珍珠地理标志,开拓国内和国际珠宝市场,促进我国珍珠产品的产业化和国际化。

## 二、地理标志产品——合浦南珠

合浦南珠闻名遐迩，饮誉海内外。南珠是广西从古至今历史最悠久的一个品牌，有过辉煌灿烂的历史，合浦南珠在秦汉时期就有较高的知名度，其核心地就在北海合浦。2004年10月29日国家质量监督检验检疫总局公告（2004年第162号），对合浦南珠实施原产地域保护。

近十年来，由于海洋开发、环境气候变化等多种原因，合浦南珠产业出现衰退迹象。北海作为海上丝绸之路的重要节点，挖掘历史文化，重振南珠产业意义十分重大。近年来，广西壮族自治区领导高度重视南珠产业的发展，广西壮族自治区质量技术监督局将集中力量、全力以赴为振兴南珠产业做好服务，帮助北海建立更多的标准化示范区，打造更多地理标志产品。

现有标准《地理标志产品　合浦南珠》（DB 45/330—2006）规定了合浦南珠的原产地域范围、术语和定义、要求、试验方法、检验规则、标志、包装、运输和贮存等。不仅是生产企业组织生产的依据，而且是各级质量技术监督部门、检验机构进行监督检查、检验的依据，更是有效保护"合浦南珠"这一民族文化精品免遭外来非地理标志产品的侵害的重要武器，对合浦南珠的开发利用具有积极的促进作用。

到2016年该标准颁布实施了十多年，由于养殖环境、生产方法和检测技术等方面的发展，已不适应珍珠产业需要。2016年10月10日，广西壮族自治区质量技术监督局下达了2016年第十二批广西地方标准制定（修订）项目《地理标志产品 合浦南珠》（桂质监函〔2016〕495号，序号2016—0904）的修订任务，由国家珍珠及珍珠制品质量监督检验中心和广东海洋大学承担起草工作。

为了保障修订标准的科学性、实用性，成立由长期从事南珠养殖、加工、质检和标准化技术人员联合组成本标准起草小组。起草小组多次到广西北海、防城港、钦州等南珠生产企业，深入生产现场考察和调研，搜集了大量的技术资料，结合生产实践，进行了南珠养殖的海区环境条件、加工、检测等技术研究工作。

起草小组对取得试验验证、市场调研和有关文献等资料，进行了全面的整理和分析。同时参考了国内相关标准，在上述工作的基础上，按照国家标准GB/T 1.1—2009《标准化工作导则 第一部分：标准的结构和编写规则》等的规定进行编写。于2017年7月完成了本标准的征求意见稿，广泛征求有关技术专家和行业管理人员对本标准的意见。随后通过审定，广西壮族自治区质量技术监督局于2017年12月30日发布，2018年1月30日实施。

1. **制定原则**

格式上按照GB/T 1.1和GB/T 1.3的规定进行编写。遵循国家有关政策、方针、法规和规章。参阅大量文献，进行广泛的调查研究和验证工作，掌握目前南珠养殖、加工、检验和市场的实际情况。从保护合浦南珠地理标志产品的实际出发，有利于提高南珠的产品质量，促进广西珍珠产业可持续发展。充分考虑与南珠相关标准的协调统一。

2. **适用范围**

本标准规定了合浦南珠的地域保护范围、术语和定义、要求、试验方法、检验规则及标志、包装、运输和贮存。

本标准适用于国家质量监督检验检疫总局根据《原产地域产品保护规定》批准保护的合浦南珠。

3. **要求**

对自然环境、养殖、加工、质量因素和级别进行了规定。

自然环境包括水质、水温、潮汐和盐度，原标准指标参数多，限制多，不符合南珠养殖实际情况，改为：水质符合GB 3097二类海水水质的要求，应选择在风浪较平静、潮流畅通、底质为沙或沙泥、最低潮时水深1 m以上、浮游生物丰富的海区；水温15～30 ℃，最低不低于13 ℃；盐度20‰～35‰，最低不低于17‰。

养殖技术，改为：按DB45/T 1248—2015进行，即《合浦南珠人工养殖技术规范》，具有科学性，符合目前南珠养殖技术的实际。去掉附录B。

加工技术，改为：按DB45/T 1110—2014进行，即《合浦南珠加工技术规范》，反映当时先进的加工技术，操作简便，效果好。

合浦南珠质量因素包括颜色、大小、形状、光泽、光洁度、珠层厚度、匹配性，级别的划分原标准是按GB/T 18781—2002进行的，改为：按GB/T 18781—2008进行。目前按照GB/T 18781—2023进行。

4. **试验方法**

试验方法包括颜色、大小、形状、光泽、光洁度、珠层厚度、匹配性的检测方法，颜色按DB45/T 1444—2016进行检验。珠层厚度按GB/T 18781—2008之7.5进行检验，此方法在原来的基础上增加了光学相干层析法，可准确测量珠层厚度，与X射线法相结合，解决了南珠珠层厚度测量问题。其他质量因素原标准是按GB/T 18781—2002进行，改为：按GB/T 18781—2008进行，目前按照GB/T 18781—2023进行。合浦南珠的质量监督检验优先采用无损检测法。分级检验项目及要求见表9-1。

表9-1 分级检验项目及要求

| 检验项目 | 要求 | |
|---|---|---|
| | 仪器设备 | 环境条件 |
| 颜色 | 比色灯（色温5500～7200 K） | 白色或者灰色背景 |
| 大小 | 测量量具（分度值≤0.02 mm） | — |
| 形状 | | |
| 光泽 | 比色灯（色温5500～7200 K）光泽分级标准样品 | 北向日光或色温5500～7200 K的日光灯 |
| 珠层厚度 | 测量显微镜（分度值≤0.001 mm）X光测试仪器（示值误差±0.02 mm） | 工作室温度20±3 ℃；湿度：<80%；工作室的温度变化每小时不超过3 ℃ |
| 光洁度 | 肉眼观察 | — |
| 匹配性 | 肉眼观察 | |
| 质量 | 电子天平（分度值0.01 g） | 温度：0～40 ℃；湿度：<80%；天平平稳放置，防尘、防震、防气流 |

5. 检验规则

对抽样、检验、人员要求和判定规则进行了规范，涉及原标准GB/T 18781—2002改为GB/T 18781—2008外，其他仍然适用，不作修改，目前按照GB/T 18781—2023进行。

人员要求：从事养殖珍珠分级的技术人员应受过专门的技能培训，掌握正确的操作方法。由2～3名技术人员独立完成同一被检样品的级别划分，并取得统一结果。

判定规则：按合浦南珠质量因素级别，用于装饰使用的合浦南珠划分为珠宝级和工艺品级两大类。珠宝级及工艺品级合浦南珠质量因素最低级别要求按GB/T 18781—2008之6.2规定进行划分。申请使用"合浦南珠"地理标志的合浦南珠产品应达到珠宝级质量要求。

**6. 标志、包装、运输和贮存**

标志：获得批准的企业，可在其产品外包装上使用地理标志专用标志和产区名称。产品销售时，应附上标识，并符合DB45/T 1249—2015中4.3的规定。名称应符合GB/T 16552的规定。运输包装箱的图示标志应符合GB/T 191的规定。

包装与贮存：产品应用干燥、洁净、柔软的绒布包装，或者存放在垫有柔软、洁净、干燥绒布的首饰盒内保管，避光保护，不得与有腐蚀、有污染的物品接触和混存。

运输：珍珠产品运输时，不等与有毒、有腐蚀性、有污染的物品混装、混运，防止日晒、雨淋。

## 三、地理标志产品——流沙南珠

流沙南珠，广东省湛江市雷州市特产，产于马氏珠母贝中，以浑圆凝重、晶莹光润的优良品质备受国内外珠宝界青睐。海水珍珠以"南珠"质量最优，品位最高。2005年，雷州市获批中国地理标志产品——流沙南珠。为规范流沙南珠的生产、流通和经营，广东省质量技术监督局于2011年制定了广东省地方标准《地理标志产品　流沙南珠》。十年来为流沙南珠的生产、流通和经营起了应有的指导和规范作用，促进了流沙南珠产业的可持续发展。

近年来，随着水产养殖业的发展、技术的优化和升级，养殖环境的变化，原广东省地方标准《地理标志产品　流沙南珠》，已无法有效规范和指导流沙南珠产业的发展。为规范操作、科学管理，适用于现阶段的流沙南珠产业，必须进行修订，以促进产业的可持续发展。

根据《广东省市场监督管理局办公室关于地理标志产品地方标准有关事项的通知》（粤市监发〔2019〕430号）要求，《地理标志产品　流沙南珠》转为市级地方标准重新制定。2020年，广东海威水产养殖有限公司联合广东省湛江市质量技术监督标准与编码所对《地理标志产品　流沙南珠》标准进行修订。

为了保障标准的科学性、实用性，广东海威水产养殖有限公司组织广东省湛江市质量技术监督标准与编码所、广东海洋大学等长期从事南珠养殖、加工、质检和标准化人员，组成标准起草小组。起草小组多次到流沙南珠保护区域的种苗生产企业、科研机构进行现场考察和调研，搜集了大量的技术资料，并进行了流沙南珠的研究和必要的试验验证工作。对所掌握的试验、调研和有关文献等资料，进行了全面的整理和分析，同时参考了国内相关标准。在上述工作的基础上，按照国家标准GB/T 1.1的规定进行编写，其间广泛征求行业专家意见建议。

2020年7月，结合前期征集的专家意见形成《地理标志产品　流沙南珠》（征求意见稿）报送湛江市市场监督管理局，在湛江市市场监督管理局门户网站向社会公开征求意见。随后通过审定，得到批准，湛江市市场监督管理局2020年12月8日发布，2021年2月8日实施。

### 1. 制定原则

格式上按照GB/T 1.1和GB/T 1.3的规定进行编写。遵循国家有关政策、方针、法规和规章。参阅大量文献，进行广泛的调查研究和验证工作，掌握目前流沙南珠养殖、加工、检验和市场的实际情况。从保护流沙南珠地理标志产品的实际出发，有利于提高流沙南珠的产品质量，促进广东湛江珍珠产业可持续发展。充分考虑与南珠相关标准的协调统一。

### 2. 适用范围

本标准规定了地理标志产品流沙南珠的保护范围、术语和定义、南珠养殖、珍珠收获和加工、南珠质量、检验方法、分级报告和证书内容、标识。

本标准适用于国家质量监督检验检疫总局2005年第114号公告批准实施地理标志产品保护的流沙南珠。

### 3. 术语和定义

为加强本标准的系统性和术语的理解，对流沙南珠、母贝、施术贝和小片贝、植核贝等术语作了定义。

流沙南珠：产于地理标志产品保护范围内，符合本文件要求的养殖珍珠。

母贝：指壳高60 mm以上尚未植核的马氏珠母贝。

施术贝：经过术前处理，用于植入珠核和外套膜小片的马氏珠母贝。

小片贝：用于制作外套膜细胞小片的马氏珠母贝。

植核贝：完成植核手术的马氏珠母贝。

### 4. 马氏珠母贝种质

目前，流沙南珠的养殖品种马氏珠母贝，经近长久的养殖和选育，引进多种国外地理群体，已分化出食用种群和育珠种群。食用种群主要为2000—2005年引进的南太平洋国家区域的种群和南珠保护范围内马氏珠母贝原种杂交形成的种群，俗称大叶贝，其优良性状表现为生长快，内脏团大，闭壳肌大，适合食用。但有抗高温差，珍珠质分泌差，核位小、核位肌肉软等缺点，采用此贝育珠，育珠期死亡率高达70%以上，且上层慢，不适宜植大核与进行植核手术。所以修订时对亲贝、母贝、小片贝的选择规定为南珠保护范围内原种繁育或选育的马氏珠母贝。

亲贝的选择：选择南珠保护范围内马氏珠母贝原种繁育的养殖群体或选育的母贝，2～3龄，壳高6 cm以上，贝壳完整、珍珠层银白色、生命力旺盛、无病虫害、性腺丰满。雌、雄比例为3∶1～5∶1。

植核母贝质量要求：贝龄1.5～2.0龄，壳高60 mm以上，健康无病害的南珠保护范围内原种繁育或选育的马氏珠母贝。

小片贝的选择：壳内珍珠层光泽强，贝壳厚重，健康无病害的南珠保护范围内原种繁育或选育的马氏珠母贝。

5. 选址

随着水产养殖业的快速发展，传统的南珠养殖水域或附近海岸带，转为规模的网箱养殖和对虾养殖，对环境的胁迫日益严重，赤潮频繁发生，近三年造成育珠贝批量死亡，严重抑制了南珠养殖业的发展。因为环境的变化，所以修订时对种苗场选址、育苗用水、母贝养殖海区的选择、水质条件、休养、育珠的水域进行了明确规定。

种苗场选址：选择面向大海或靠近海湾外部、潮流畅通、沙质底、没有污染的海区海岸带。

育苗水质条件：海水水质应符合GB 11607、NY 5052的规定，盐度25‰～35‰、pH值8.0～8.4、透明度大于2.0 m、化学耗氧量1.0 mg/L以下。

母贝养殖海区的选择：潮流畅通、饵料生物丰富、风浪平静、海水温度变化幅度小并无污染的海区。

养殖水质条件：符合GB 11607、NY 5052的规定，盐度20‰～35‰，水温15～30 ℃，pH值7.8～8.4。

休养海区：休养选择风平浪静、水流畅通、水质新鲜，水深5 m以上，水温20～28 ℃，盐度22‰～32‰，水质稳定的内海性海区。

育珠区选择风平浪静、水流畅通，港湾中央至湾口外缘，底质为沙、沙泥或泥沙，水温15～30 ℃，盐度20‰～35‰，附近无规模化网箱养殖，岸上无规模化池塘养殖和工业区的海区。

### 6. 马氏珠母贝选优

马氏珠母贝的种质严重退化,严重制约了南珠养殖业的发展。所以修订时对种苗繁育时亲贝的选择、幼虫选优、幼虫培育进行了明确规定。为了使马氏珠母贝种苗繁育更加规范,增加了催产和人工授精、采苗、收苗。

亲贝的选择:选择南珠保护范围内马氏珠母贝原种繁育的养殖群体或选育的母贝,贝龄2~3龄,壳高6 cm以上,贝壳完整、珍珠层银白色、生命力旺盛、无病虫害、性腺丰满。雌、雄比例为3∶1~5∶1。

幼虫优选:受精5 h后收集上浮的担轮幼虫,24 h后再次收集上浮的直线铰合期幼虫。

幼虫培育:幼虫发育至直线铰合期后,移至育苗池进行幼体培育,密度为0.5~2个/mL。水质清新,溶氧量4.30 mg/L以上。投喂干酵母、金藻、小球藻、扁藻或混合藻。以投料后2 h镜检80%幼虫饱胃为宜。

诱导催产授精:单独使用或组合使用阴干、降温、性细胞、微藻刺激,促进亲贝排放性细胞,获取批量受精卵。

人工授精:采用解剖法获取批量成熟精卵细胞,在水温为26~30 ℃,盐度25‰~35‰的海水中混合并授精。

采苗:采苗器为塑料薄板或胶丝网布等,浸泡2~3 d,经消毒后使用。眼点幼体出现率达20%~30%开始投放,2~3 d内分批投完。投放量为100~150片/m³。

收苗:附着后20~30 d,壳高2~3 mm即可收苗。

为促使母贝健康生长并获得高质量母贝,避免因个体长大受网目过密或养殖密度过大而抑制生长,要及时清洗除害和分笼疏养,并分批次淘汰畸形贝,所以对养殖方式和密度、母贝养殖时的清贝和分笼疏养进行了明确规定。母贝养殖过程中,及时清除敌害生物和污损生物及进行黑心肝病防治,是提高成活率和获得高质量母贝的有效措施,所以对病害防治进行了明确规定。

养殖方式和密度:母贝养殖方式主要有立桩吊养、浮排吊养和延绳式吊养。

立桩式吊养低潮时水深2 m以上,浮排式吊养低潮时水深5 m以上,延绳式吊养低潮时水深7 m以上,底质为沙泥、沙或沙砾。

养殖阶段分为幼小贝养殖和成贝养殖,幼小贝养殖时间一般为3~4个月,养殖密度为每公顷500万～1000万只;成贝养殖养殖时间一般为15～24个月,养殖密度为每公顷20万～30万只。

病害防治:清贝和分笼疏养时采用淡水浸泡清除污损生物,饱和盐水浸泡防治黑心肝病。对无法清除的藤壶和牡蛎,采用清贝刀刮除。

### 7. 马氏珠母贝植核

根据实际情况,植核季节为上半年4月底至6月,下半年9月底至11月,水温为18～28 ℃时进行。

### 8. 休养和育珠方法

近年来研发的池塘休养和育珠技术,对成活率和留核率的提高效果显著,可避免赤潮和台风、暴雨等灾害的影响,确保育珠贝的安全。所以修订时对育珠增加了池塘休养和育珠应急区,度珠应急区包括:池塘应急区、内湾性海区应急区和外海性海区应急区。

休养:海区休养选择风平浪静、水流畅通、水质新鲜,水深5 m以上,水温20～28 ℃,盐度22‰～32‰,水质稳定的内海性海区。池塘休养要求面积20亩以上,供水充足,并配备生物饵料培养水池,水温调控为15～30 ℃,盐度20‰～35‰。休养期为20～30 d,要定期检查并记录死亡和吐核情况,及时清理死贝并回收珠核。

育珠应配备育珠应急区。育珠应急区分为池塘应急区、内湾性应急区和外海性应急区。台风期将育珠贝移至内湾性应急区;赤潮和暴雨发生时,将育珠贝移至池塘应急区或外海性应急区,度过应急期后再回移育珠区。

### 9. 珍珠收获和加工

根据实际情况,增加了电动搅拌收珠法。

### 10. 南珠质量、检验方法、分级报告和证书内容和标识

不进行修订。

## 参考文献

[1] 邵伟杰. 农产品地理标志保护的意义及其路径[J]. 齐鲁学刊, 2009(1): 105-110.

[2] 孙葆春. 中国地理标志产品发展运行机制与完善[J]. 社会科学战线, 2017(2): 262-266.

[3] 符韶, 邓陈茂, 梁飞龙, 等. 关于南珠产业可持续发展的思考[J]. 广东海洋大学学报, 2009, 29(5): 1-5.

# 第十章 珍珠产业品牌标准

## 一、珍珠产业品牌发展概况

美国市场营销专家菲利普·科特勒（Philip.Kotler）博士对品牌的定义：品牌是一种名称、术语、标记、符号或图案，或是它们的相互组合，用以识别某个或某群销售者的产品或服务，并使之与竞争对手的产品或服务相区别。品牌是能带来溢价产生增值的一种无形资产。载体是区别于其他竞争者的产品或服务的名称、术语、象征、记号或者设计及其组合。品牌源泉是消费者心智中形成的印象。

按照我国国家标准《品牌分类》（GB/T 26680—2018），品牌主体是指品牌所依附的对象，包括区域品牌、企业品牌和产品品牌。品牌表现包括知名度、美誉度、市场表现和信誉价值[1]。知名度是指品牌被社会公众认识和了解的程度；美誉度是指品牌被社会公众信任和赞许的程度；市场表现是指品牌市场覆盖率和占有率；信誉价值，即品牌价值是指在某一时点（年度）上的市场竞争力，反映该品牌所处的地位。

按照我国国家标准《商业企业品牌评价与企业文化建设指南》（GB/T 27925—2011），企业品牌是指企业（包括其商品和服务）的能力、品质、价值、声誉、影响和企业文化等要素共同形成的综合形象，通过名称、标识、形象设计等相关的管理和活动体现[2]。企业品牌是文化或精神的载体。强大的品牌，需要起到激励人的作用，传递奋进的价值取向。在互联网、大数据、云计算等技术不断涌现的新时代，企业品牌需要建立起打通各种市场渠道、直抵顾客的能力。企业品牌从本质来讲就是信任、责任和承诺，责任品牌表现出明确的利他倾向，赋予产品和服务丰富的道德和伦理内涵，带来的就是美誉度和忠诚度。

品牌是指消费者对产品及产品系列的认知程度。对于消费者，作为一种速记符号成为选购商品的线索，品牌是影响消费者选择和购买的商品形象和感觉，是消费者能感受到的质量、服务、地位和信誉等评价的综合。对于拥有者，品牌是激发大众消费潜意识能量的工具，是承诺和保证，可以博得消费者偏好与忠诚。品牌价值体现了消费需求在各个经济阶段的发展变化。《品牌价值发展理论》提出的品牌价值"有形资产、无形资产、质量、服务、技术创新"五要素模型，揭示了品牌价值形成和发展的内在规律，具有动态性、完整性、兼容性和包容性，为全球品牌价值评价提供了理论支撑[3]。

近年来，我国持续加强品牌建设，聚焦品牌价值五要素，准确构建了品牌建设内涵，把握了品牌建设的国际潮流。当前我国经济已由高速增长阶段转向高质量发展阶段，我国居民收入水平持续增长，消费升级趋势加快，生活讲品质，消费讲品牌，品牌已成为推动国家、产业、企业发展的重要战略资源和提升国际影响力的核心要素。

2014年，国家质量监督检验检疫总局发布《关于同意筹建全国山下湖珍珠产业知名品牌创建示范区的函》；2015年，浙江省绍兴市人民政府出台《关于加快发展时尚产业的意见》，发展高档珍珠饰品，培育了一批珠宝首饰知名品牌。为了振兴中国南珠（海水珍珠）产业，2016年开始广西和北海市人民政府颁布了《南珠产业标准化示范基地建设总体方案》和《关于加快振兴南珠产业的意见》等扶持政策，推进南珠一、二、三产业融合发展，南珠产业品牌建设取得了可喜成效。

为了更好地发挥品牌引领作用、推动供给结构和需求结构升级，2016年6月10日国务院办公厅发布了《关于发挥品牌引领作用推动供需结构升级的意见》。2017年，国务院批准设立了5月10日中国品牌日，旨在提升全社会的品牌意识，培育和宣传品牌正能量。2018年，政府工作报告中提出，全面开展质量提升行动，推进与国际先进水平对标达标，弘扬工匠精神，来一场中国制造的品质革命。近年来我国各地区、部门贯彻落实党和政府决策部署，研究出台政策措施，推动实施品牌基础建设。2021年12月，浙江欧诗漫和北海南珠宫作为我国珍珠行业的代表，承担了国家级消费品（珍珠）标准化试点项目建设，项目以增强标准化意识、提高珍珠消费品质量为导向，培养一批消费品标准化专业人才，创建一批优秀消费品品牌。

2022年7月29日，国家发展和改革委员会等部门提出了《关于新时代推进品牌建设的指导意见》，初步形成了政府积极支持品牌，企业奋力创建品牌，中介机构热情服务品牌，消费者自觉关爱品牌的良好局面。2022年8月26日，浙江省诸暨市人民政府与中国品牌建设促进会联合成立了国际珍珠品牌中心（诸暨），将重点在珍珠品牌打造、品牌培育、品牌价值提升、知识产权保护、品牌人才培养等领域开展合作，构建全球品牌价值链。2022年11月10日，第五届中国国际进口博览会期间，以"打造国际优势品牌　助推珠宝行业高质量发展"为主题的2022国际珠宝高峰论坛在沪举行，提供了交流思想、分享经验、凝聚共识、促进合作的高端对话平台。还举行了国际珠宝品牌联盟成立启动仪式，开启了中国珠宝品牌迈向高质量发展的新征程。在珍珠产业界逐渐形成了产品向品牌转变的共识，以提升品质为根本，不断提升品牌价值。2022年11月24日，中国主导推动成立了国际品牌科学院。国际品牌科学院的宗旨是支持世界各国按照本国的国情建立品牌培育、品牌标准、品牌发布机制，保障全球品牌经济的健康发展。

2023年6月，设立了中国深圳珠宝品牌发展大会，宗旨是以问题为导向，着重在品牌战略目标、使命愿景、文化理念、评价标准、行为准则、竞争力提升、可持续发展等方面开展体系化、科学化的机制建设，打造一个凝心聚力、共谋珠宝品牌高质量发展的思想平台和资源平台。为培育一批国家级甚至世界级的中国黄金珠宝品牌，推动以深圳为代表的珠宝产业集聚地的高质量发展，在中国品牌建设促进会的指导下，中国黄金珠宝品牌集群充分依托地方政府、行业协会、第三方机构、领军企业的优势，中国品牌建设促进会、深圳市罗湖区人民政府签署《共建国际黄金珠宝品牌中心战略合作框架协议》。在深圳水贝建设了"国际黄金珠宝品牌中心"，以强化品牌对产业经济的引领力，进一步提升中国黄金珠宝集群品牌的全球竞争力、影响力。

2024年6月6日，中国珠宝玉石首饰行业协会会长会议暨2023年黄金珠宝品牌集群成员单位品牌价值信息发布会在上海举行。毕立君秘书长以2014年前后两个10年为主轴，梳理、解析了中国珠宝产业品牌建设的路径选择与内生动力。他认为，2014年是珠宝产业周期变化的一个关键转折点，是市场由一路上行周期转入波浪式上行周期的分水岭，是产业发展逻辑由扩张型向稳健型转换的标志性节点。2001—2013年是品牌萌芽期，珠宝消费和珠宝文化进入了大众化时代，是珠宝行业繁荣发展的10年，但也存在市场扩张失序、投资过热、不公平竞争等一系列伴生性问题。2014—2023年是品牌成长期，珠宝产业从盲动扩张转向理性的品牌发展之路，尤其是习近平总书记关于"三个转变"的重要指示精神，无疑激活了珠宝行业品牌建设的"一池春水"，让行业企业在市场波浪式上行发展中进一步坚定信心。越来越多的珠宝企业重视并加强品牌建设，逐步实现品牌化运营，迈入品牌经济时代。毕立君倡议，要对标国际水平，提升中国珠宝品牌的国际竞争力。中国珠宝行业要利用好国内超大规模市场的自身优势，在品牌理念和管理运营、品牌文化塑造与国际传播、品牌溢价与市场话语权及影响力等方面固强补弱，抓铁有痕、踏石留印、久久为功地加强品牌建设。

加强品牌建设、打造知名品牌、提升我国珍珠产业品牌影响力和竞争力，是培育珍珠产业经济增长新动能，激发企业创造创新与消费市场新活力，促进生产要素合理配置，提高全要素生产率，塑造国际竞争新优势的重要途径。

## 二、珍珠产业品牌建设标准

在国家市场监督管理总局和中国品牌建设促进会的领导和推动下，品牌评价研究、品牌标准制定、信息发布机制建设、品牌标准国际协调等工作取得重大进展，形成了较为完善的理论和实践成果。我国已颁布了44个品牌评价的国家标准，中国特色的品牌建设标准体系基本建立。对于珍珠产业来说，其中《农产品区域公用品牌建设指南》（NYT 4169—2022）和《企业品牌培育指南》（GB/T 38372—2020）是重要的品牌建设标准[4-5]。

珍珠是一种特殊的农产品，《农产品区域公用品牌建设指南》（NYT 4169—2022）对于珍珠主产区公用品牌建设具有指导作用。本标准适用于开展农产品区域公用品牌建设活动的各类主体，列出了《品牌术语》（GB/T 29185—2021）等3项技术文件作为规范性引用文件，给出了包括品牌、农产品区域公用品牌、品牌核心价值、品牌形象、品牌定位、品牌战略6项术语和定义，这些术语和定义的解释将有助于标准使用者更好地理解和运用本标准。

主体内容的4～8五个部分属于本标准的主要技术内容部分，也是农产品区域公用品牌建设五大关键步骤，即品牌定位与规划、品牌核心能力提升、品牌营销传播、品牌保护和品牌管理。

**1. 品牌定位与规划**

一个品牌的建设首先必须明确品牌的定位与规划。品牌定位能够为品牌建设指明方向，品牌规划能够为实现品牌愿景和中长期目标提供战略方案。因此，农产品区域公用品牌建设首先必须明确农产品区域公用品牌的定位与规划。品牌定位是为了让消费者清晰地识别和记住品牌的特征及品牌的核心价值，是对特定的品牌在文化取向及个性差异性上的决策，是建立一个与目标市场有关的品牌形象的过程和结果。因此，品牌定位必须从市场需求和自身优势出发进行。农产品区域公用品牌定位分为市场定位和优势定位。品牌战略规划是对品牌建设全局的筹划和谋略，是实现品牌使命和愿景的主要途径，它能够从机制上推动品牌长远发展。品牌战略规划一般要解决品牌建设往哪里去、品牌体系如何构建、战略规划如何实施等问题。因此，我们将品牌战略规划分为战略目标、战略架构和战略实施。

### 2. 品牌核心能力提升

品牌核心能力是指品牌的主要竞争能力，即让品牌在竞争中处于优势地位的强项，是其他竞争对手难以达到或无法具备的一种能力。基于系统观的核心能力学派理论，农产品区域公用品牌核心能力应是产品质量、核心技术、品牌文化、服务水平能力的有机结合。因此，本标准提出农产品区域公用品牌核心能力的提升，包括提升质量水平、发展核心技术、丰富品牌文化、优化服务水平四个方面。其中，提升质量水平应该从农产品生产、加工、流通等过程质量、质量控制、质量安全和质量诚信管理四个方面进行；发展核心技术应该从产业关键技术和现代信息技术两个方面进行；丰富品牌文化应该从品牌故事、品牌文化推广和品牌文化交流三个方面进行；优化服务水平则应该从优化营商环境、培育多元化社会服务组织和做好市场服务三个方面进行。

### 3. 品牌营销传播

品牌营销传播是提升品牌认知、丰富品牌联想的主要途径。根据现代营销理论，为了提高营销传播效果与效率，品牌营销传播应该明确对谁营销传播、营销传播什么、如何营销传播。因此，农产品区域公用品牌营销传播主要包括营销传播对象、营销传播内容和营销传播方式。品牌识别体系是品牌营销传播的基础。根据品牌识别体系的一般原理，品牌识别体系主要包括文字标识和非文字标识，农产品区域公用品牌识别体系应包括名称、标志、标语等。营销传播方式主要包括各类媒体媒介进行品牌宣传与推广活动、传统市场与店铺进行品牌产品销售与宣传、平台扩大展示推介、多元渠道开展品牌营销四个方面。

### 4. 品牌保护

品牌保护是品牌建设的重要内容。依据品牌保护一般机理，农产品区域公用品牌保护应重点聚焦公共性特征。所以，标准提出开展法律保护、政策保护、自我保护和经营保护四种保护措施。

### 5. 品牌管理

依据组织管理理论，品牌管理要重点解决谁来管、管什么、怎么管的问题。本标准提出农产品区域公用品牌管理要从建立品牌管理机构，确定品牌管理机构职能，品牌建设监测、评价与改进等方面开展。其中，品牌管理机构职能包括制定品牌战略规划、建立品牌培育发展机制、明确建设各方职责和利益、制定品牌授权管理与保护措施等。

上述农产品区域公用品牌建设五大步骤，充分体现了品牌打造的科学机理与路径，各步骤环环相扣、层层递进。各方在本标准的指导下，能够更加科学、理性地去建设农产品区域公用品牌；各级地方政府和行业协会根据品牌建设实际，参照本标准研究制定地方和行业农产品区域公用品牌建设标准。标准的发布与实施，将为夯实农业品牌建设技术基础、推进农产品区域公用品牌建设健康有序发展提供保障，为全面推进乡村振兴、加快农业农村现代化提供有力支撑。积极研究制定农产品区域公用品牌评价指标，逐步建立完善农业品牌标准体系，推动农业品牌建设迈上新台阶。

《企业品牌培育指南》（GB/T 38372—2020）国家标准为提升我国企业的品牌培育能力提供了重要指导。主要内容包括品牌培育体系框架、品牌培育战略规划、品牌培育过程管理和品牌培育评价改进。

（1）品牌培育体系框架。品牌培育是企业的系统化管理活动之一，其过程包括品牌培育的战略规划、过程管理、测量评价、改进创新等环节（图10-1）。通过引导企业建立科学、系统的品牌培育工作机制，推动我国企业加强自主品牌建设，提高企业自主品牌培育效能，提升品牌价值，实现品牌溢价，从而增强企业的市场竞争力和盈利能力，完成从"中国产品"向"中国品牌"的转型升级。

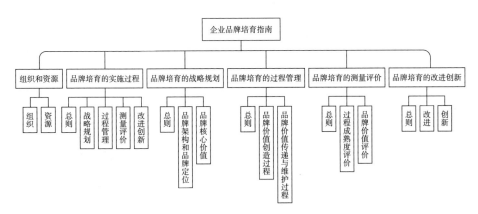

图10-1　品牌培育体系框架

（2）品牌培育战略规划。企业根据内外部环境、顾客及其他相关方的需求和期望，制定品牌战略，确保品牌战略与企业战略协调一致。企业通过策划合理的品牌架构，确定企业品牌、产品和/或服务品牌的角色、作用及相互关系，满足顾客及其他相关方的差异化需求。企业通过对每个品牌进行定位，设计品牌的价值和形象，将对顾客及其他相关方重要而独特的价值内容作为品牌的核心价值，使品牌在顾客及其他相关方意识中形成独特的印象和联想，并根据需要适时进行调整。企业宜明确品牌培育目标和实施策略，并在企业相关职能和层次上将其转化为工作目标，并确定实现这些目标的措施和时间表。

（3）品牌培育过程管理。企业根据品牌战略，以有形要素、质量要素、创新要素、服务要素和无形要素五个要素为出发点，识别价值创造活动，对品牌价值创造过程、品牌价值传递和维护过程实施系统化管理，确保品牌培育融入企业设计开发、采购和合作、生产和服务提供、营销、交付和售后支持等生产经营全过程。企业通过建立品牌识别体系，选择适当的品牌传播方式，完善品牌保护措施，及时处理品牌权益被侵害事件，适时实施品牌更新或品牌延伸，以确保品牌价值完整、准确地被顾客及其他相关方所认知，并有效地保护和维护品牌价值。

（4）品牌培育评价改进。企业宜对品牌培育过程及其结果进行测量评价，包括品牌培育过程及其实现预期目标的情况、品牌培育能力、品牌价值等，评价企业实现其策划结果的能力，寻找改进机会。测量评价活动通常包括内部审核、关键绩效指标评价、过程成熟度评价和品牌价值评价等形式。

企业根据品牌培育预期目标和测量评价结果，对测量评价中发现的问题以及未达到预期目标的情况进行分析，制定品牌改进和创新措施，持续改进品牌培育能力和绩效，确保实现预期目标。根据企业内外部环境的变化，企业宜对品牌培育活动进行适当创新，以持续增强品牌培育能力，提升品牌价值。

《企业品牌培育指南》（GB/T 38372—2020）标准的实施，有利于提升企业品牌意识，提高企业对品牌建设的重视程度，引导企业树立正确的品牌观念，增强品牌意识；能够规范品牌培育工作，为企业提供了一个系统的品牌培育指南，有助于规范企业品牌培育工作，提高品牌建设的科学性和系统性；有利于推动企业可持续发展，通过品牌培育，企业可以提高市场竞争力，增强抗风险能力，实现可持续发展；能够促进产业升级，有助于推动企业品牌建设的规范化、标准化，进而促进整个产业的品牌升级和竞争力提升。

引导树立正确的品牌理念，质量是品牌的本质、基础，是品牌的生命。服务是品牌的重要支撑，是市场竞争的焦点。创新是拓展品牌的最好途径，在产品生产、企业管理、营销模式、售后服务等都力求创新，延伸品牌价值，增强核心竞争力。形象是品牌在市场上、消费者心中表现的个性特征，体现消费者对品牌的评价与认知。文化价值是品牌的重要内涵，是物质和精神形态的统一，是消费心理和人文价值的结合。精细管理是品牌成功的保证和基础。

理解产品是品牌的生存基础、塑造品牌的前提。产品是消费者与品牌建立情感的载体，品牌是在产品基础上的一种情感对接的总和；品牌成长的过程就是产品利益挖掘、产品创新与管理、消费者认知和建立情感的过程。积极塑造品牌个性，提炼品牌的核心价值，提升品牌形象；运用创新新产品，提高附加值，优化产品结构，拓展市场途径。弘扬工匠精神，精雕细琢，精心做好珍珠首饰设计，融合中华传统吉祥图案和符号，让花丝、珐琅、镂空、螺钿和增材工艺大放异彩。广州市祺福珍珠加工有限公司专业设计生产18K金、925银、彩色宝玉石、钻石和锆石等镶嵌珍珠首饰，数千个产品模具，花色品种齐全，紧贴国际首饰时尚潮流，充分发掘出珍珠与宝玉石的搭配之美。广东荣辉珍珠养殖有限公司开发了珍珠贝壳工艺品，包括珍珠动物肖像、仿古船、挂画、首饰盒、相框和纸巾盒等五花八门的工艺品。2015年4月17日，该公司创造了世界最长的海水珍珠项链，由31万颗珠宝级珍珠做成项链，总长度达到2278.5 m，获得吉尼斯世界纪录证书。浙江天使之泪珍珠有限公司研发的珈白丽珍珠（Gablily pearl）是一种淡水有核珍珠，正圆率高、光泽强、珠层厚、光洁度好。非人工调色，珠光却可与Akoya中高品质的花珠媲美，而价格仅是Akoya的20%，是喜爱Akoya和澳白的年轻人能轻松拥有的平替，成为国内珍珠饰品的一大突破。海南京润珍珠生物技术有限公司以优质珍珠粉为原料，研制出300多款珍珠化妆品、保健食品，获得23项专利技术，注重在传承中创新，珍珠美容养颜汉方于2017年4月18日被批成为海南省非物质文化遗产。2018年3月30日，浙江欧诗漫集团设计生产的长6.19 m、宽1.89 m、高5.98 m，镶嵌了2002447颗珍珠的珍珠船获得吉尼斯世界纪录证书。

培育和扶持珍珠龙头企业，向珍珠养殖、加工和销售集约化、规模化、产业化方向发展，牢固树立质量第一的发展理念，不断增强珍珠企业品牌发展能力和竞争力，推广先进质量理念，推行科学质量管理方法，提高品牌经营业绩。引导珍珠大型企业运用卓越绩效等先进质量管理方法，助力企业降本增效提质，持续提升运营能力，增强核心竞争力，赶超国际珍珠品牌；扶持珍珠中小微企业发展成为专精特新企业，提高技术创新和融资能力，注重产品质量、发展速度和社会效益，倡导珍珠个体工商户诚信经营、精细服务，用信誉赢得市场。珍珠科技工作要瞄准关键核心，破解产业堵点，释放创新活力。推广珍珠母贝优良品种的应用，统筹珍珠养殖水域与生态环保，稳定淡水珍珠产量，适当提高海水珍珠品种和产量。推动珍珠产业数字化转型、智能化提升和融合式发展。

品牌引领消费，珍珠产业应结合实际，组织开展品牌日特色活动，营造节日氛围，激发消费热情，扩大国内外消费。在珠宝学院开设品牌建设相关课程，在珠宝职业教育中增加品牌相关内容，包括品牌定义、分类、内涵、标识、设计、建设、评价、作用和意义等。

## 三、珍珠产业品牌评价标准

品牌竞争是当前国际经济竞争的主要焦点。有效评价品牌，进而提出品牌管理改进建议是全球品牌所有者及管理者关注的核心问题。为推动建立全球统一的品牌价值评价标准体系，提升品牌建设水平，我国于2014年推动国际标准化组织成立了品牌评价技术委员会（ISO/TC 289），并于2015年提出了该TC首个国际标准项目《品牌评价 原则与基础》（ISO 20671）。ISO 20671作为品牌评价领域的基础标准，于2019年正式发布，同时对该项国际标准进行了同步等同转化，即《品牌评价 原则与基础》（GB/T 39654—2020）同采用国际标准ISO 20671：2019，由全国品牌评价标准化技术委员会归口管理[6]。

《品牌评价 原则与基础》（GB/T 39654—2020）作为基础标准，是品牌评价的纲领性文件，旨在为制定和实施品牌评价系列标准提供指导，对品牌、品牌价值、品牌评价的核心内涵给出了清晰的说明，给出了从输入要素到输出维度、从品牌建设到品牌价值评价的持续改进的框架图。对于追求品牌价值提升的实体而言，品牌评价为品牌持续改进建立了反馈环路，为企业规划和治理（包括品牌管理最佳实践）提供了基础。明确了品牌评价的原则性要求，指出品牌评价应使用适宜的指标，采用定性与定量相结合的方法，从要素和维度两方面评价品牌。品牌评价应保持透明性、一致性和客观性。该标准还提出了品牌建设的五要素，包括有形要素、质量要素、创新要素、服务要素和无形要素。五要素是品牌成功的关键，也是品牌强度的决定因素。维度能够衡量外部对品牌的反应，包括法律、顾客及其他利益相关方、市场、政治经济环境、财务等。要素、维度及其可能的评价指标构成了品牌评价活动的基础。该标准还给出了品牌评价活动需要考虑的其他因素，包括评价人员、评价过程与实践、评价审核、数据来源以及结果应用等，并以附录形式给出了企业品牌、城市和地区品牌这两类常见品牌可能使用的要素、维度指标示例，供标准使用者开展品牌评价时参考采用。

面对当前日趋激烈的全球贸易竞争形势，我国愈发重视品牌建设，《品牌评价　原则与基础》（GB/T 39654—2020）标准的实施具有重要意义。打造更多享誉世界的"中国品牌"，既是我国经济发展的内在要求，也是我国在全球竞争中形成优势的关键所在。该标准作为品牌评价的基础标准和纲领性文件，是对品牌评价的科学总结，反映了品牌发展的客观规律。应用该标准既能合理反映品牌建设成果，又能为未来的品牌发展提供指导，也能为品牌经济下消费者理性选择提供参考。对生产者、销售者、消费者、咨询服务机构、品牌价值评价机构等开展品牌相关工作，都具有重要的指导作用；对我国进一步提升知识产权保护水平、促进公平竞争、优化营商环境，进而推进品牌建设，也必将发挥积极的促进作用。

地理标志产品是国家地理、历史人文传承的物质载体，是产自特定地域，以地理名称命名的产品，是优质品质的代表。国家标准《区域品牌价值评价　地理标志产品》（GB/T 36678—2018）规定了地理标志产品区域品牌价值评价的测算模型、测算指标、测算过程等内容的相关要求，适用于地理标志产品区域品牌价值评价[7]。地理标志产品品牌作为典型的区域品牌，有助于提升地理标志产品所在区域的知名度与美誉度，充分发挥区域相关产业集群的凝聚力和向心力，促进区域经济提质增效，积极推动国家竞争力提升。地理标志产品区域品牌价值评价的开展对于培育一批在国内外具有较高知名度和竞争力的地理标志产品知名品牌，充分发挥地理标志产品精准扶贫、富民强县兴边、服务外交外贸的重要作用，助推地理标志产品区域品牌走向国际市场具有重要意义。本标准基于ISO 10668中的溢价法建立测算模型，重点考察并确定了毛利率指标在计算品牌超额收益过程中的重要指向作用，形成以毛利率指标为核心的溢价法测算模型，提供了客观的衡量指标，这是对ISO 10668中溢价法的重要继承、发展和完善。标准中品牌强度指标体系着眼产品特点、产业构成、区域分布、行业排名、管理效能等不同角度，采用横向比较、纵向分析等方式验证品牌强度指标设置以及权重赋值的合理性，对于准确反映地理标志产品在行业、消费者、政府三者间的无形资产价值提供了科学的指标参考。

2019年10月中国质量万里行促进会发布了《品牌价值评价 珍珠业》（T/CAQP009—2019）团体标准，有利于指导珍珠企业创建品牌，提高品牌价值[8]。在2019年12月5日广西北海南珠节暨国际珍珠展上，中国质量万里行促进会遵循法律法规，依据团体标准，进行了调查研究、专家评价，公开征求消费者和市场的意见，发布了珍珠影响力价值评价排行榜。我国进入国际珍珠产区区域品牌影响力价值十强的是：中国诸暨、中国合浦（北海）、中国湛江和中国渭塘。我国进入国际珍珠企业品牌影响力价值十强的是：阮仕珍珠（第三）、爱迪生珍珠（第五）、欧诗漫（第六）、南珠宫（第七）、千足珍珠（第八）、珍珠美人（第九）、海润珍珠（第十）。

2020年11月13日，世界珍珠大会在浙江诸暨开幕，诸暨山下湖成为世界珍珠大会永久会址。胡润研究院基于品牌战略、企业经营、技术实力、可持续发展进行综合评选，发布了《2020胡润全球珍珠企业创新品牌榜》和《2020山下湖淡水珍珠区域品牌价值》，揭晓全球珍珠企业创新品牌50强，2020山下湖淡水珍珠区域品牌价值估值达560亿元。全球重要珍珠生产和消费国家/地区的近300个品牌参选。50强中，中国24家，日本9家，美国7家，澳大利亚5家，瑞士、法国、英国、加拿大和菲律宾各1家。日本御木本（MIKIMOTO）和塔思琦（TASAKI）位列全球前两名。中国5家企业入围全球10强：阮仕珍珠、爱迪生珍珠、京润珍珠、欧诗漫和千足珍珠。珍珠行业榜单在我国产生了重大影响，激励珍珠产业坚持新发展理念，促进生产加工模式、产业结构业态和经营渠道的创新和变革。

在2023年6月中国深圳珠宝品牌发展大会期间，中国珠宝玉石首饰行业协会试发布了《2022年黄金珠宝品牌集群成员单位品牌价值与品牌强度评价结果》，其中包含零售企业26家、制造企业18家，44家企业品牌总价值近11000亿元人民币。

打造珍珠区域品牌，有助于提升知名度和美誉度，充分发挥产业集群的凝聚力和向心力，促进区域经济提质增效。广东流沙南珠和广西合浦南珠是我国地理标志产品。以地理标志品牌提升、品质保障等方面为工作重点，通过开展地理标志讲座、设点咨询、现场调研等活动，带动新技术、新知识、新理念等向珍珠养殖村镇流动，培训新型职业珠农。加大对珍珠价值的发掘和利用，以质量和消费者口碑来赢得市场，扩大地理标志珍珠产品的影响力。浙江省诸暨市山下湖是珍珠特色小镇，具有珍珠产业集聚区域基础，全面助推山下湖珍珠小镇建设，提升山下湖珍珠知名度和美誉度。对珍珠传统文化进行挖掘、归纳、整理并且系统化，以推进珍珠产业品牌推广，提高影响力。发挥浙江德清淡水珍珠传统养殖与利用重要农业文化遗产，广西合浦白龙珍珠城、广东遂溪县乐民珍珠城等文化遗产在传承珍珠历史文化、发展珍珠旅游的重要作用，做大做强珍珠文化旅游产业。推进德清珍珠养殖系统申请全球重要农业文化遗产。改进珍珠博物馆（院）的建设和运营机制，充分展示珍珠文化传承与创新、珍珠工艺、装备和产品，传播珍珠品牌未来发展新方向。

### 四、标准引领培育世界级珍珠品牌

品牌的生命力和成熟度，是产业发展质量的晴雨表。相关统计显示，中国珠宝市场的零售额在全球市场的占比，已经从2011年的23%增长至2022年的38%。但中国珠宝品牌在品牌理念和管理运营、品牌文化塑造与国际传播、品牌溢价与市场话语权及影响力等方面，与国际一流品牌尚存在一定差距。要对标国际先进水平，利用好国内超大规模市场优势，积极补短板，提升中国珠宝品牌的国际竞争力。加强国际交流，向国际同行取经，带领品牌集群成员单位考察调研国际重要珠宝市场，参访国际重点品牌总部，学习交流品牌管理理念，开阔国际视野；开展集群品牌集中展示和国内外巡展活动，通过形式多样的线上、线下推广，让品牌集群及其产品和服务与不同国家和地区的市场、不同消费客群实现零距离互动，展示品牌形象、传播中国文化、促进产品与服务的输出，拓展国内外市场新渠道；大力促进品牌创新，围绕文化附加值的提升，推动国内外优质设计创意资源与品牌企业深度嫁接，打造跨界跨文化的珠宝创意设计联合体；围绕数字化转型、智能制造、绿色环保工艺、新材料研发应用等等具有行业共性的重点新技术，鼓励并扶持企业加大自主研发投入力度，积极调动社会科研力量开展联合技术攻关。

中国的珍珠品牌培育工作已经到了提质发展阶段，由过去强调以产品为导向的"质量品牌"发展到当今以市场为导向的"品质卓越，品牌卓著"，强调在满足人民群众获得感的同时，也要给人民以幸福感、快乐感和安全感，即在强调装饰、美容、保健、医药功能价值的同时，希望能在情感价值和社会价值方面给到市场更多更好的满足，为目前中国珍珠企业的品牌培育工作指明了正确的发展方向。

新质生产力相对于传统生产力而言，是指大量运用大数据、人工智能、互联网、云计算等新技术与高素质劳动者、现代金融、数据信息等要素紧密结合而催生的新产业、新技术、新产品和新业态。新质生产力的形成是人类改造自然手段和方式的明显进步，是先进生产力替代传统生产力，质量效率更高、可持续性更强的发展模式加速形成的过程，代表着生产力水平质的跃迁，具有丰富内涵和显著特征。最终目的是要建立起新的生产关系，即从强调质量和技术的创新升级为满足人们个性化和多元化的需求，强调与消费者建立更为紧密的关系以及创造独特的消费体验。珍珠产品不过是这些价值的载体，珍珠企业和珍珠企业之间的产品差异，除了功能与技术外，还增加了关系与体验的品牌价值，这也是当前珍珠企业超越同质化竞争、获取市场溢价红利的根本保证。

品牌，不仅是产品的符号，而且是市场的标签。体现着珍珠企业对消费者需求的深刻理解。品牌在本质上代表珍珠企业对交付给顾客的珍珠产品特征、利益和服务的一贯性承诺。既然是承诺，就要说到做到，品牌不但要有独特的价值承诺，由此做好清晰的品牌战略规划，包括品牌培育的愿景使命目标和定位，还要有系统完整的品牌管理体系的支撑，包括品牌化决策、品牌设计、品牌载体的开发、品牌传播、品牌延伸、品牌更新与品牌风险管理以及品牌文化的建设等，不是一时冲动的临时短暂的促销或者公关行为。

品牌，不仅仅是企业的无形资产，也是一个国家和地区综合实力的象征。中国企业只有获得了来自全球市场的品牌红利，才能带来中国经济质的飞跃。只有培育出世界级的品牌，中国的企业才能获得全球身份。要改变中国产品"物美价廉"却较少品牌溢价的现象，最重要的方式就是培育世界级品牌，系统地实施品牌规划、品牌管理和保护，基于顾客的需求和期望进行品牌定位，建立以品牌核心价值和特性为中心的品牌识别系统；抓住时机进行品牌延伸扩张，预防市场垄断及倾销行为；利用组织有价值的活动提升品牌的知名度、认知度、忠诚度和美誉度；建立和保持品牌危机预警和应急处理系统，评估公关方案的及时性和有效性，消除或降低品牌的负面影响。通过全球化的品牌感知价值、品牌形象、品牌联想、品牌效应等来全面提升自

## 第十章　珍珠产业品牌标准

身的品牌资产，从而在全球范围内建立持续的竞争优势。从企业品牌、区域品牌到国家品牌及世界品牌，发展路径是非常清晰的。而拥有世界级品牌是成为世界一流企业的基本要求。

2022年2月28日，中央全面深化改革委员会第二十四次会议审议通过的《关于加快建设世界一流企业的指导意见》强调，要坚持党的全面领导，发展更高水平的社会主义市场经济，毫不动摇巩固和发展公有制经济，毫不动摇鼓励、支持和引导非公有制经济发展，加快建设一批产品卓越、品牌卓著、创新领先、治理现代的世界一流企业，在全面建设社会主义现代化国家、实现第二个百年奋斗目标进程中实现更大发展、发挥更大作用。这里面有很多具体指标，需按照国家建设体系去执行遵守。

从全球来看，一流企业在全球是有严格标准的：一是进入世界500强，二是进入世界同行业前20名，三是必须拥有自主核心技术、世界级品牌或国际标准。满足其中一个标准可认定该企业是世界级企业，满足两个标准可认定该企业为世界级优秀企业，同时满足三个标准则认定该企业为世界一流企业。世界一流企业是有标准量化指标体系的，包括三个方面：一是规模指标，包括营收、市值、利润；二是效率指标，包括销售利润率、资产回报率、市盈率；三是社会指标，包括创新贡献（创新力）、影响力、社会责任（责任力）。要厘清世界一流企业的内涵、标准、人选范围、参照对象、数量规模等，并制定加快建设中国世界一流企业的目标、政策和战略路径。大多企业规模指标与效率指标都做得很好，但真正的障碍是社会指标，包括创新力、影响力和责任力。要打造责任品牌，也是为培育世界级的品牌做贡献。

想要追求珍珠产业经济高速发展，需要不断去研究如何提高一流企业内涵及标准。将产品价值做实，将品牌价值做高、做出差异化，用产品中充盈的内在价值满足需求，用使用价值之外的品牌附加值吸引消费者，以赢得市场与利润。

虽然改革开放带来了中国珍珠企业长足的进步，但与世界一流珠宝企业相比，差距还很大，我国的珍珠企业规模较大但企业效益有待提高，盈利能力与其他国家世界级企业相比尚存在不小差距。中国品牌国际化进程在加快，但国际化程度仍偏低，平均来讲，中国企业在海外资产占比、海外营业收入占比、海外雇员占比这几个指标的水平都远远低于全球大型跨国公司。此外，品牌价值获得提升但技术创新能力不强，中国已有部分珍珠企业在产品和技术方面达到世界一流水平，但在人才、品牌、文化、商业模式等方面，特别是创新能力、标准话语权、国际公认度等方面，还比较薄弱，真正成为世界一流的珍珠企业仍然为数不多，我们需要去继续努力。

从企业品牌、区域级品牌、国家级品牌到迈进世界品牌，每个阶段都有量化标准，通过实施国际营销战略、跨国营销战略及世界级品牌战略，满足世界各地消费者的需要。世界品牌是指在国际市场上知名度、美誉度较高，产品辐射全球的品牌。一般有以下特征：品牌历史悠久，文化底蕴深厚；往往能引领业界的发展方向；代表着全球消费者的普世价值观和人性追求；有支撑该品牌畅销的全面品牌知识体系。除了占有率和品牌忠诚度，还有全球领导力及统一形象，比如说御木本（MIKIMOTO）、塔思琦（TASAKI）、CARTIER（卡地亚）和BVLGARI（宝格丽）的全球形象都是统一的，形成了强大的品牌强度，同时还有远景、使命、责任及情怀等。这些著名品牌以其创新的设计、卓越的工艺和高品质的珠宝而闻名，不仅代表着奢华和美丽，更是文化和艺术的体现，满足了全球消费者对于高端珠宝的需求和期待。

珍珠作为首饰，珍珠镶嵌首饰的设计尤为重要。引进和培养专业珍珠镶嵌首饰的设计师，注重珍珠首饰设计理念的培育。从作为区别标识的商品、认知形象的品牌名称，到作为承诺、信仰的强势品牌，区别是非常大的。真正的强势品牌不讲产品，讲的是被消费者视为独一无二的自我代表，代表了一群人群的价值体系和符号，称之为强势品牌，也称之为世界级品牌。

提升中国珍珠企业品牌全球竞争力，品牌建设是高质量发展的必经之路。高质量发展，意味着高质量的供给、高质量的需求、高质量的配置、高质量的投入产出。积极落实七部门联合发布的《关于新时代推进品牌建设的指导意见》，让中国品牌成为推动高质量发展和创造高品质生活的有力支撑，形成一批质量卓越、优势明显、拥有自主知识产权的企业品牌、产业品牌、区域品牌，全面形成布局合理、竞争力强、充满活力的品牌体系，使中国品牌综合实力进入品牌强国前列，品牌建设不断满足民众日益增长的美好生活需要。

中国品牌，世界责任，要想真正成为世界品牌，一要有境界、格局要大，二要有使命，心怀民生，三要有责任，四要有家国情怀。中国"一带一路"讲的是人类命运共同体责任和情怀的问题。接下来就是要构建一个品牌生态圈，成为生态圈的缔造者和领导者，搭建一个覆盖全球的生态圈，那么就成了一个世界级品牌。在锻造世界级品牌的过程中，必须大力倡导和鼓励有实力和有理想的企业开展品牌出海的工作，这是时代赋予我们的历史重任。

品牌出海，本质是文化与价值观的输出，充分和鲜明地展现中国品牌故事及其背后的思想力量和精神力量。建议由国家有关部门和专业机构一起研究一套指导珍珠企业品牌出海的培育管理办法，构建一条龙的完整服务体系，制定一份由我国主导并被世界认可的世界级品牌的评价标准，以评促建，打造一批在创新贡献、影响力、社会责任等品牌建设方面具有卓越示范意义的珍珠企业榜样，为中国品牌顺利出海建规矩、立标杆、拓路径，帮助品牌企业因地制宜、扬长避短，成为全球价值共容的"品牌生态圈"的缔造者和领导者，助力实现品牌强国的战略目标。充分发挥在深圳成立的国际黄金珠宝品牌中心的作用，抓紧研究制定品牌评价的国际团体标准，由国际品牌科学院立项发布；按照团体标准向全球发布世界品牌榜；发布这个品牌的标准指数以地域命名，建议命名为"水贝指数"；建立国际贸易线上、线下平台；组织召开珠宝领域的世界品牌大会。做好国际珍珠品牌中心（诸暨）的建设，打造集科技、文化、价值、体制机制和资本创新于一体的品牌新平台，推动广西、江苏、安徽等地珍珠品牌中心的建立。每年召开珍珠品牌研讨会、发布珍珠品牌榜，促进我国珍珠产业品牌提升。

当下品牌经济的号角已经吹响，国家对品牌建设提出了非常高的要求，按照国家战略高质量发展的要求，不但产品质量要好，品牌质量也要强大，用品牌价值去吸引我们的消费者，得到更多的市场回报。中国优秀珍珠企业应该要有成为世界级品牌的梦想，以培育世界级品牌为使命，提升中国珍珠企业的全球竞争力。

**参考文献**

［1］国家市场监督管理总局，国家标准化管理委员会. 品牌分类：GB/T 26680—2018［S］.

［2］国家质量监督检验检疫总局，国家标准化管理委员会. 商业企业品牌评价与企业文化建设指南：GB/T 27925—2011［S］.

［3］刘平均. 品牌价值发展理论［M］. 朱秋玲，等译. 北京：中国质检出版社，中国标准出版社，2016.

［4］中华人民共和国农业农村部. 农产品区域公用品牌建设指南：NY/T 4169—

2022［S］.

［5］国家市场监督管理总局，国家标准化管理委员会. 企业品牌培育指南：GB/T 38372—2020［S］.

［6］国家市场监督管理总局，国家标准化管理委员会. 品牌评价原则与基础：GB/T 39654—2020［S］.

［7］国家市场监督管理总局，国家标准化管理委员会. 区域品牌价值评价地理标志产品：GB/T 36678—2018［S］.

［8］中国质量万里行促进会. 品牌价值评价 珍珠业：T/CAQP 009—2019［S］.

# 附录　标准化相关法律法规和管理文件

## 中华人民共和国标准化法

（1988年12月29日第七届全国人民代表大会常务委员会第五次会议通过，2017年11月4日第十二届全国人民代表大会常务委员会第三十次会议修订，2018年1月1日起施行）

### 第一章　总　　则

**第一条**　为了加强标准化工作，提升产品和服务质量，促进科学技术进步，保障人身健康和生命财产安全，维护国家安全、生态环境安全，提高经济社会发展水平，制定本法。

**第二条**　本法所称标准（含标准样品），是指农业、工业、服务业以及社会事业等领域需要统一的技术要求。

标准包括国家标准、行业标准、地方标准和团体标准、企业标准。国家标准分为强制性标准、推荐性标准，行业标准、地方标准是推荐性标准。

强制性标准必须执行。国家鼓励采用推荐性标准。

**第三条**　标准化工作的任务是制定标准、组织实施标准以及对标准的制定、实施进行监督。

县级以上人民政府应当将标准化工作纳入本级国民经济和社会发展规划，将标准化工作经费纳入本级预算。

**第四条**　制定标准应当在科学技术研究成果和社会实践经验的基础上，深入调查论证，广泛征求意见，保证标准的科学性、规范性、时效性，提高标准质量。

**第五条**　国务院标准化行政主管部门统一管理全国标准化工作。国务院有关行政主管部门分工管理本部门、本行业的标准化工作。

县级以上地方人民政府标准化行政主管部门统一管理本行政区域内的标准化工作。县级以上地方人民政府有关行政主管部门分工管理本行政区域内本部门、本行业的标准化工作。

**第六条** 国务院建立标准化协调机制，统筹推进标准化重大改革，研究标准化重大政策，对跨部门跨领域、存在重大争议标准的制定和实施进行协调。

设区的市级以上地方人民政府可以根据工作需要建立标准化协调机制，统筹协调本行政区域内标准化工作重大事项。

**第七条** 国家鼓励企业、社会团体和教育、科研机构等开展或者参与标准化工作。

**第八条** 国家积极推动参与国际标准化活动，开展标准化对外合作与交流，参与制定国际标准，结合国情采用国际标准，推进中国标准与国外标准之间的转化运用。

国家鼓励企业、社会团体和教育、科研机构等参与国际标准化活动。

**第九条** 对在标准化工作中做出显著成绩的单位和个人，按照国家有关规定给予表彰和奖励。

## 第二章　标准的制定

**第十条** 对保障人身健康和生命财产安全、国家安全、生态环境安全以及满足经济社会管理基本需要的技术要求，应当制定强制性国家标准。

国务院有关行政主管部门依据职责负责强制性国家标准的项目提出、组织起草、征求意见和技术审查。国务院标准化行政主管部门负责强制性国家标准的立项、编号和对外通报。国务院标准化行政主管部门应当对拟制定的强制性国家标准是否符合前款规定进行立项审查，对符合前款规定的予以立项。

省、自治区、直辖市人民政府标准化行政主管部门可以向国务院标准化行政主管部门提出强制性国家标准的立项建议，由国务院标准化行政主管部门会同国务院有关行政主管部门决定。社会团体、企业事业组织以及公民可以向国务院标准化行政主管部门提出强制性国家标准的立项建议，国务院标准化行政主管部门认为需要立项的，会同国务院有关行政主管部门决定。

强制性国家标准由国务院批准发布或者授权批准发布。

法律、行政法规和国务院决定对强制性标准的制定另有规定的，从其规定。

**第十一条**　对满足基础通用、与强制性国家标准配套、对各有关行业起引领作用等需要的技术要求，可以制定推荐性国家标准。

推荐性国家标准由国务院标准化行政主管部门制定。

**第十二条**　对没有推荐性国家标准、需要在全国某个行业范围内统一的技术要求，可以制定行业标准。

行业标准由国务院有关行政主管部门制定，报国务院标准化行政主管部门备案。

**第十三条**　为满足地方自然条件、风俗习惯等特殊技术要求，可以制定地方标准。

地方标准由省、自治区、直辖市人民政府标准化行政主管部门制定；设区的市级人民政府标准化行政主管部门根据本行政区域的特殊需要，经所在地省、自治区、直辖市人民政府标准化行政主管部门批准，可以制定本行政区域的地方标准。地方标准由省、自治区、直辖市人民政府标准化行政主管部门报国务院标准化行政主管部门备案，由国务院标准化行政主管部门通报国务院有关行政主管部门。

**第十四条**　对保障人身健康和生命财产安全、国家安全、生态环境安全以及经济社会发展所急需的标准项目，制定标准的行政主管部门应当优先立项并及时完成。

**第十五条**　制定强制性标准、推荐性标准，应当在立项时对有关行政主管部门、企业、社会团体、消费者和教育、科研机构等方面的实际需求进行调查，对制定标准的必要性、可行性进行论证评估；在制定过程中，应当按照便捷有效的原则采取多种方式征求意见，组织对标准相关事项进行调查分析、实验、论证，并做到有关标准之间的协调配套。

**第十六条**　制定推荐性标准，应当组织由相关方组成的标准化技术委员会，承担标准的起草、技术审查工作。制定强制性标准，可以委托相关标准化技术委员会承担标准的起草、技术审查工作。未组成标准化技术委员会的，应当成立专家组承担相关标准的起草、技术审查工作。标准化技术委员会和专家组的组成应当具有广泛代表性。

**第十七条**　强制性标准文本应当免费向社会公开。国家推动免费向社会公开推荐性标准文本。

第十八条　国家鼓励学会、协会、商会、联合会、产业技术联盟等社会团体协调相关市场主体共同制定满足市场和创新需要的团体标准，由本团体成员约定采用或者按照本团体的规定供社会自愿采用。

制定团体标准，应当遵循开放、透明、公平的原则，保证各参与主体获取相关信息，反映各参与主体的共同需求，并应当组织对标准相关事项进行调查分析、实验、论证。

国务院标准化行政主管部门会同国务院有关行政主管部门对团体标准的制定进行规范、引导和监督。

第十九条　企业可以根据需要自行制定企业标准，或者与其他企业联合制定企业标准。

第二十条　国家支持在重要行业、战略性新兴产业、关键共性技术等领域利用自主创新技术制定团体标准、企业标准。

第二十一条　推荐性国家标准、行业标准、地方标准、团体标准、企业标准的技术要求不得低于强制性国家标准的相关技术要求。

国家鼓励社会团体、企业制定高于推荐性标准相关技术要求的团体标准、企业标准。

第二十二条　制定标准应当有利于科学合理利用资源，推广科学技术成果，增强产品的安全性、通用性、可替换性，提高经济效益、社会效益、生态效益，做到技术上先进、经济上合理。

禁止利用标准实施妨碍商品、服务自由流通等排除、限制市场竞争的行为。

第二十三条　国家推进标准化军民融合和资源共享，提升军民标准通用化水平，积极推动在国防和军队建设中采用先进适用的民用标准，并将先进适用的军用标准转化为民用标准。

第二十四条　标准应当按照编号规则进行编号。标准的编号规则由国务院标准化行政主管部门制定并公布。

## 第三章　标准的实施

第二十五条　不符合强制性标准的产品、服务，不得生产、销售、进口或者提供。

第二十六条  出口产品、服务的技术要求，按照合同的约定执行。

第二十七条  国家实行团体标准、企业标准自我声明公开和监督制度。企业应当公开其执行的强制性标准、推荐性标准、团体标准或者企业标准的编号和名称；企业执行自行制定的企业标准的，还应当公开产品、服务的功能指标和产品的性能指标。国家鼓励团体标准、企业标准通过标准信息公共服务平台向社会公开。

企业应当按照标准组织生产经营活动，其生产的产品、提供的服务应当符合企业公开标准的技术要求。

第二十八条  企业研制新产品、改进产品，进行技术改造，应当符合本法规定的标准化要求。

第二十九条  国家建立强制性标准实施情况统计分析报告制度。

国务院标准化行政主管部门和国务院有关行政主管部门、设区的市级以上地方人民政府标准化行政主管部门应当建立标准实施信息反馈和评估机制，根据反馈和评估情况对其制定的标准进行复审。标准的复审周期一般不超过五年。经过复审，对不适应经济社会发展需要和技术进步的应当及时修订或者废止。

第三十条  国务院标准化行政主管部门根据标准实施信息反馈、评估、复审情况，对有关标准之间重复交叉或者不衔接配套的，应当会同国务院有关行政主管部门作出处理或通过国务院标准化协调机制处理。

第三十一条  县级以上人民政府应当支持开展标准化试点示范和宣传工作，传播标准化理念，推广标准化经验，推动全社会运用标准化方式组织生产、经营、管理和服务，发挥标准对促进转型升级、引领创新驱动的支撑作用。

## 第四章  监督管理

第三十二条  县级以上人民政府标准化行政主管部门、有关行政主管部门依据法定职责，对标准的制定进行指导和监督，对标准的实施进行监督检查。

第三十三条  国务院有关行政主管部门在标准制定、实施过程中出现争议的，由国务院标准化行政主管部门组织协商；协商不成的，由国务院标准化协调机制解决。

**第三十四条** 国务院有关行政主管部门、设区的市级以上地方人民政府标准化行政主管部门未依照本法规定对标准进行编号、复审或者备案的,国务院标准化行政主管部门应当要求其说明情况,并限期改正。

**第三十五条** 任何单位或者个人有权向标准化行政主管部门、有关行政主管部门举报、投诉违反本法规定的行为。

标准化行政主管部门、有关行政主管部门应当向社会公开受理举报、投诉的电话、信箱或者电子邮件地址,并安排人员受理举报、投诉。对实名举报人或者投诉人,受理举报、投诉的行政主管部门应当告知处理结果,为举报人保密,并按照国家有关规定对举报人给予奖励。

## 第五章 法律责任

**第三十六条** 生产、销售、进口产品或者提供服务不符合强制性标准,或者企业生产的产品、提供的服务不符合其公开标准的技术要求的,依法承担民事责任。

**第三十七条** 生产、销售、进口产品或者提供服务不符合强制性标准的,依照《中华人民共和国产品质量法》、《中华人民共和国进出口商品检验法》、《中华人民共和国消费者权益保护法》等法律、行政法规的规定查处,记入信用记录,并依照有关法律、行政法规的规定予以公示;构成犯罪的,依法追究刑事责任。

**第三十八条** 企业未依照本法规定公开其执行的标准的,由标准化行政主管部门责令限期改正;逾期不改正的,在标准信息公共服务平台上公示。

**第三十九条** 国务院有关行政主管部门、设区的市级以上地方人民政府标准化行政主管部门制定的标准不符合本法第二十一条第一款、第二十二条第一款规定的,应当及时改正;拒不改正的,由国务院标准化行政主管部门公告废止相关标准;对负有责任的领导人员和直接责任人员依法给予处分。

社会团体、企业制定的标准不符合本法第二十一条第一款、第二十二条第一款规定的,由标准化行政主管部门责令限期改正;逾期不改正的,由省级以上人民政府标准化行政主管部门废止相关标准,并在标准信息公共服务平台上公示。

违反本法第二十二条第二款规定,利用标准实施排除、限制市场竞争行为的,依照《中华人民共和国反垄断法》等法律、行政法规的规定处理。

**第四十条** 国务院有关行政主管部门、设区的市级以上地方人民政府标准化行政主管部门未依照本法规定对标准进行编号或者备案，又未依照本法第三十四条的规定改正的，由国务院标准化行政主管部门撤销相关标准编号或者公告废止未备案标准；对负有责任的领导人员和直接责任人员依法给予处分。

国务院有关行政主管部门、设区的市级以上地方人民政府标准化行政主管部门未依照本法规定对其制定的标准进行复审，又未依照本法第三十四条的规定改正的，对负有责任的领导人员和直接责任人员依法给予处分。

**第四十一条** 国务院标准化行政主管部门未依照本法第十条第二款规定对制定强制性国家标准的项目予以立项，制定的标准不符合本法第二十一条第一款、第二十二条第一款规定，或者未依照本法规定对标准进行编号、复审或者予以备案的，应当及时改正；对负有责任的领导人员和直接责任人员可以依法给予处分。

**第四十二条** 社会团体、企业未依照本法规定对团体标准或者企业标准进行编号的，由标准化行政主管部门责令限期改正；逾期不改正的，由省级以上人民政府标准化行政主管部门撤销相关标准编号，并在标准信息公共服务平台上公示。

**第四十三条** 标准化工作的监督、管理人员滥用职权、玩忽职守、徇私舞弊的，依法给予处分；构成犯罪的，依法追究刑事责任。

## 第六章 附 则

**第四十四条** 军用标准的制定、实施和监督办法，由国务院、中央军事委员会另行制定。

**第四十五条** 本法自2018年1月1日起施行。

# 中华人民共和国标准化法实施条例

（1990年4月6日中华人民共和国国务院令第53号发布，根据2024年3月10日《国务院关于修改和废止部分行政法规的决定》修订）

## 第一章 总 则

**第一条** 根据《中华人民共和国标准化法》（以下简称《标准化法》）的规定，制定本条例。

**第二条** 对下列需要统一的技术要求，应当制定标准：

（一）工业产品的品种、规格、质量、等级或者安全、卫生要求；

（二）工业产品的设计、生产、试验、检验、包装、储存、运输、使用的方法或者生产、储存、运输过程中的安全、卫生要求；

（三）有关环境保护的各项技术要求和检验方法；

（四）建设工程的勘察、设计、施工、验收的技术要求和方法；

（五）有关工业生产、工程建设和环境保护的技术术语、符号、代号、制图方法、互换配合要求；

（六）农业（含林业、牧业、渔业，下同）产品（含种子、种苗、种畜、种禽，下同）的品种、规格、质量、等级、检验、包装、储存、运输以及生产技术、管理技术的要求；

（七）信息、能源、资源、交通运输的技术要求。

**第三条** 国家有计划地发展标准化事业。标准化工作应当纳入各级国民经济和社会发展计划。

**第四条** 国家鼓励采用国际标准和国外先进标准，积极参与制定国际标准。

## 第二章 标准化工作的管理

**第五条** 标准化工作的任务是制定标准、组织实施标准和对标准的实施进行监督。

**第六条** 国务院标准化行政主管部门统一管理全国标准化工作，履行下列职责：

（一）组织贯彻国家有关标准化工作的法律、法规、方针、政策；

（二）组织制定全国标准化工作规划、计划；

（三）组织制定国家标准；

（四）指导国务院有关行政主管部门和省、自治区、直辖市人民政府标准化行政主管部门的标准化工作，协调和处理有关标准化工作问题；

（五）组织实施标准；

（六）对标准的实施情况进行监督检查；

（七）统一管理全国的产品质量认证工作；

（八）统一负责对有关国际标准化组织的业务联系。

第七条　国务院有关行政主管部门分工管理本部门、本行业的标准化工作，履行下列职责：

（一）贯彻国家标准化工作的法律、法规、方针、政策，并制定在本部门、本行业实施的具体办法；

（二）制定本部门、本行业的标准化工作规划、计划；

（三）承担国家下达的草拟国家标准的任务，组织制定行业标准；

（四）指导省、自治区、直辖市有关行政主管部门的标准化工作；

（五）组织本部门、本行业实施标准；

（六）对标准实施情况进行监督检查；

（七）经国务院标准化行政主管部门授权，分工管理本行业的产品质量认证工作。

第八条　省、自治区、直辖市人民政府标准化行政主管部门统一管理本行政区域的标准化工作，履行下列职责：

（一）贯彻国家标准化工作的法律、法规、方针、政策，并制定在本行政区域实施的具体办法；

（二）制定地方标准化工作规划、计划；

（三）组织制定地方标准；

（四）指导本行政区域有关行政主管部门的标准化工作，协调和处理有关标准化工作问题；

（五）在本行政区域组织实施标准；

（六）对标准实施情况进行监督检查。

第九条　省、自治区、直辖市有关行政主管部门分工管理本行政区域内本部门、本行业的标准化工作，履行下列职责：

（一）贯彻国家和本部门、本行业、本行政区域标准化工作的法律、法规、方针、政策，并制定实施的具体办法；

（二）制定本行政区域内本部门、本行业的标准化工作规划、计划；

（三）承担省、自治区、直辖市人民政府下达的草拟地方标准的任务；

（四）在本行政区域内组织本部门、本行业实施标准；

（五）对标准实施情况进行监督检查。

第十条　市、县标准化行政主管部门和有关行政主管部门的职责分工，由省、自治区、直辖市人民政府规定。

## 第三章　标准的制定

第十一条　对需要在全国范围内统一的下列技术要求，应当制定国家标准（含标准样品的制作）：

（一）互换配合、通用技术语言要求；

（二）保障人体健康和人身、财产安全的技术要求；

（三）基本原料、燃料、材料的技术要求；

（四）通用基础件的技术要求；

（五）通用的试验、检验方法；

（六）通用的管理技术要求；

（七）工程建设的重要技术要求；

（八）国家需要控制的其他重要产品的技术要求。

第十二条　国家标准由国务院标准化行政主管部门编制计划，组织草拟，统一审批、编号、发布。

工程建设、药品、食品卫生、兽药、环境保护的国家标准，分别由国务院工程建设主管部门、卫生主管部门、农业主管部门、环境保护主管部门组织草拟、审批；其编号、发布办法由国务院标准化行政主管部门会同国务院有关行政主管部门制定。

法律对国家标准的制定另有规定的，依照法律的规定执行。

第十三条　对没有国家标准而又需要在全国某个行业范围内统一的技术要求，可以制定行业标准（含标准样品的制作）。制定行业标准的项目由国务院有关行政主管部门确定。

**第十四条** 行业标准由国务院有关行政主管部门编制计划,组织草拟,统一审批、编号、发布,并报国务院标准化行政主管部门备案。

行业标准在相应的国家标准实施后,自行废止。

**第十五条** 对没有国家标准和行业标准而又需要在省、自治区、直辖市范围内统一的工业产品的安全、卫生要求,可以制定地方标准。制定地方标准的项目,由省、自治区、直辖市人民政府标准化行政主管部门确定。

**第十六条** 地方标准由省、自治区、直辖市人民政府标准化行政主管部门编制计划,组织草拟,统一审批、编号、发布,并报国务院标准化行政主管部门和国务院有关行政主管部门备案。

法律对地方标准的制定另有规定的,依照法律的规定执行。

地方标准在相应的国家标准或行业标准实施后,自行废止。

**第十七条** 企业生产的产品没有国家标准、行业标准和地方标准的,应当制定相应的企业标准,作为组织生产的依据。企业标准由企业组织制定(农业企业标准制定办法另定),并按省、自治区、直辖市人民政府的规定备案。

对已有国家标准、行业标准或者地方标准的,鼓励企业制定严于国家标准、行业标准或者地方标准要求的企业标准,在企业内部适用。

**第十八条** 国家标准、行业标准分为强制性标准和推荐性标准。

下列标准属于强制性标准:

(一)药品标准,食品卫生标准,兽药标准;

(二)产品及产品生产、储运和使用中的安全、卫生标准,劳动安全、卫生标准,运输安全标准;

(三)工程建设的质量、安全、卫生标准及国家需要控制的其他工程建设标准;

(四)环境保护的污染物排放标准和环境质量标准;

(五)重要的通用技术术语、符号、代号和制图方法;

(六)通用的试验、检验方法标准;

(七)互换配合标准;

(八)国家需要控制的重要产品质量标准。

国家需要控制的重要产品目录由国务院标准化行政主管部门会同国务院有关行政主管部门确定。

强制性标准以外的标准是推荐性标准。

省、自治区、直辖市人民政府标准化行政主管部门制定的工业产品的安全、卫生要求的地方标准，在本行政区域内是强制性标准。

第十九条 制定标准应当发挥行业协会、科学技术研究机构和学术团体的作用。

制定国家标准、行业标准和地方标准的部门应当组织由用户、生产单位、行业协会、科学技术研究机构、学术团体及有关部门的专家组成标准化技术委员会，负责标准草拟和参加标准草案的技术审查工作。未组成标准化技术委员会的，可以由标准化技术归口单位负责标准草拟和参加标准草案的技术审查工作。

制定企业标准应当充分听取使用单位、科学技术研究机构的意见。

第二十条 标准实施后，制定标准的部门应当根据科学技术的发展和经济建设的需要适时进行复审。标准复审周期一般不超过五年。

第二十一条 国家标准、行业标准和地方标准的代号、编号办法，由国务院标准化行政主管部门统一规定。

企业标准的代号、编号办法，由国务院标准化行政主管部门会同国务院有关行政主管部门规定。

第二十二条 标准的出版、发行办法，由制定标准的部门规定。

## 第四章 标准的实施与监督

第二十三条 从事科研、生产、经营的单位和个人，必须严格执行强制性标准。不符合强制性标准的产品，禁止生产、销售和进口。

第二十四条 企业生产执行国家标准、行业标准、地方标准或企业标准，应当在产品或其说明书、包装物上标注所执行标准的代号、编号、名称。

第二十五条 出口产品的技术要求由合同双方约定。

出口产品在国内销售时，属于我国强制性标准管理范围的，必须符合强制性标准的要求。

第二十六条 企业研制新产品、改进产品、进行技术改造，应当符合标准化要求。

第二十七条 国务院标准化行政主管部门组织或授权国务院有关主管部门建立行业认证机构，进行产品质量认证工作。

第二十八条 国务院标准化行政主管部门统一负责全国标准实施的监

督。国务院有关行政主管部门分工负责本部门、本行业的标准实施的监督。

省、自治区、直辖市标准化行政主管部门统一负责本行政区域内的标准实施的监督。省、自治区、直辖市人民政府有关行政主管部门分工负责本行政区域内本部门、本行业的标准实施的监督。

市、县标准化行政主管部门和有关行政主管部门，按照省、自治区、直辖市人民政府规定的各自的职责，负责本行政区域内的标准实施的监督。

第二十九条 国家检验机构由国务院标准化行政主管部门会同国务院有关行政主管部门规划、审查。地方检验机构由省、自治区、直辖市人民政府标准化行政主管部门会同省级有关行政主管部门规划、审查。

处理有关产品是否符合标准的争议，以本条规定的检验机构的检验数据为准。

第三十条 国务院有关行政主管部门可以根据需要和国家有关规定设立检验机构，负责本行业、本部门的检验工作。

第三十一条 国家机关、社会团体、企业事业单位及全体公民均有权检举、揭发违反强制性标准的行为。

## 第五章 法律责任

第三十二条 违反《标准化法》和本条例有关规定，有下列情形之一的，由标准化行政主管部门或有关行政主管部门在各自的职权范围内责令限期改进，并可通报批评：

（一）企业未按规定制定标准作为组织生产依据的；

（二）企业未按规定要求将产品标准上报备案的；

（三）企业的产品未按规定附有标识或与其标识不符的；

（四）企业研制新产品、改进产品、进行技术改造，不符合标准化要求的；

（五）科研、设计、生产中违反有关强制性标准规定的。

第三十三条 生产不符合强制性标准的产品的，应当责令其停止生产，并没收产品，监督销毁或作必要技术处理；处以该批产品货值金额百分之二十至百分之五十的罚款；对有关责任者处以五千元以下罚款。

销售不符合强制性标准的商品的，应当责令其停止销售，并限期追回已售出的商品，监督销毁或作必要技术处理；没收违法所得；处以该批商品货值金额百分之十至百分之二十的罚款；对有关责任者处以五千元以下罚款。

进口不符合强制性标准的产品的，应当封存并没收该产品，监督销毁或作必要技术处理；处以进口产品货值金额百分之二十至百分之五十的罚款；对有关责任者处以五千元以下罚款。

本条规定的责令停止生产，由有关行政主管部门决定；其他行政处罚由市场监督管理部门决定。

**第三十四条** 生产、销售、进口不符合强制性标准的产品，造成严重后果，构成犯罪的，由司法机关依法追究直接责任人员的刑事责任。

**第三十五条** 当事人对没收产品、没收违法所得和罚款的处罚不服的，可以在接到处罚通知之日起十五日内，向作出处罚决定的机关的上一级机关申请复议；对复议决定不服的，可以在接到复议决定之日起十五日内，向人民法院起诉。当事人也可以在接到处罚通知之日起十五日内，直接向人民法院起诉。当事人逾期不申请复议或者不向人民法院起诉又不履行处罚决定的，由作出处罚决定的机关申请人民法院强制执行。

**第三十六条** 本条例第三十二条至第三十四条规定的处罚不免除由此产生的对他人的损害赔偿责任。受到损害的有权要求责任人赔偿损失。赔偿责任和赔偿金额纠纷可以由有关行政主管部门处理，当事人也可以直接向人民法院起诉。

**第三十七条** 标准化工作的监督、检验、管理人员有下列行为之一的，由有关主管部门给予行政处分，构成犯罪的，由司法机关依法追究刑事责任：

（一）违反本条例规定，工作失误，造成损失的；

（二）伪造、篡改检验数据的；

（三）徇私舞弊、滥用职权、索贿受贿的。

**第三十八条** 罚没收入全部上缴财政。对单位的罚款，一律从其自有资金中支付，不得列入成本。对责任人的罚款，不得从公款中核销。

# 第六章　附　　则

**第三十九条** 军用标准化管理条例，由国务院、中央军委另行制定。

**第四十条** 工程建设标准化管理规定，由国务院工程建设主管部门依据《标准化法》和本条例的有关规定另行制定，报国务院批准后实施。

**第四十一条** 本条例自发布之日起施行。

# 国家标准管理办法

（2022年9月9日国家市场监督管理总局令第59号公布　自2023年3月1日起施行）

## 第一章　总　　则

**第一条**　为了加强国家标准管理，规范国家标准制定、实施和监督，根据《中华人民共和国标准化法》，制定本办法。

**第二条**　国家标准的制定（包括项目提出、立项、组织起草、征求意见、技术审查、对外通报、编号、批准发布）、组织实施以及监督工作，适用本办法。

**第三条**　对农业、工业、服务业以及社会事业等领域需要在全国范围内统一的技术要求，可以制定国家标准（含国家标准样品），包括下列内容：

（一）通用的技术术语、符号、分类、代号（含代码）、文件格式、制图方法等通用技术语言要求和互换配合要求；

（二）资源、能源、环境的通用技术要求；

（三）通用基础件，基础原材料、重要产品和系统的技术要求；

（四）通用的试验、检验方法；

（五）社会管理、服务，以及生产和流通的管理等通用技术要求；

（六）工程建设的勘察、规划、设计、施工及验收的通用技术要求；

（七）对各有关行业起引领作用的技术要求；

（八）国家需要规范的其他技术要求。

对保障人身健康和生命财产安全、国家安全、生态环境安全以及满足经济社会管理基本需要的技术要求，应当制定强制性国家标准。

**第四条**　国家标准规定的技术指标以及有关分析试验方法，需要配套标准样品保证其有效实施的，应当制定相应的国家标准样品。标准样品管理按照国务院标准化行政主管部门的有关规定执行。

**第五条**　制定国家标准应当有利于便利经贸往来，支撑产业发展，促进科技进步，规范社会治理，实施国家战略。

**第六条** 积极推动结合国情采用国际标准。以国际标准为基础起草国家标准的，应当符合有关国际组织的版权政策。

鼓励国家标准与相应国际标准的制定和修订同步，加快适用国际标准的转化运用。

**第七条** 鼓励国际贸易、产能和装备合作领域，以及全球经济治理和可持续发展相关新兴领域的国家标准同步制定外文版。

鼓励同步开展国家标准中外文版制定。

**第八条** 国务院标准化行政主管部门统一管理国家标准制定工作，负责强制性国家标准的立项、编号、对外通报和依据授权批准发布；负责推荐性国家标准的立项、组织起草、征求意见、技术审查、编号和批准发布。

国务院有关行政主管部门依据职责负责强制性国家标准的项目提出、组织起草、征求意见、技术审查和组织实施。

由国务院标准化行政主管部门组建、相关方组成的全国专业标准化技术委员会（以下简称技术委员会），受国务院标准化行政主管部门委托，负责开展推荐性国家标准的起草、征求意见、技术审查、复审工作，承担归口推荐性国家标准的解释工作；受国务院有关行政主管部门委托，承担强制性国家标准的起草、技术审查工作；负责国家标准外文版的组织翻译和审查、实施情况评估和研究分析工作。

国务院标准化行政主管部门根据需要，可以委托国务院有关行政主管部门、有关行业协会，对技术委员会开展推荐性国家标准申请立项、国家标准报批等工作进行指导。

县级以上人民政府标准化行政主管部门和有关行政主管部门依据法定职责，对国家标准的实施进行监督检查。

**第九条** 对于跨部门跨领域、存在重大争议的国家标准的制定和实施，由国务院标准化行政主管部门组织协商，协商不成的报请国务院标准化协调机制解决。

**第十条** 国家标准及外文版依法受到版权保护，标准的批准发布主体享有标准的版权。

**第十一条** 国家标准一般不涉及专利。国家标准中涉及的专利应当是实施该标准必不可少的专利，其管理按照国家标准涉及专利的有关管理规定执行。

**第十二条** 制定国家标准应当在科学技术研究和社会实践经验的基础

上，通过调查、论证、验证等方式，保证国家标准的科学性、规范性、适用性、时效性，提高国家标准质量。

制定国家标准应当公开、透明，广泛征求各方意见。

**第十三条** 国务院标准化行政主管部门建立国家标准验证工作制度。根据需要对国家标准的技术要求、试验检验方法等开展验证。

**第十四条** 制定国家标准应当做到有关标准之间的协调配套。

**第十五条** 鼓励科技成果转化为国家标准，围绕国家科研项目和市场创新活跃领域，同步推进科技研发和标准研制，提高科技成果向国家标准转化的时效性。

**第十六条** 对具有先进性、引领性，实施效果良好，需要在全国范围推广实施的团体标准，可以按程序制定为国家标准。

**第十七条** 对技术尚在发展中，需要引导其发展或者具有标准化价值的项目，可以制定为国家标准化指导性技术文件。

## 第二章 国家标准的制定

**第十八条** 政府部门、社会团体、企业事业组织以及公民可以根据国家有关发展规划和经济社会发展需要，向国务院有关行政主管部门提出国家标准的立项建议，也可以直接向国务院标准化行政主管部门提出国家标准的立项建议。

推荐性国家标准立项建议可以向技术委员会提出。

鼓励提出国家标准立项建议时同步提出国际标准立项申请。

**第十九条** 国务院标准化行政主管部门、国务院有关行政主管部门收到国家标准的立项建议后，应当对立项建议的必要性、可行性进行评估论证。国家标准的立项建议，可以委托技术委员会进行评估。

**第二十条** 强制性国家标准立项建议经评估后决定立项的，由国务院有关行政主管部门依据职责提出立项申请。

推荐性国家标准立项建议经评估后决定立项的，由技术委员会报国务院有关行政主管部门或者行业协会审核后，向国务院标准化行政主管部门提出立项申请。未成立技术委员会的，国务院有关行政主管部门可以依据职责直接提出推荐性国家标准项目立项申请。

立项申请材料应当包括项目申报书和标准草案。项目申报书应当说明制定国家标准的必要性、可行性，国内外标准情况、与国际标准一致性程度情况，主要技术要求，进度安排等。

第二十一条　国务院标准化行政主管部门组织国家标准专业审评机构对申请立项的国家标准项目进行评估，提出评估建议。

评估一般包括下列内容：

（一）本领域标准体系情况；

（二）标准技术水平、产业发展情况以及预期作用和效益；

（三）是否符合法律、行政法规的规定，是否与有关标准的技术要求协调衔接；

（四）与相关国际、国外标准的比对分析情况；

（五）是否符合本办法第三条、第四条、第五条规定。

第二十二条　对拟立项的国家标准项目，国务院标准化行政主管部门应当通过全国标准信息公共服务平台向社会公开征求意见，征求意见期限一般不少于三十日。必要时，可以书面征求国务院有关行政主管部门意见。

第二十三条　对立项存在重大分歧的，国务院标准化行政主管部门可以会同国务院有关行政主管部门、有关行业协会，组织技术委员会对争议内容进行协调，形成处理意见。

第二十四条　国务院标准化行政主管部门决定予以立项的，应当下达项目计划。

国务院标准化行政主管部门决定不予立项的，应当及时反馈并说明不予立项的理由。

第二十五条　强制性国家标准从计划下达到报送报批材料的期限一般不得超过二十四个月。推荐性国家标准从计划下达到报送报批材料的期限一般不得超过十八个月。

国家标准不能按照项目计划规定期限内报送的，应当提前三十日申请延期。强制性国家标准的延长时限不得超过十二个月，推荐性国家标准的延长时限不得超过六个月。

无法继续执行的，国务院标准化行政主管部门应当终止国家标准计划。

执行国家标准计划过程中，国务院标准化行政主管部门可以对国家标准计划的内容进行调整。

第二十六条　国务院有关行政主管部门或者技术委员会应当按照项目计划组织实施，及时开展国家标准起草工作。

国家标准起草，应当组建具有专业性和广泛代表性的起草工作组，开展国家标准起草的调研、论证（验证）、编制和征求意见处理等具体工作。

**第二十七条** 起草工作组应当按照标准编写的相关要求起草国家标准征求意见稿、编制说明以及有关材料。编制说明一般包括下列内容：

（一）工作简况，包括任务来源、制定背景、起草过程等；

（二）国家标准编制原则、主要内容及其确定依据，修订国家标准时，还包括修订前后技术内容的对比；

（三）试验验证的分析、综述报告，技术经济论证，预期的经济效益、社会效益和生态效益；

（四）与国际、国外同类标准技术内容的对比情况，或者与测试的国外样品、样机的有关数据对比情况；

（五）以国际标准为基础的起草情况，以及是否合规引用或者采用国际国外标准，并说明未采用国际标准的原因；

（六）与有关法律、行政法规及相关标准的关系；

（七）重大分歧意见的处理经过和依据；

（八）涉及专利的有关说明；

（九）实施国家标准的要求，以及组织措施、技术措施、过渡期和实施日期的建议等措施建议；

（十）其他应当说明的事项。

**第二十八条** 国家标准征求意见稿和编制说明应当通过有关门户网站、全国标准信息公共服务平台等渠道向社会公开征求意见，同时向涉及的其他国务院有关行政主管部门、企业事业单位、社会组织、消费者组织和科研机构等相关方征求意见。

国家标准公开征求意见期限一般不少于六十日。强制性国家标准在征求意见时应当按照世界贸易组织的要求对外通报。

国务院有关行政主管部门或者技术委员会应当对征集的意见进行处理，形成国家标准送审稿。

**第二十九条** 技术委员会应当采用会议形式对国家标准送审稿开展技术审查，重点审查技术要求的科学性、合理性、适用性、规范性。审查会议的组织和表决按照《全国专业标准化技术委员会管理办法》有关规定执行。

未成立技术委员会的，应当成立审查专家组采用会议形式开展技术审查。审查专家组成员应当具有代表性，由生产者、经营者、使用者、消费者、公共利益方等相关方组成，人数不得少于十五人。审查专家应当熟悉本领域技术和标准情况。技术审查应当协商一致，如需表决，四分之三以上同意为通过。起草人员不得承担技术审查工作。

审查会议应当形成会议纪要，并经与会全体专家签字。会议纪要应当真实反映审查情况，包括会议时间地点、会议议程、专家名单、具体的审查意见、审查结论等。

技术审查不通过的，应当根据审查意见修改后再次提交技术审查。无法协调一致的，可以提出计划项目终止申请。

**第三十条** 技术委员会应当根据审查意见形成国家标准报批稿、编制说明和意见处理表，经国务院有关行政主管部门或者行业协会审核后，报国务院标准化行政主管部门批准发布或者依据国务院授权批准发布。

未成立技术委员会的，国务院有关行政主管部门应当根据审查意见形成国家标准报批稿、编制说明和意见处理表，报国务院标准化行政主管部门批准发布或者依据国务院授权批准发布。

报批材料包括：

（一）报送公文；

（二）国家标准报批稿；

（三）编制说明；

（四）征求意见汇总处理表；

（五）审查会议纪要；

（六）需要报送的其他材料。

**第三十一条** 国务院标准化行政主管部门委托国家标准专业审评机构对国家标准的报批材料进行审核。国家标准专业审评机构应当审核下列内容：

（一）标准制定程序、报批材料、标准编写质量是否符合相关要求；

（二）标准技术内容的科学性、合理性，标准之间的协调性，重大分歧意见处理情况；

（三）是否符合有关法律、行政法规、产业政策、公平竞争的规定。

**第三十二条** 强制性国家标准由国务院批准发布或者授权批准发布。推荐性国家标准由国务院标准化行政主管部门统一批准、编号，以公告形式发布。

国家标准的代号由大写汉语拼音字母构成。强制性国家标准的代号为"GB"，推荐性国家标准的代号为"GB/T"，国家标准样品的代号为

"GSB"。指导性技术文件的代号为"GB/Z"。

国家标准的编号由国家标准的代号、国家标准发布的顺序号和国家标准发布的年份号构成。国家标准样品的编号由国家标准样品的代号、分类目录号、发布顺序号、复制批次号和发布年份号构成。

**第三十三条** 应对突发紧急事件急需的国家标准，制定过程中可以缩短时限要求。

**第三十四条** 国家标准由国务院标准化行政主管部门委托出版机构出版。

国务院标准化行政主管部门按照有关规定在全国标准信息公共服务平台公开国家标准文本，供公众查阅。

## 第三章 国家标准的实施与监督

**第三十五条** 国家标准的发布与实施之间应当留出合理的过渡期。

国家标准发布后实施前，企业可以选择执行原国家标准或者新国家标准。新国家标准实施后，原国家标准同时废止。

**第三十六条** 强制性国家标准必须执行。不符合强制性国家标准的产品、服务，不得生产、销售、进口或者提供。

推荐性国家标准鼓励采用。在基础设施建设、基本公共服务、社会治理、政府采购等活动中，鼓励实施推荐性国家标准。

**第三十七条** 国家标准发布后，各级标准化行政主管部门、有关行政主管部门、行业协会和技术委员会应当组织国家标准的宣贯和推广工作。

**第三十八条** 国家标准由国务院标准化行政主管部门解释，国家标准的解释与标准文本具有同等效力。解释发布后，国务院标准化行政主管部门应当自发布之日起二十日内在全国标准信息公共服务平台上公开解释文本。

对国家标准实施过程中有关具体技术问题的咨询，国务院标准化行政主管部门可以委托国务院有关行政主管部门、行业协会或者技术委员会答复。相关答复应当按照国家信息公开的有关规定进行公开。

**第三十九条** 企业和相关社会组织研制新产品、改进产品和服务、进行技术改造等，应当符合本办法规定的标准化要求。

**第四十条** 国务院标准化行政主管部门建立国家标准实施信息反馈机制，畅通信息反馈渠道。

鼓励个人和单位通过全国标准信息公共服务平台反馈国家标准在实施中产生的问题和修改建议。

各级标准化行政主管部门、有关行政主管部门、行业协会和技术委员会应当在日常工作中收集相关国家标准实施信息。

**第四十一条** 国务院标准化行政主管部门、国务院有关行政主管部门、行业协会、技术委员会应当及时对反馈的国家标准实施信息进行分析处理。

**第四十二条** 国务院标准化行政主管部门建立国家标准实施效果评估机制。国务院标准化行政主管部门根据国家标准实施情况，定期组织开展重点领域国家标准实施效果评估。国家标准实施效果评估应当包含下列内容：

（一）标准的实施范围；

（二）标准实施产生的经济效益、社会效益和生态效益；

（三）标准实施过程中发现的问题和修改建议。

**第四十三条** 国务院有关行政主管部门、有关行业协会或者技术委员会应当根据实施信息反馈、实施效果评估情况，以及经济社会和科学技术发展的需要，开展国家标准复审，提出继续有效、修订或者废止的复审结论，报国务院标准化行政主管部门。复审周期一般不超过五年。

复审结论为修订的，国务院有关行政主管部门、有关行业协会或者技术委员会应当在报送复审结论时提出修订项目。

复审结论为废止的，由国务院标准化行政主管部门通过全国标准信息公共服务平台向社会公开征求意见，征求意见一般不少于六十日。无重大分歧意见或者经协调一致的，由国务院标准化行政主管部门以公告形式废止。

**第四十四条** 国家标准发布后，个别技术要求需要调整、补充或者删减，可以通过修改单进行修改。修改单由国务院有关行政主管部门、有关行业协会或者技术委员会提出，国务院标准化行政主管部门按程序批准后以公告形式发布。国家标准的修改单与标准文本具有同等效力。

## 第四章 附 则

**第四十五条** 《强制性国家标准管理办法》对强制性国家标准的制定、组织实施和监督另有规定的，从其规定。

**第四十六条** 本办法自2023年3月1日起实施。1990年8月24日原国家技术监督局第10号令公布的《国家标准管理办法》同时废止。

# 国家标准样品管理办法

(国家市场监督管理总局 2021年5月31日发布)

## 第一章 总 则

**第一条** 为了加强国家标准样品管理,规范国家标准样品的制作、应用和监督,根据《中华人民共和国标准化法》,制定本办法。

**第二条** 本办法所称标准样品是指以实物形态存在的标准,其规定的特性可以是定量的或定性的,应当具有均匀性、稳定性、准确性和溯源性。

**第三条** 需要在全国范围内统一的标准样品,应当制作国家标准样品。

**第四条** 国家标准样品的制作(包括项目提出、立项、研制、技术评审、编号、批准发布)、应用及监督工作,适用本办法。

**第五条** 国家标准样品的制作应当以国家经济社会发展、科技创新和标准化发展相关战略、规划和政策为依据,以科学技术研究成果和实践经验为基础。

**第六条** 国家标准样品的制作应当坚持通用性原则,鼓励自主技术创新,重点研制战略性新兴产业、重要支柱产业和民生产业等密切关系国计民生的国家标准样品并开展试点示范,促进国家标准样品应用。对技术先进并取得显著效益的国家标准样品以及在标准样品工作中做出显著成绩的单位和个人,按照国家有关规定给予表彰和奖励。

**第七条** 国家标准样品的制作应当积极开展对外交流与合作,广泛推动参与标准样品国际活动和相关国际标准制定,推进国家标准样品国际化。

## 第二章 组织管理

**第八条** 国务院标准化行政主管部门统一管理国家标准样品工作,包括国家标准样品工作的规划、协调、组织管理和对外交流与合作等。

国务院标准化行政主管部门委托专业审评机构评估国家标准样品的立项

申请、审核国家标准样品报批材料。

**第九条** 全国标准样品技术委员会依据《全国专业标准化技术委员会管理办法》的规定，负责国家标准样品的项目提出、组织研制、技术评审和跟踪评估，以及其他技术性工作。

**第十条** 研制单位负责国家标准样品的研制工作，保证国家标准样品的持续有效供应。

## 第三章 立 项

**第十一条** 国务院标准化行政主管部门组织研究国家标准样品立项指南，统一纳入当年国家标准立项指南中公开发布。

**第十二条** 任何社会团体、企业事业组织以及公民均可以向国务院标准化行政主管部门申请开展或者参与国内外标准样品工作，提出国家标准样品项目建议。

**第十三条** 项目建议由全国标准样品技术委员会论证其科学性、必要性和可行性；经全体委员表决通过的，报国务院标准化行政主管部门申请立项。

申请立项应当报送国家标准样品项目建议书、可行性研究报告等有关材料，重点说明下列内容：

（一）项目基本信息；

（二）国际标准化组织、其他国家或者地区相关标准样品研制情况以及国内相关领域标准样品研制情况；

（三）相关技术标准的制定和实施情况；

（四）项目的必要性和可行性；

（五）项目应用范围；

（六）项目主要技术内容和技术路线；

（七）项目进度安排；

（八）项目研制单位相关工作基础和资质条件情况；

（九）需要说明的其他情况。

**第十四条** 研制单位应当具备《标准样品工作导则 第7部分：标准样品生产者能力的通用要求》国家标准规定的技术能力和工作条件。

**第十五条** 专业审评机构组织专家定期对立项申请进行评估。

评估工作原则上每个季度开展一次。评估内容主要包括：

（一）是否符合本办法第二条、第三条、第五条、第六条规定的原则；

（二）是否与相关技术标准制定或实施协调衔接；

（三）是否符合本办法第十三条的要求；

（四）需要评估的其他内容。

**第十六条** 国务院标准化行政主管部门应当将符合本办法第十五条规定的国家标准样品项目向社会公开征求意见，并根据需要征求有关行政主管部门意见。征求意见期限一般不少于10个工作日。紧急情况下可以缩短征求意见期限，但一般不少于5个工作日。

**第十七条** 国务院标准化行政主管部门应当根据征求意见及处理情况，决定是否立项。

决定予以立项的，国务院标准化行政主管部门应当下达国家标准样品项目计划。

决定不予立项的，应当向全国标准样品技术委员会反馈不予立项的理由。

**第十八条** 国家标准样品项目计划原则上不得变更。确需变更的，全国标准样品技术委员会应当向国务院标准化行政主管部门提出申请，经同意后再行变更。

需变更完成时间的项目，应当于项目原完成日期前3个月提出申请，原则上延长时间不得超过一年。

**第十九条** 需复制的国家标准样品，原研制单位应当在国家标准样品到期前3个月通过国家标准样品信息管理系统提出复制申请。超过复制申请提出期限的国家标准样品项目如需再次开展工作，应当按照研制项目的要求重新提出立项申请。

## 第四章　研　　制

**第二十条** 研制国家标准样品应当按照《标准样品工作导则》系列国家标准及相关标准的要求进行。

具有量值的国家标准样品，应溯源至国际基本单位（SI）、国家计量基准标准或其他公认的参考标准。

**第二十一条** 研制国家标准样品应当同时编写国家标准样品研制报告。

研制报告内容应当包括：研制项目策划、原料来源和选取、研制技术路线、样品制备、均匀性和稳定性的研究方法及结果、定值程序的描述、定值方法及检测数据、特性值的赋予、特性值的计量溯源性或特性值的可追溯性（适用时）的描述、不确定度评定、包装贮存条件、有效期以及原始数据和检测报告等。

第二十二条 研制国家标准样品应当同时编写国家标准样品证书。证书内容应当符合《标准样品工作导则 第4部分：标准样品证书、标签和附带文件的内容》国家标准的要求。

## 第五章 技术评审

第二十三条 全国标准样品技术委员会应当成立评审专家组承担国家标准样品送审材料的技术评审。评审专家组应当具有专业性和代表性。研制单位人员不得承担技术评审工作。

在技术评审中对技术指标有异议时，可安排第三方机构进行符合性测试。第三方机构应当具有相关领域较高的技术水平和良好信誉。

评审专家和承担符合性测试工作的第三方机构应当对所接触的技术资料保密。

第二十四条 技术评审主要采取会议形式，必要时增加现场评审。

会议评审内容主要包括：

（一）国家标准样品的研制技术；

（二）均匀性和稳定性的研究方法及结果；

（三）定值方法及数据；

（四）特性值的计量溯源性或特性值的可追溯性（适用时）的描述；

（五）不确定度的评定；

（六）包装储存条件；

（七）需要评审的其他技术内容。

现场评审应当重点审查研制工艺和过程数据的真实性。

评审专家组对上述技术内容进行评审，采取表决方式形成评审结论。评审专家组3/4成员表决同意，方为通过。表决结果应当记入评审结论。

第二十五条 通过技术评审的项目，研制单位形成报批材料，报送全国标准样品技术委员会。报批材料包括：报批公文、研制报告、证书内容、评审会登记表、标准样品实物（照片）、需要报送的其他材料。

研制单位应当对国家标准样品质量及报送材料的真实性、完整性负责。

**第二十六条** 项目报批材料应当由全国标准样品技术委员会提交全体委员表决；经全体委员表决通过的，报国务院标准化行政主管部门。

全国标准样品技术委员会对国家标准样品的技术科学性、程序规范性负责。

**第二十七条** 未通过技术评审的项目，研制单位应当按专家意见整改，由全国标准样品技术委员会适时组织二次技术评审。

二次技术评审仍不能通过的项目，由全国标准样品技术委员会提出项目终止建议，报国务院标准化行政主管部门。

国务院标准化行政主管部门研究确认后，予以终止。

## 第六章　批准发布

**第二十八条** 专业审评机构对报批材料完整性、程序规范性和技术评审情况等审核。

**第二十九条** 国家标准样品由国务院标准化行政主管部门统一批准、编号，以公告形式发布。

国家标准样品的编号由国家标准样品代号（GSB）、分类目录号、顺序号和年代号构成。

复制的国家标准样品编号保留原国家标准样品代号、分类目录号和顺序号，只变更复制批次号和年代号。

**第三十条** 国家标准样品证书应当加盖国务院标准化行政主管部门印章，由全国标准样品技术委员会统一印制。

**第三十一条** 批准发布的国家标准样品基本信息在全国标准信息公共服务平台上公开。

**第三十二条** 国家标准样品的有效期由稳定性研究结果确定，并在国家标准样品证书中明确标注。

批准发布后的国家标准样品，如确需延长有效期，研制单位应当在国家标准样品到期前3个月向全国标准样品技术委员会提出申请。经专家审议后报送国务院标准化行政主管部门审批，并在全国标准信息公共服务平台公布。

延期申请内容应当包括申请延长有效期限内稳定性监测的数据、结果分析及专家意见。

第三十三条 国家标准样品研制过程中形成的相关技术资料，研制单位和全国标准样品技术委员会应当及时归档、妥善保管。

研制单位、应用单位应当按照标准样品工作导则及行业相关规定等对国家标准样品进行储存管理。

## 第七章 应用与监督

第三十四条 标准样品应用于测量系统的校准、测量程序的评估、给其他材料赋值和质量控制。

技术标准规定的技术指标及试验方法需要标准样品相配合才能确保其应用效果在不同时间、空间的一致性时，应当使用国家标准样品。

第三十五条 国务院标准化行政主管部门应当通过全国标准信息公共服务平台接受社会各方对国家标准样品应用情况的意见反馈，并及时反馈全国标准样品技术委员会。

全国标准样品技术委员会应当收集国家标准样品应用情况和存在问题，及时研究处理，并对应用情况进行跟踪评估。

研制单位应当对国家标准样品的质量进行持续监控，做到可追溯，定期向全国标准样品技术委员会报告应用情况。

第三十六条 全国标准样品技术委员会应当根据国家标准样品的应用情况适时组织复验工作，提出继续有效、复制或者废止的结论，并报送国务院标准化行政主管部门。

第三十七条 对于不适应社会发展需要和技术进步需求、不能保证持续供应和有效应用的国家标准样品，国务院标准化行政主管部门应当公开征集，重新组织开展研制工作。

第三十八条 任何单位和个人对国家标准样品的研制和应用有异议的，可以通过全国标准信息公共服务平台向国务院标准化行政主管部门反馈，国务院标准化行政主管部门按职责予以处理。

## 第八章 附 则

第三十九条 本办法由国务院标准化行政主管部门负责解释。

第四十条  本办法自印发之日起施行。行政规范性文件《国家实物标准暂行管理办法》（国标发〔1986〕4号）同时废止。

# 行业标准管理办法

（2023年11月13日国家市场监督管理总局第24次局务会议通过，2023年11月28日国家市场监督管理总局会第86号公布，自2024年6月1日起施行）

第一条  为了加强行业标准管理，根据《中华人民共和国标准化法》，制定本办法。

第二条  行业标准的制定、组织实施及其监督管理，适用本办法。

第三条  行业标准是国务院有关行政主管部门依据其行政管理职责，对没有推荐性国家标准而又需要在全国某个行业范围内统一的技术要求所制定的标准。

行业标准重点围绕本行业领域重要产品、工程技术、服务和行业管理等需求制定。

有下列情形之一的，不应当制定行业标准：

（一）已有推荐性国家标准的；

（二）一般性产品和服务的技术要求；

（三）跨部门、跨行业的技术要求；

（四）用于约束行政主管部门系统内部的工作要求、管理规范等。

第四条  行业标准是推荐性标准。法律、行政法规和国务院决定另有规定的，从其规定。

第五条  制定行业标准应当在科学技术研究成果和社会实践经验的基础上，保证行业标准的科学性、规范性、时效性，做到技术上先进、经济上合理。

第六条  行业标准的技术要求不得低于强制性国家标准的相关要求，并与有关标准协调配套。

禁止在行业标准中规定资质资格、许可认证、审批登记、评比达标、监管主体和职责等事项。

禁止利用行业标准实施妨碍商品、服务自由流通等排除、限制市场竞争的行为。

**第七条** 国务院标准化行政主管部门统一指导、协调、监督行业标准的制定及相关管理工作。国务院标准化行政主管部门建立全国标准信息公共服务平台，支撑行业标准备案、信息公开等工作。

**第八条** 国务院有关行政主管部门统一管理本部门职责范围内的行业标准，负责行业标准制定、实施、复审、监督等管理工作，依法将批准发布的行业标准报国务院标准化行政主管部门备案。

**第九条** 行业标准代号及范围，由国务院标准化行政主管部门依据国务院有关行政主管部门的申请及其职责，审查批准并公布。未经批准公布的行业标准代号不得使用。

**第十条** 在行业标准制定、实施过程中存在争议的，由国务院标准化行政主管部门组织协商；协商不成的报请国务院标准化协调机制解决。

**第十一条** 行业标准由国务院有关行政主管部门制定。制定行业标准的程序一般包括：立项、组织起草、征求意见、技术审查、编号、批准发布、备案。

**第十二条** 行业标准立项前，国务院有关行政主管部门应当组织核查，已有推荐性国家标准或者相关标准立项计划的应当不予立项。

**第十三条** 起草行业标准应当与已有的国家标准、行业标准协调，避免交叉、重复和矛盾。

行业标准征求意见稿应当向社会公开征求意见，期限一般不少于三十日。

外商投资企业依法和内资企业平等参与行业标准制定、修订工作。

**第十四条** 国务院有关行政主管部门应当委托标准化技术委员会或者成立审查专家组对行业标准送审稿开展技术审查，重点审查技术要求的科学性、合理性、适用性、规范性。

标准化技术委员会和专家组应当具有专业性、独立性和广泛代表性。标准起草人员不得承担同一标准的技术审查工作。

已有全国专业标准化技术委员会能够满足行业需求的，不再新增专业领域的行业标准化技术委员会。

**第十五条** 行业标准一般不涉及专利。行业标准中涉及的专利应当是实施该标准必不可少的专利,其管理参照国家标准涉及专利的有关管理规定执行。

第十六条 行业标准确需采用国际标准的,应当符合有关国际组织的版权政策,获得国际标准组织中国成员体同意。以国外标准为基础起草行业标准的,应当符合国外标准发布机构的版权政策。

第十七条 行业标准的编号由行业标准的代号加"/T"、行业标准发布的顺序号和行业标准发布的年份号构成。"/T"表示推荐性标准,顺序号为自然数。

第十八条 行业标准由国务院有关行政主管部门批准发布。行业标准的发布实行公告制度。

第十九条 国务院有关行政主管部门应当自行业标准批准发布之日起六十日内,且在该标准实施日期前,通过全国标准信息公共服务平台等方式向国务院标准化行政主管部门提交备案材料。备案材料应当包括行业标准发布公告和批准发布的标准正式文本。同时发布标准外文版的,备案材料还应当包括行业标准外文版发布公告和批准发布的外文版正式文本。

国务院有关行政主管部门依法推动行业标准公开。鼓励通过全国标准信息公共服务平台公开行业标准文本,供公众查阅。

鼓励行业标准制定部门建立涵盖立项、起草、征求意见、审查、批准发布等环节的信息平台,强化标准制定信息公开和社会监督。

第二十条 行业标准发布后,国务院有关行政主管部门可以委托具有相关出版资质的单位完成标准文本出版工作。

第二十一条 行业标准的发布与实施之间应当留出合理的过渡期。

行业标准发布后实施前,可以选择执行原行业标准或者新行业标准。

新行业标准实施后,原行业标准同时废止。

行业标准在相应的国家标准实施后,应当由国务院有关行政主管部门自行废止。

第二十二条 国务院有关行政主管部门应当组织开展行业标准的宣贯工作,并结合本部门法定职责开展行业标准的推广实施。

第二十三条 国务院有关行政主管部门负责行业标准的解释。行业标准的解释与标准文本具有同等效力。解释发布后,国务院有关行政主管部门应当自发布之日起二十日内在部门门户网站或者部门标准化工作网站公开解释文本,并在全国标准信息公共服务平台公开。

**第二十四条** 行业标准的复审周期一般不超过五年。有下列情形之一的,应当及时复审:

(一)法律、行政法规、部门规章或者国家有关规定发生重大变化的;

(二)相关国家标准、行业标准发生重大变化的;

(三)关键技术、适用条件发生重大变化的;

(四)其他需要及时复审的情形。

国务院有关行政主管部门应当公告复审结论。复审结论分为继续有效、修订、废止三种情形。复审结论为修订的,应当按照本办法规定的行业标准制定程序执行。复审结论为废止的,应当在公告废止前公开征求意见。废止公告应当在全国标准信息公共服务平台公开。

**第二十五条** 国务院有关行政主管部门应当建立行业标准实施信息反馈和评估机制,根据反馈意见和评估情况对行业标准进行复审。

**第二十六条** 国务院有关行政主管部门应当定期对其发布的行业标准开展监督检查,及时纠正行业标准不符合强制性国家标准,与国家标准、其他行业标准重复交叉或者不协调配套,超范围制定以及编号编写不符合规定等问题。

**第二十七条** 国务院标准化行政主管部门定期组织对行业标准开展监督抽查,通报结果。

**第二十八条** 行业标准与国家标准、其他行业标准之间重复交叉或者不协调配套的,国务院标准化行政主管部门应当会同国务院有关行政主管部门,提出整合、修订或者废止行业标准的意见,并由国务院有关行政主管部门负责处理。国务院有关行政主管部门未处理的,由国务院标准化行政主管部门组织协商,协商不成的,报请国务院标准化协调机制解决。

**第二十九条** 国务院有关行政主管部门违反本办法第三条第三款、第六条第一款和第二款、第九条规定的,以及行业标准制定主体、编号、备案或者复审等不符合本办法规定的,国务院标准化行政主管部门要求其说明情况,并限期改正。未按期改正的,由国务院标准化行政主管部门公告废止相关标准。

**第三十条** 违反本办法第六条第三款规定的,按照《中华人民共和国反垄断法》等法律、行政法规的规定处理。

**第三十一条** 国务院标准化行政主管部门和国务院有关行政主管部门应当建立完善行业标准投诉举报处置制度,畅通投诉举报渠道,接受社会监督，及时处理投诉举报。

第三十二条　本办法自2024年6月1日起施行。1990年8月24日原国家技术监督局令第11号公布的《行业标准管理办法》同时废止。

# 农业农村标准化管理办法

（2024年1月10日国家市场监督管理总局令第87号公布　自2024年7月1日起施行）

第一条　为了加强农业农村标准化工作，推进农业农村现代化，根据《中华人民共和国标准化法》，制定本办法。

第二条　本办法所称农业农村标准（含标准样品），是指种植业、林草业、畜牧业和渔业等产业，包括与其直接相关的产前、产中、产后服务，以及农村设施环境、公共服务、乡村治理等领域需要统一的技术要求。

第三条　农业农村标准化工作的任务是农业农村标准的制定、组织实施，以及对标准的制定、实施进行监督。

第四条　农业农村标准化是实现农业农村现代化的一项综合性技术基础工作。农业农村标准化工作应当纳入县级以上地方人民政府国民经济和社会发展规划。

第五条　国务院标准化行政主管部门牵头建立农业农村标准化工作协调机制，统筹协调农业农村标准化重大事项，协调标准制定、实施和监督等工作中的重大问题。

鼓励县级以上地方人民政府标准化行政主管部门牵头建立农业农村标准化协调机制，根据工作需要协调推进本行政区域内农业农村领域重大标准化工作。

第六条　对下列事项中需要统一的技术要求，可以制定农业农村标准（含标准样品）：

（一）农业农村方面的名词术语、符号、分类、代号（含代码）、编码和缩略语，以及通用的指南、方法、管理体系、评价规则等；

（二）作为商品的农产品及其初加工品（以下统称农产品）、农业投入品的品种、规格、质量、等级、安全、环保以及风险评估等；

（三）农产品的种养殖、收获、加工、检验、包装、贮存、运输、交易与利用等产业链全过程中的设备、作业、技术、方法、管理、安全、服务、环保等；

（四）农田、水利、能源、道路、渔港、草原围栏、农产品仓储和流通，动植物原种良种基地、农业防灾减灾、农业生态环境保护等农业基础设施和保障条件；

（五）农村基础设施、公共服务设施、人居环境、生态环境等农村设施环境；

（六）农村公共教育、医疗卫生、文化体育、社会保障等农村公共服务；

（七）治安防控、矛盾调解、乡风文明、村务管理等乡村治理；

（八）其他需要统一技术要求的事项。

**第七条** 农业农村标准制定应当符合下列要求：

（一）有利于推动国家标准化及农业农村有关法律、法规、政策有效实施，解决农业农村领域突出共性问题；

（二）有利于提高农产品质量和效率，提升乡村治理能力，做到技术先进、经济合理、简约适用；

（三）有利于合理利用资源，保护生态环境，提高经济社会效益；

（四）根据农业生产全生命周期验证结果，合理确定标准指标参数及数值范围；

（五）充分考虑产地环境和区域特点，因地制宜确定标准技术内容，做到切实可行；

（六）广泛吸纳有关新型农业经营主体、农村基层组织和村民自治组织等利益相关方参与。

**第八条** 对农产品、农业投入品的生产、加工、流通和使用过程中保障人身健康和生命财产安全、国家安全、生态环境安全，以及满足农村经济社会管理基本需要的技术要求，应当制定强制性国家标准。

**第九条** 对满足基础通用、与强制性国家标准配套或者对农业农村发展起引领作用等需要的技术要求，可以制定推荐性国家标准。对尚在发展中，需要引导其发展或者具有标准化价值的农业农村技术要求，可以制定为国家标准化指导性技术文件。

对没有推荐性国家标准、需要在农业农村领域内统一的技术要求，可以制定行业标准。

为满足农业产地环境、气候条件、风俗习惯、乡村治理等需要统一的特殊技术要求，可以制定地方标准。农业投入品及一般性农产品质量、检测方法原则上不制定地方标准。

**第十条** 鼓励依法成立的社会团体，根据市场需求和创新发展需要，制定农业农村团体标准。对于术语、分类、量值、符号等基础通用方面的内容，应当遵守国家标准、行业标准、地方标准，农业农村团体标准一般不予另行规定。

农业农村团体标准技术要求不得低于强制性国家标准规定。

禁止利用团体标准实施妨碍农产品、农业投入品和服务自由流通等排除、限制市场竞争的行为。

**第十一条** 鼓励有关单位参与国际标准化组织（ISO）、世界动物卫生组织（WOAH）、国际植物保护公约（IPPC）、国际食品法典委员会（CAC）、经济合作与发展组织（OECD）等标准化活动，开展标准化对外合作与交流，参与制定国际标准，结合国情采用国际标准，提升我国标准与国际标准的一致性。鼓励涉及国际贸易的农产品和农业投入品、适宜对外传播推广的农业经验技术同步制定标准外文版。

**第十二条** 鼓励县级以上地方人民政府标准化行政主管部门联合农业农村有关行政主管部门，综合运用文字、图片、音视频等多种形式，采用信息化等手段，加强标准宣贯，因地制宜推动农业农村标准实施与应用。

**第十三条** 农业农村强制性国家标准必须执行。不符合强制性标准的农产品、农业投入品、农村经济社会管理和有关服务，不得生产、销售、进口或者提供。

**第十四条** 鼓励在农业产业政策制定、农业技术推广、农产品质量安全监督、乡村建设等工作中应用农业农村标准。

鼓励县级以上地方人民政府搭建区域性农业农村标准化服务平台，普及标准化知识、解读农业农村标准、推广标准化经验，支持农业标准化生产和农村标准化建设与治理。

**第十五条** 县级以上地方人民政府应当支持开展农业农村标准化试点示范工作，传播标准化理念，验证标准有效性，探索标准化经验，树立标准化标杆，推动农业农村领域标准化建设、生产、经营、管理和服务。

鼓励县级以上地方人民政府标准化行政主管部门和农业农村有关行政主管部门联合开展试点示范项目建设督导和评估验收。

第十六条　鼓励有关单位和个人向县级以上人民政府标准化行政主管部门、农业农村有关行政主管部门反馈农业农村标准实施情况。有关部门根据反馈情况，组织对其制定的相关标准开展复审，作出标准继续有效、修订或者废止结论，提高农业农村标准的先进性和适用性。

第十七条　鼓励有关单位将农业农村标准与计量、认证认可、检验检测、知识产权、质量管理或者品牌培育等手段融合运用。

第十八条　鼓励标准化服务机构开展农业农村领域标准化研究、培训、咨询或者评估等，服务农业农村标准制定、实施和应用。

第十九条　县级以上人民政府标准化行政主管部门、有关行政主管部门依据法定职责，对农业农村标准的制定进行指导和监督，对农业农村标准的实施进行监督检查。

第二十条　鼓励县级以上人民政府建立各类人才参与农业农村标准化工作的激励机制，将农业农村标准纳入科技成果奖励范围，支持符合规定的农业农村标准项目申报科学技术奖励。

第二十一条　本办法自2024年7月1日起施行。1991年2月26日原国家技术监督局第19号令公布的《农业标准化管理办法》同时废止。

# 地方标准管理办法

（2019年12月23日经国家市场监督管理总局2019年第18次局务会议审议通过，2020年1月16日国家市场监督管理总局令第26号公布，自2020年3月1日起施行）

第一条　为了加强地方标准管理，根据《中华人民共和国标准化法》，制定本办法。

第二条　地方标准的制定、组织实施及其监督管理，适用本办法。

法律、行政法规和国务院决定另有规定的，依照其规定。

**第三条** 为满足地方自然条件、风俗习惯等特殊技术要求，省级标准化行政主管部门和经其批准的设区的市级标准化行政主管部门可以在农业、工业、服务业以及社会事业等领域制定地方标准。

地方标准为推荐性标准。

**第四条** 制定地方标准应当遵循开放、透明、公平的原则，有利于科学合理利用资源，推广科学技术成果，做到技术上先进、经济上合理。

**第五条** 地方标准的技术要求不得低于强制性国家标准的相关技术要求，并做到与有关标准之间的协调配套。

禁止通过制定产品质量及其检验方法地方标准等方式，利用地方标准实施妨碍商品、服务自由流通等排除、限制市场竞争的行为。

**第六条** 国务院标准化行政主管部门统一指导、协调、监督全国地方标准的制定及相关管理工作。

县级以上地方标准化行政主管部门依据法定职责承担地方标准管理工作。

**第七条** 省级标准化行政主管部门应当组织标准化技术委员会，承担地方标准的起草、技术审查工作。设区的市级标准化行政主管部门应当发挥标准化技术委员会作用，承担地方标准的起草、技术审查工作。

未组织标准化技术委员会的，应当成立专家组，承担地方标准的起草、技术审查工作。

标准化技术委员会和专家组应当具有专业性、独立性和广泛代表性。承担起草工作的人员不得承担技术审查工作。

**第八条** 社会团体、企业事业组织以及公民可以向设区的市级以上地方标准化行政主管部门或者有关行政主管部门提出地方标准立项建议。

设区的市级以上地方标准化行政主管部门应当将收到的立项建议通报同级有关行政主管部门。

**第九条** 设区的市级以上地方有关行政主管部门可以根据收到的立项建议和本行政区域的特殊需要，向同级标准化行政主管部门提出地方标准立项申请。

**第十条** 设区的市级以上地方标准化行政主管部门应当对有关行政主管部门、企业事业组织、社会团体、消费者和教育、科研机构等方面的实际需求进行调查，对制定地方标准的必要性、可行性进行论证评估，并对立项申请是否符合地方标准的制定事项范围进行审查。

**第十一条** 设区的市级以上地方标准化行政主管部门应当根据论证评估、调查结果以及审查意见，制定地方标准立项计划。

地方标准立项计划应当明确项目名称、提出立项申请的行政主管部门、起草单位、完成时限等。

**第十二条** 起草单位应当对地方标准相关事项进行调查分析、实验、论证。有关技术要求需要进行试验验证的，应当委托具有相应能力的技术单位开展。

**第十三条** 起草单位应当征求有关行政主管部门以及企业事业组织、社会团体、消费者组织和教育、科研机构等方面意见，并在设区的市级以上地方标准化行政主管部门门户网站向社会公开征求意见。公开征求意见的期限不少于三十日。

**第十四条** 起草单位应当根据各方意见对地方标准进行修改完善后，与编制说明、有关行政主管部门意见、征求意见采纳情况等材料一并报送标准化行政主管部门技术审查。

**第十五条** 设区的市级以上地方标准化行政主管部门应当组织对地方标准的下列事项进行技术审查：

（一）是否符合地方标准的制定事项范围；

（二）技术要求是否不低于强制性国家标准的相关技术要求，并与有关标准协调配套；

（三）是否妥善处理分歧意见；

（四）需要技术审查的其他事项。

**第十六条** 起草单位应当将根据技术审查意见修改完善的地方标准，与技术审查意见处理情况及本办法第十四条规定的需要报送的其他材料一并报送立项的标准化行政主管部门审核。

**第十七条** 设区的市级以上地方标准化行政主管部门应当组织对地方标准报批稿及相关材料进行审核，对报送材料齐全、制定程序规范的地方标准予以批准、编号。

**第十八条** 地方标准的编号，由地方标准代号、顺序号和年代号三部分组成。

省级地方标准代号，由汉语拼音字母"DB"加上其行政区划代码前两位数字组成。市级地方标准代号，由汉语拼音字母"DB"加上其行政区划代码前四位数字组成。

**第十九条** 地方标准发布前，提出立项申请的行政主管部门认为相关技术要求存在重大问题或者出现重大政策性变化的，可以向标准化行政主管部门提出项目变更或者终止建议。

标准化行政主管部门可以根据有关行政主管部门的建议等，作出项目变更或者终止决定。

**第二十条** 地方标准由设区的市级以上地方标准化行政主管部门发布。

**第二十一条** 设区的市级以上地方标准化行政主管部门应当自地方标准发布之日起二十日内在其门户网站和标准信息公共服务平台上公布其制定的地方标准的目录及文本。

**第二十二条** 地方标准应当自发布之日起六十日内由省级标准化行政主管部门向国务院标准化行政主管部门备案。备案材料应当包括发布公告及地方标准文本。

国务院标准化行政主管部门应当将其备案的地方标准通报国务院有关行政主管部门。

**第二十三条** 县级以上地方标准化行政主管部门和有关行政主管部门应当依据法定职责，对地方标准的实施进行监督检查。

**第二十四条** 设区的市级以上地方标准化行政主管部门应当建立地方标准实施信息反馈和评估机制，并根据反馈和评估情况，对其制定的地方标准进行复审。

地方标准复审周期一般不超过五年，但有下列情形之一的，应当及时复审：

（一）法律、法规、规章或者国家有关规定发生重大变化的；

（二）涉及的国家标准、行业标准、地方标准发生重大变化的；

（三）关键技术、适用条件发生重大变化的；

（四）应当及时复审的其他情形。

**第二十五条** 复审地方标准的，设区的市级以上地方标准化行政主管部门应当征求同级有关行政主管部门以及企业事业组织、社会团体、消费者组织和教育、科研机构等方面意见，并根据有关意见作出地方标准继续有效、修订或者废止的复审结论。

复审结论为修订地方标准的，应当按照本办法规定的地方标准制定程序执行。复审结论为废止地方标准的，应当公告废止。

**第二十六条** 地方标准的技术要求低于强制性国家标准的相关技术要求

的，应当及时改正；拒不改正的，由国务院标准化行政主管部门公告废止相关标准；由有权机关对负有责任的领导人员和直接责任人员依法给予处分。

地方标准未依照本办法规定进行编号或者备案的，由国务院标准化行政主管部门要求其说明情况，并限期改正；拒不改正的，由国务院标准化行政主管部门撤销相关标准编号或者公告废止未备案标准；由有权机关对负有责任的领导人员和直接责任人员依法给予处分。

地方标准未依照本办法规定进行复审的，由国务院标准化行政主管部门要求其说明情况，并限期改正；拒不改正的，由有权机关对负有责任的领导人员和直接责任人员依法给予处分。

利用地方标准实施排除、限制市场竞争行为的，按照《中华人民共和国反垄断法》等法律、行政法规的有关规定处理。

地方标准的制定事项范围或者制定主体不符合本办法规定的，由上一级标准化行政主管部门责令限期改正；拒不改正的，公告废止相关标准。

**第二十七条** 对经济和社会发展具有重大推动作用的地方标准，可以按照地方有关规定申报科学技术奖励。

**第二十八条** 本办法所称日为公历日。

**第二十九条** 本办法自2020年3月1日起施行。1990年9月6日原国家技术监督局令第15号公布的《地方标准管理办法》同时废止。

# 团体标准管理规定

（国家标准化管理委员会、民政部制定了《团体标准管理规定》，并经国务院标准化协调推进部际联席会议第五次全体会议审议通过，2019年1月9日发布。）

## 第一章 总 则

**第一条** 为规范、引导和监督团体标准化工作，根据《中华人民共和国标准化法》，制定本规定。

**第二条** 团体标准的制定、实施和监督适用本规定。

**第三条** 团体标准是依法成立的社会团体为满足市场和创新需要，协调相关市场主体共同制定的标准。

**第四条** 社会团体开展团体标准化工作应当遵守标准化工作的基本原理、方法和程序。

**第五条** 国务院标准化行政主管部门统一管理团体标准化工作。国务院有关行政主管部门分工管理本部门、本行业的团体标准化工作。

县级以上地方人民政府标准化行政主管部门统一管理本行政区域内的团体标准化工作。县级以上地方人民政府有关行政主管部门分工管理本行政区域内本部门、本行业的团体标准化工作。

**第六条** 国家实行团体标准自我声明公开和监督制度。

**第七条** 鼓励社会团体参与国际标准化活动，推进团体标准国际化。

## 第二章 团体标准的制定

**第八条** 社会团体应当依据其章程规定的业务范围进行活动，规范开展团体标准化工作，应当配备熟悉标准化相关法律法规、政策和专业知识的工作人员，建立具有标准化管理协调和标准研制等功能的内部工作部门，制定相关的管理办法和标准知识产权管理制度，明确团体标准制定、实施的程序和要求。

**第九条** 制定团体标准应当遵循开放、透明、公平的原则，吸纳生产者、经营者、使用者、消费者、教育科研机构、检测及认证机构、政府部门等相关方代表参与，充分反映各方的共同需求。支持消费者和中小企业代表参与团体标准制定。

**第十条** 制定团体标准应当有利于科学合理利用资源，推广科学技术成果，增强产品的安全性、通用性、可替换性，提高经济效益、社会效益、生态效益，做到技术上先进，经济上合理。

制定团体标准应当在科学技术研究成果和社会实践经验总结的基础上，深入调查分析，进行实验、论证，切实做到科学有效、技术指标先进。

禁止利用团体标准实施妨碍商品、服务自由流通等排除、限制市场竞争的行为。

**第十一条** 团体标准应当符合相关法律法规的要求，不得与国家有关产业政策相抵触。

对于术语、分类、量值、符号等基础通用方面的内容应当遵守国家标准，行业标准，地方标准，团体标准一般不予另行规定。

**第十二条** 团体标准的技术要求不得低于强制性标准的相关技术要求。

**第十三条** 制定团体标准应当以满足市场和创新需要为目标，聚焦新技术，新产业，新业态和新模式，填补标准空白。

国家鼓励社会团体制定高于推荐性标准相关技术要求的团体标准；鼓励制定具有国际领先水平的团体标准。

**第十四条** 制定团体标准的一般程序包括:提案、立项、起草、征求意见、技术审查、批准、编号、发布、复审。

征求意见应当明确期限，一般不少于30日。涉及消费者权益的，应当向社会公开征求意见，并对反馈意见进行处理协调。

技术审查原则上应当协商一致。如需表决，不少于出席会议代表人数的3/4同意方为通过。起草人及其所在单位的专家不能参加表决。

团体标准应当按照社会团体规定的程序批准，以社会团体文件形式予以发布。

**第十五条** 团体标准的编写参照GB/T1.1《标准化工作导则第1部分:标准的结构和编写》的规定执行。

团体标准的封面格式应当符合要求，具体格式见附件。

**第十六条** 社会团体应当合理处置团体标准中涉及的必要专利问题，应当及时披露相关专利信息，获得专利权人的许可声明。

**第十七条** 团体标准编号依次由团体标准代号、社会团体代号、团体标准顺序号和年代号组成。社会团体代号由社会团体自主拟定，团体标准编号方法如下：T/×××　×××—××××，其中T为团体标准代号，第一个×××为社会团体代号，第二个×××为团体标准顺序号，××××为年代号。社会团体代号由社会团体自主拟定，可使用大写拉丁字母或大写拉丁字母与阿拉伯数字的组合。社会团体代号应当合法，不得与现有标准代号重复。

**第十八条** 社会团体应当公开其团体标准的名称、编号、发布文件等基本信息。团体标准涉及专利的，还应当公开标准涉及专利的信息。鼓励社会团体公开其团体标准的全文或主要技术内容。

**第十九条** 社会团体应当自我声明其公开的团体标准符合法律法规和强制性标准的要求，符合国家有关产业政策，并对公开信息的合法性、真实性负责。

第二十条　国家鼓励社会团体通过标准信息公共服务平台自我声明公开其团体标准信息。

社会团体到标准信息公共服务平台上自我声明公开信息的，需提供社会团体法人登记证书、开展团体标准化工作的内部工作部门及工作人员信息、团体标准制定和修订程序等相关文件，并自我承诺对以上材料的合法性，真实性负责。

第二十一条　标准信息公共服务平台应当提供便捷有效的服务，方便用户和消费者查询团体标准信息，为政府部门监督管理提供支撑。

第二十二条　社会团体应当合理处置团体标准涉及的著作权问题，及时处理团体标准的著作权归属，明确相关著作权的处置规则、程序和要求。

第二十三条　鼓励社会团体之间开展团体标准化合作，共同研制或发布标准。

第二十四条　鼓励标准化研究机构充分发挥技术优势，面向社会团体开展标准研制、标准化人员培训、标准化技术咨询等服务。

## 第三章　团体标准的实施

第二十五条　团体标准由本团体成员约定采用或者按照本团体的规定供社会自愿采用。

第二十六条　社会团体自行负责其团体标准的推广与应用。社会团体可以通过自律公约的方式推动团体标准的实施。

第二十七条　社会团体自愿向第三方机构申请开展团体标准化良好行为评价。

团体标准化良好行为评价应当按照团体标准化系列国家标准（GB/T 20004）开展，并向社会公开评价结果。

第二十八条　团体标准实施效果良好，且符合国家标准，行业标准或地方标准制定要求的，团体标准发布机构可以申请转化为国家标准，行业标准或地方标准。

第二十九条　鼓励各部门、各地方在产业政策制定、行政管理、政府采购、社会管理、检验检测、认证认可、招投标等工作中应用团体标准。

第三十条　鼓励各部门、各地方将团体标准纳入各级奖项评选范围。

## 第四章　团体标准的监督

**第三十一条**　社会团体登记管理机关责令限期停止活动的社会团体，在停止活动期间不得开展团体标准化活动。

**第三十二条**　县级以上人民政府标准化行政主管部门、有关行政主管部门依据法定职责，对团体标准的制定进行指导和监督，对团体标准的实施进行监督检查。

**第三十三条**　对于已有相关社会团体制定了团体标准的行业，国务院有关行政主管部门结合本行业特点，制定相关管理措施，明确本行业团体标准发展方向、制定主体能力、推广应用、实施监督等要求，加强对团体标准制定和实施的指导和监督。

**第三十四条**　任何单位或者个人有权对不符合法律法规、强制性标准、国家有关产业政策要求的团体标准进行投诉和举报。

**第三十五条**　社会团体应主动回应影响较大的团体标准相关社会质疑，对于发现确实存在问题的，要及时进行改正。

**第三十六条**　标准化行政主管部门、有关行政主管部门应当向社会公开受理举报、投诉的电话、信箱或者电子邮件地址，并安排人员受理举报，投诉。

对举报、投诉，标准化行政主管部门和有关行政主管部门可采取约谈、调阅材料、实地调查、专家论证、听证等方式进行调查处理。相关社会团体应当配合有关部门的调查处理。

对于全国性社会团体，由国务院有关行政主管部门依据职责和相关政策要求进行调查处理，督促相关社会团体妥善解决有关问题；如需社会团体限期改正的，移交国务院标准化行政主管部门。对于地方性社会团体，由县级以上人民政府有关行政主管部门对本行政区域内的社会团体依据职责和相关政策开展调查处理，督促相关社会团体妥善解决有关问题；如需限期改正的，移交同级人民政府标准化行政主管部门。

**第三十七条**　社会团体制定的团体标准不符合强制性标准规定的，由标准化行政主管部门责令限期改正；逾期不改正的，由省级以上人民政府标准化行政主管部门废止相关团体标准，并在标准信息公共服务平台上公示，同时向社会团体登记管理机关通报，由社会团体登记管理机关将其违规行为纳入社会团体信用体系。

第三十八条　社会团体制定的团体标准不符合"有利于科学合理利用资源，推广科学技术成果，增强产品的安全性、通用性、可替换性，提高经济效益、社会效益、生态效益，做到技术上先进、经济上合理"的，由标准化行政主管部门责令限期改正；逾期不改正的，由省级以上人民政府标准化行政主管部门废止相关团体标准，并在标准信息公共服务平台上公示。

第三十九条　社会团体未依照本规定对团体标准进行编号的，由标准化行政主管部门责令限期改正；逾期不改正的，由省级以上人民政府标准化行政主管部门撤销相关标准编号，并在标准信息公共服务平台上公示。

第四十条　利用团体标准实施排除、限制市场竞争行为的，依照《中华人民共和国反垄断法》等法律、行政法规的规定处理。

## 第五章　附　　则

第四十一条　本规定由国务院标准化行政主管部门负责解释。

第四十二条　本规定自发布之日起实施。

第四十三条　《团体标准管理规定（试行）》自本规定发布之日起废止。

# 企业标准化促进办法

（2023年8月31日国家市场监督管理总局令第83号公布　自2024年1月1日起施行）

第一条　为了引导企业加强标准化工作，提升企业标准化水平，提高产品和服务质量，推动高质量发展，根据《中华人民共和国标准化法》，制定本办法。

第二条　企业标准的制定、公开以及企业标准化的促进、服务及其监督管理等工作，适用本办法。

**第三条** 企业标准是企业对企业范围内需要协调、统一的技术要求、管理要求和工作要求所制定的标准。

**第四条** 企业标准化工作应当坚持政府引导、企业主体、创新驱动、质量提升的原则。

**第五条** 企业标准化工作的基本任务是执行标准化法律、法规和标准化纲要、规划、政策；实施和参与制定国家标准、行业标准、地方标准和团体标准，反馈标准实施信息；制定和实施企业标准；完善企业标准体系，引导员工自觉参与执行标准，对标准执行情况进行内部监督，持续改进标准的实施及相关标准化技术活动等。

鼓励企业建立健全标准化工作制度，配备专兼职标准化人员，在生产、经营和管理中推广应用标准化方法，开展标准化宣传培训，提升标准化能力，参与国际标准制定。

**第六条** 县级以上人民政府标准化行政主管部门、有关行政主管部门应当按照职责分工，加强对企业标准化工作的指导和监督，完善政策措施，形成合力推进的工作机制。

**第七条** 企业应当依据标准生产产品和提供服务。

强制性标准必须执行，企业不得生产、销售、进口或者提供不符合强制性标准的产品、服务。鼓励企业执行推荐性标准。

企业生产产品和提供服务没有相关标准的，应当制定企业标准。

**第八条** 制定企业标准应当符合法律法规和强制性标准要求。

制定企业标准应当有利于提高经济效益、社会效益、质量效益和生态效益，做到技术上先进、经济上合理。

鼓励企业对标国际标准和国内外先进标准，基于创新技术成果和良好实践经验，制定高于推荐性标准相关技术要求的企业标准，支撑产品质量和服务水平提升。

**第九条** 企业标准制定程序一般包括立项、起草、征求意见、审查、批准发布、复审、废止。

**第十条** 企业在制定标准时，需要参考或者引用材料的，应当符合国家关于知识产权的有关规定。

参考或者引用国际标准和国内外标准的，应当符合版权的有关规定。

**第十一条** 鼓励企业整合产业链、供应链、创新链资源，联合制定企业标准。

第十二条　企业制定的产品或者服务标准应当明确试验方法、检验方法或者评价方法。

试验方法、检验方法或者评价方法应当引用相应国家标准、行业标准或者国际标准。没有相应标准的，企业可以自行制定试验方法、检验方法或者评价方法。企业自行制定的试验方法、检验方法或者评价方法，应当科学合理、准确可靠。

第十三条　企业提供产品或者服务所执行的企业标准应当按照统一的规则进行编号。企业标准的编号依次由企业标准代号、企业代号、顺序号、年份号组成。

企业标准代号为"Q"，企业代号可以用汉语拼音字母或者阿拉伯数字或者两者兼用组成。

与其他企业联合制定的企业标准，以企业标准形式各自编号、发布。

第十四条　国家实行企业标准自我声明公开和监督制度。企业应当公开其提供产品或者服务所执行的强制性标准、推荐性标准、团体标准或者企业标准的编号和名称。

企业执行自行制定或者联合制定企业标准的，应当公开产品、服务的功能指标和产品的性能指标及对应的试验方法、检验方法或者评价方法。法律、法规、强制性国家标准对限制商品过度包装另有规定的，企业应当按照有关规定公开其采用的包装标准。

企业公开的功能指标和性能指标项目少于或者低于推荐性标准的，应当在自我声明公开时进行明示。

企业生产的产品、提供的服务，应当符合企业公开标准的技术要求。

第十五条　企业应当在提供产品或者服务前，完成执行标准信息的自我声明公开。委托加工生产产品或者提供服务的，由委托方完成执行标准信息的自我声明公开。

企业执行标准发生变化时，应当及时对自我声明公开的内容进行更新。企业办理注销登记后，应当对有关企业标准予以废止。

第十六条　鼓励企业通过国家统一的企业标准信息公共服务平台进行自我声明公开。

通过其他渠道进行自我声明公开的，应当在国家统一的企业标准信息公共服务平台明示公开渠道，并确保自我声明公开的信息可获取、可追溯和防篡改。

**第十七条** 国家建立标准创新型企业制度。鼓励企业构建技术、专利、标准联动创新体系。

**第十八条** 县级以上人民政府标准化行政主管部门、有关行政主管部门应当支持企业参加专业标准化技术组织,鼓励企业参与制定国家标准、行业标准、地方标准或者团体标准。

**第十九条** 国家鼓励企业开展标准实施效果评价,向国家标准、行业标准、地方标准、团体标准的制定机构反馈标准实施信息。

企业研制新产品、改进产品,进行技术改造的,应当对其制定的相关企业标准进行评估和更新。

**第二十条** 县级以上人民政府标准化行政主管部门、有关行政主管部门应当支持企业开展标准化试点示范项目建设,鼓励企业标准化良好行为创建,树立行业发展标杆。

**第二十一条** 国家实施企业标准"领跑者"制度,推动拥有自主创新技术、先进技术、取得良好实施效益的企业标准成为行业的"领跑者"。

**第二十二条** 国家实施标准融资增信制度。鼓励社会资本以市场化方式建立支持企业标准创新的专项基金,鼓励和支持金融机构给予标准化水平高的企业信贷支持,支持符合条件的企业开展标准交易、标准质押等活动。

**第二十三条** 国家鼓励企业对照国际标准和国外先进标准,持续开展对标达标活动,提高企业质量竞争水平。

**第二十四条** 县级以上人民政府标准化行政主管部门、有关行政主管部门应当支持企业参与国际标准化交流与合作,鼓励企业参加国际标准组织技术机构工作、参与国际标准制定。

**第二十五条** 国家鼓励企业、高等学校、科研机构和社会团体等开展标准化专业技术服务工作,提升标准化服务的社会化、市场化水平,服务企业标准化工作。

**第二十六条** 国家鼓励高等学校、科研机构等单位开设标准化课程或者专业,加强企业标准化人才教育。

县级以上人民政府标准化行政主管部门、有关行政主管部门应当引导企业完善标准化人才培养机制。

**第二十七条** 县级以上人民政府标准化行政主管部门、有关行政主管部门按照有关规定加大对具有自主创新技术、起到引领示范作用、产生明显经济社会效益的企业标准奖励力度。支持将先进企业标准纳入科学技术奖励范围。

对在标准化工作中做出显著成绩的企业和个人，按照有关规定给予表彰和奖励。

第二十八条　县级以上人民政府标准化行政主管部门、有关行政主管部门以"双随机、一公开"监管方式，依法对企业提供产品或者服务所执行的标准进行监督检查。对于特殊重点领域可以开展专项监督检查。

第二十九条　企业在监督检查中拒绝提供信息或者提供不实信息的，责令改正；拒不改正的，由县级以上人民政府标准化行政主管部门进行通报或者公告。

第三十条　企业未公开其提供产品和服务执行标准的，由县级以上人民政府标准化行政主管部门责令限期改正；逾期不改正的，在企业标准信息公共服务平台上公示。

第三十一条　企业制定的企业标准不符合本办法第八条第一款、第八条第二款、第十二条规定的，由县级以上人民政府标准化行政主管部门责令限期改正；逾期不改正的，由省级以上人民政府标准化行政主管部门废止该企业标准，在企业标准信息公共服务平台上公示。

第三十二条　企业制定的企业标准不符合本办法第十三条规定的，由县级以上人民政府标准化行政主管部门责令限期改正；逾期不改正的，由省级以上人民政府标准化行政主管部门撤销相关标准编号，并在企业标准信息公共服务平台上公示。

第三十三条　企业自我声明公开不符合本办法第十四条、第十五条、第十六条规定的，由县级以上人民政府标准化行政主管部门责令限期改正；逾期不改正的，在企业标准信息公共服务平台上公示。

第三十四条　企业在开展标准制定、自我声明公开等工作中存在本办法规定的其他违法行为的，依据法律、行政法规的有关规定处理。法律、行政法规没有规定的，县级以上人民政府标准化行政主管部门可以通过发送警示函、约谈等方式，督促其改正；逾期不改正的，在企业标准信息公共服务平台上公示。

第三十五条　法律、行政法规对企业标准化工作另有规定的，从其规定。

第三十六条　本办法自2024年1月1日起施行。1990年8月24日原国家技术监督局令第13号公布的《企业标准化管理办法》同时废止。

# 国家标准化发展纲要

（2021年10月由中共中央、国务院印发，要求各地区各部门结合实际认真贯彻落实）

标准是经济活动和社会发展的技术支撑，是国家基础性制度的重要方面。标准化在推进国家治理体系和治理能力现代化中发挥着基础性、引领性作用。新时代推动高质量发展、全面建设社会主义现代化国家，迫切需要进一步加强标准化工作。为统筹推进标准化发展，制定本纲要。

**一、总体要求**

（一）指导思想。以习近平新时代中国特色社会主义思想为指导，深入贯彻党的十九大和十九届二中、三中、四中、五中全会精神，按照统筹推进"五位一体"总体布局和协调推进"四个全面"战略布局要求，坚持以人民为中心的发展思想，立足新发展阶段、贯彻新发展理念、构建新发展格局，优化标准化治理结构，增强标准化治理效能，提升标准国际化水平，加快构建推动高质量发展的标准体系，助力高技术创新，促进高水平开放，引领高质量发展，为全面建成社会主义现代化强国、实现中华民族伟大复兴的中国梦提供有力支撑。

（二）发展目标

到2025年，实现标准供给由政府主导向政府与市场并重转变，标准运用由产业与贸易为主向经济社会全域转变，标准化工作由国内驱动向国内国际相互促进转变，标准化发展由数量规模型向质量效益型转变。标准化更加有效推动国家综合竞争力提升，促进经济社会高质量发展，在构建新发展格局中发挥更大作用。

——全域标准化深度发展。农业、工业、服务业和社会事业等领域标准全覆盖，新兴产业标准地位凸显，健康、安全、环境标准支撑有力，农业标准化生产普及率稳步提升，推动高质量发展的标准体系基本建成。

——标准化水平大幅提升。共性关键技术和应用类科技计划项目形成标准研究成果的比率达到50%以上，政府颁布标准与市场自主制定标准结构更加优化，国家标准平均制定周期缩短至18个月以内，标准数字化程度不断提高，标准化的经济效益、社会效益、质量效益、生态效益充分显现。

——标准化开放程度显著增强。标准化国际合作深入拓展，互利共赢的国际标准化合作伙伴关系更加密切，标准化人员往来和技术合作日益加强，标准信息更大范围实现互联共享，我国标准制定透明度和国际化环境持续优化，国家标准与国际标准关键技术指标的一致性程度大幅提升，国际标准转化率达到85%以上。

——标准化发展基础更加牢固。建成一批国际一流的综合性、专业性标准化研究机构，若干国家级质量标准实验室，50个以上国家技术标准创新基地，形成标准、计量、认证认可、检验检测一体化运行的国家质量基础设施体系，标准化服务业基本适应经济社会发展需要。

到2035年，结构优化、先进合理、国际兼容的标准体系更加健全，具有中国特色的标准化管理体制更加完善，市场驱动、政府引导、企业为主、社会参与、开放融合的标准化工作格局全面形成。

**二、推动标准化与科技创新互动发展**

（三）加强关键技术领域标准研究。在人工智能、量子信息、生物技术等领域，开展标准化研究。在两化融合、新一代信息技术、大数据、区块链、卫生健康、新能源、新材料等应用前景广阔的技术领域，同步部署技术研发、标准研制与产业推广，加快新技术产业化步伐。研究制定智能船舶、高铁、新能源汽车、智能网联汽车和机器人等领域关键技术标准，推动产业变革。适时制定和完善生物医学研究、分子育种、无人驾驶等领域技术安全相关标准，提升技术领域安全风险管理水平。

（四）以科技创新提升标准水平。建立重大科技项目与标准化工作联动机制，将标准作为科技计划的重要产出，强化标准核心技术指标研究，重点支持基础通用、产业共性、新兴产业和融合技术等领域标准研制。及时将先进适用科技创新成果融入标准，提升标准水平。对符合条件的重要技术标准按规定给予奖励，激发全社会标准化创新活力。

（五）健全科技成果转化为标准的机制。完善科技成果转化为标准的评价机制和服务体系，推进技术经理人、科技成果评价服务等标准化工作。完善标准必要专利制度，加强标准制定过程中的知识产权保护，促进创新成果产业化应用。完善国家标准化技术文件制度，拓宽科技成果标准化渠道。将标准研制融入共性技术平台建设，缩短新技术、新工艺、新材料、新方法标准研制周期,加快成果转化应用步伐。

**三、提升产业标准化水平**

(六)筑牢产业发展基础。加强核心基础零部件(元器件)、先进基础工艺、关键基础材料与产业技术基础标准建设,加大基础通用标准研制应用力度。开展数据库等方面标准攻关,提升标准设计水平,制定安全可靠、国际先进的通用技术标准。

(七)推进产业优化升级。实施高端装备制造标准化强基工程,健全智能制造、绿色制造、服务型制造标准,形成产业优化升级的标准群,部分领域关键标准适度领先于产业发展平均水平。完善扩大内需方面的标准,不断提升消费品标准和质量水平,全面促进消费。推进服务业标准化、品牌化建设,健全服务业标准,重点加强食品冷链、现代物流、电子商务、物品编码、批发零售、房地产服务等领域标准化。健全和推广金融领域科技、产品、服务与基础设施等标准,有效防范化解金融风险。加快先进制造业和现代服务业融合发展标准化建设,推行跨行业跨领域综合标准化。建立健全大数据与产业融合标准,推进数字产业化和产业数字化。

(八)引领新产品新业态新模式快速健康发展。实施新产业标准化领航工程,开展新兴产业、未来产业标准化研究,制定一批应用带动的新标准,培育发展新业态新模式。围绕食品、医疗、应急、交通、水利、能源、金融等领域智慧化转型需求,加快完善相关标准。建立数据资源产权、交易流通、跨境传输和安全保护等标准规范,推动平台经济、共享经济标准化建设,支撑数字经济发展。健全依据标准实施科学有效监管机制,鼓励社会组织应用标准化手段加强自律、维护市场秩序。

(九)增强产业链供应链稳定性和产业综合竞争力。围绕生产、分配、流通、消费,加快关键环节、关键领域、关键产品的技术攻关和标准研制应用,提升产业核心竞争力。发挥关键技术标准在产业协同、技术协作中的纽带和驱动作用,实施标准化助力重点产业稳链工程,促进产业链上下游标准有效衔接,提升产业链供应链现代化水平。

(十)助推新型基础设施提质增效。实施新型基础设施标准化专项行动,加快推进通信网络基础设施、新技术基础设施、算力基础设施等信息基础设施系列标准研制,协同推进融合基础设施标准研制,建立工业互联网标准,制定支撑科学研究、技术研发、产品研制的创新基础设施标准,促进传统基础设施转型升级。

**四、完善绿色发展标准化保障**

（十一）建立健全碳达峰、碳中和标准。加快节能标准更新升级，抓紧修订一批能耗限额、产品设备能效强制性国家标准，提升重点产品能耗限额要求，扩大能耗限额标准覆盖范围，完善能源核算、检测认证、评估、审计等配套标准。加快完善地区、行业、企业、产品等碳排放核查核算标准。制定重点行业和产品温室气体排放标准，完善低碳产品标准标识制度。完善可再生能源标准，研究制定生态碳汇、碳捕集利用与封存标准。实施碳达峰、碳中和标准化提升工程。

（十二）持续优化生态系统建设和保护标准。不断完善生态环境质量和生态环境风险管控标准，持续改善生态环境质量。进一步完善污染防治标准，健全污染物排放、监管及防治标准，筑牢污染排放控制底线。统筹完善应对气候变化标准，制定修订应对气候变化减缓、适应、监测评估等标准。制定山水林田湖草沙多生态系统质量与经营利用标准，加快研究制定水土流失综合防治、生态保护修复、生态系统服务与评价、生态承载力评估、生态资源评价与监测、生物多样性保护及生态效益评估与生态产品价值实现等标准，增加优质生态产品供给，保障生态安全。

（十三）推进自然资源节约集约利用。构建自然资源统一调查、登记、评价、评估、监测等系列标准，研究制定土地、矿产资源等自然资源节约集约开发利用标准，推进能源资源绿色勘查与开发标准化。以自然资源资产清查统计和资产核算为重点，推动自然资源资产管理体系标准化。制定统一的国土空间规划技术标准，完善资源环境承载能力和国土空间开发适宜性评价机制。制定海洋资源开发保护标准，发展海洋经济，服务陆海统筹。

（十四）筑牢绿色生产标准基础。建立健全土壤质量及监测评价、农业投入品质量、适度规模养殖、循环型生态农业、农产品食品安全、监测预警等绿色农业发展标准。建立健全清洁生产标准，不断完善资源循环利用、产品绿色设计、绿色包装和绿色供应链、产业废弃物综合利用等标准。建立健全绿色金融、生态旅游等绿色发展标准。建立绿色建造标准，完善绿色建筑设计、施工、运维、管理标准。建立覆盖各类绿色生活设施的绿色社区、村庄建设标准。

（十五）强化绿色消费标准引领。完善绿色产品标准，建立绿色产品分类和评价标准，规范绿色产品、有机产品标识。构建节能节水、绿色采购、垃圾分类、制止餐饮浪费、绿色出行、绿色居住等绿色生活标准。分类建立绿色公共机构评价标准，合理制定消耗定额和垃圾排放指标。

**五、加快城乡建设和社会建设标准化进程**

（十六）推进乡村振兴标准化建设。强化标准引领，实施乡村振兴标准化行动。加强高标准农田建设，加快智慧农业标准研制，加快健全现代农业全产业链标准，加强数字乡村标准化建设，建立农业农村标准化服务与推广平台，推进地方特色产业标准化。完善乡村建设及评价标准，以农村环境监测与评价、村容村貌提升、农房建设、农村生活垃圾与污水治理、农村卫生厕所建设改造、公共基础设施建设等为重点，加快推进农村人居环境改善标准化工作。推进度假休闲、乡村旅游、民宿经济、传统村落保护利用等标准化建设，促进农村一、二、三产业融合发展。

（十七）推动新型城镇化标准化建设。研究制定公共资源配置标准，建立县城建设标准、小城镇公共设施建设标准。研究制定城市体检评估标准，健全城镇人居环境建设与质量评价标准。完善城市生态修复与功能完善、城市信息模型平台、建设工程防灾、更新改造及海绵城市建设等标准。推进城市设计、城市历史文化保护传承与风貌塑造、老旧小区改造等标准化建设，健全街区和公共设施配建标准。建立智能化城市基础设施建设、运行、管理、服务等系列标准，制定城市休闲慢行系统和综合管理服务等标准，研究制定新一代信息技术在城市基础设施规划建设、城市管理、应急处置等方面的应用标准。健全住房标准，完善房地产信息数据、物业服务等标准。推动智能建造标准化，完善建筑信息模型技术、施工现场监控等标准。开展城市标准化行动，健全智慧城市标准，推进城市可持续发展。

（十八）推动行政管理和社会治理标准化建设。探索开展行政管理标准建设和应用试点，重点推进行政审批、政务服务、政务公开、财政支出、智慧监管、法庭科学、审判执行、法律服务、公共资源交易等标准制定与推广，加快数字社会、数字政府、营商环境标准化建设，完善市场要素交易标准，促进高标准市场体系建设。强化信用信息采集与使用、数据安全和个人信息保护、网络安全保障体系和能力建设等领域标准的制定实施。围绕乡村治理、综治中心、网格化管理，开展社会治理标准化行动，推动社会治理标准化创新。

（十九）加强公共安全标准化工作。坚持人民至上、生命至上，实施公共安全标准化筑底工程，完善社会治安、刑事执法、反恐处突、交通运输、安全生产、应急管理、防灾减灾救灾标准，织密筑牢食品、药品、农药、粮食能源、水资源、生物、物资储备、产品质量、特种设备、劳动防护、消防、矿山、建筑、网络等领域安全标准网,提升洪涝干旱、森林草原火灾、地质灾害、地震等自然灾害防御工程标准,加强重大工程和各类基础设施的数据共享标准建设,提高保障人民群众生命财产安全水平。加快推进重大疫情防控救治、国家应急救援等领域标准建设,抓紧完善国家重大安全风险应急保障标准。构建多部门多区域多系统快速联动、统一高效的公共安全标准化协同机制,推进重大标准制定实施。

(二十)推进基本公共服务标准化建设。围绕幼有所育、学有所教、劳有所得、病有所医、老有所养、住有所居、弱有所扶等方面,实施基本公共服务标准体系建设工程,重点健全和推广全国统一的社会保险经办服务、劳动用工指导和就业创业服务、社会工作、养老服务、儿童福利、残疾人服务、社会救助、殡葬公共服务以及公共教育、公共文化体育、住房保障等领域技术标准,使发展成果更多更公平惠及全体人民。

(二十一)提升保障生活品质的标准水平。围绕普及健康生活、优化健康服务、倡导健康饮食、完善健康保障、建设健康环境、发展健康产业等方面,建立广覆盖、全方位的健康标准。制定公共体育设施、全民健身、训练竞赛、健身指导、线上和智能赛事等标准,建立科学完备、门类齐全的体育标准。开展养老和家政服务标准化专项行动,完善职业教育、智慧社区、社区服务等标准,加强慈善领域标准化建设。加快广播电视和网络视听内容融合生产、网络智慧传播、终端智能接收、安全智慧保障等标准化建设,建立全媒体传播标准。提高文化旅游产品与服务、消费保障、公园建设、景区管理等标准化水平。

**六、提升标准化对外开放水平**

(二十二)深化标准化交流合作。履行国际标准组织成员国责任义务,积极参与国际标准化活动。积极推进与共建"一带一路"国家在标准领域的对接合作,加强金砖国家、亚太经合组织等标准化对话,深化东北亚、亚太、泛美、欧洲、非洲等区域标准化合作,推进标准信息共享与服务,发展互利共赢的标准化合作伙伴关系。联合国际标准组织成员,推动气候变化、可持续城市和社区、清洁饮水与卫生设施、动植物卫生、绿色金融、数字领域等国际标准制定,分享我国标准化经验,积极参与民生福祉、性别平等、优质教育等国际标准化活动,助力联合国可持续发展目标实现。支持发展中国家提升利用标准化实现可持续发展的能力。

（二十三）强化贸易便利化标准支撑。持续开展重点领域标准比对分析，积极采用国际标准，大力推进中外标准互认，提高我国标准与国际标准的一致性程度。推出中国标准多语种版本，加快大宗贸易商品、对外承包工程等中国标准外文版编译。研究制定服务贸易标准，完善数字金融、国际贸易单一窗口等标准。促进内外贸质量标准、检验检疫、认证认可等相衔接，推进同线同标同质。创新标准化工作机制，支撑构建面向全球的高标准自由贸易区网络。

（二十四）推动国内国际标准化协同发展。统筹推进标准化与科技、产业、金融对外交流合作，促进政策、规则、标准联通。建立政府引导、企业主体、产学研联动的国际标准化工作机制。实施标准国际化跃升工程，推进中国标准与国际标准体系兼容。推动标准制度型开放，保障外商投资企业依法参与标准制定。支持企业、社会团体、科研机构等积极参与各类国际性专业标准组织。支持国际性专业标准组织来华落驻。

## 七、推动标准化改革创新

（二十五）优化标准供给结构。充分释放市场主体标准化活力，优化政府颁布标准与市场自主制定标准二元结构，大幅提升市场自主制定标准的比重。大力发展团体标准，实施团体标准培优计划，推进团体标准应用示范，充分发挥技术优势企业作用，引导社会团体制定原创性、高质量标准。加快建设协调统一的强制性国家标准，筑牢保障人身健康和生命财产安全、生态环境安全的底线。同步推进推荐性国家标准、行业标准和地方标准改革，强化推荐性标准的协调配套，防止地方保护和行业垄断。建立健全政府颁布标准采信市场自主制定标准的机制。

（二十六）深化标准化运行机制创新。建立标准创新型企业制度和标准融资增信制度，鼓励企业构建技术、专利、标准联动创新体系，支持领军企业联合科研机构、中小企业等建立标准合作机制，实施企业标准领跑者制度。建立国家统筹的区域标准化工作机制，将区域发展标准需求纳入国家标准体系建设，实现区域内标准发展规划、技术规则相互协同，服务国家重大区域战略实施。持续优化标准制定流程和平台、工具，健全企业、消费者等相关方参与标准制定修订的机制，加快标准升级迭代，提高标准质量水平。

（二十七）促进标准与国家质量基础设施融合发展。以标准为牵引，统筹布局国家质量基础设施资源，推进国家质量基础设施统一建设、统一管理，健全国家质量基础设施一体化发展体制机制。强化标准在计量量子化、检验检测智能化、认证市场化、认可全球化中的作用,通过人工智能、大数据、区块链等新一代信息技术的综合应用,完善质量治理,促进质量提升。强化国家质量基础设施全链条技术方案提供,运用标准化手段推动国家质量基础设施集成服务与产业价值链深度融合。

(二十八)强化标准实施应用。建立法规引用标准制度、政策实施配套标准制度,在法规和政策文件制定时积极应用标准。完善认证认可、检验检测、政府采购、招投标等活动中应用先进标准机制,推进以标准为依据开展宏观调控、产业推进、行业管理、市场准入和质量监管。健全基于标准或标准条款订立、履行合同的机制。建立标准版权制度、呈缴制度和市场自主制定标准交易制度,加大标准版权保护力度。按照国家有关规定,开展标准化试点示范工作,完善对标达标工作机制,推动企业提升执行标准能力,瞄准国际先进标准提高水平。

(二十九)加强标准制定和实施的监督。健全覆盖政府颁布标准制定实施全过程的追溯、监督和纠错机制,实现标准研制、实施和信息反馈闭环管理。开展标准质量和标准实施第三方评估,加强标准复审和维护更新。健全团体标准化良好行为评价机制。强化行业自律和社会监督,发挥市场对团体标准的优胜劣汰作用。有效实施企业标准自我声明公开和监督制度,将企业产品和服务符合标准情况纳入社会信用体系建设。建立标准实施举报、投诉机制,鼓励社会公众对标准实施情况进行监督。

**八、夯实标准化发展基础**

(三十)提升标准化技术支撑水平。加强标准化理论和应用研究,构建以国家级综合标准化研究机构为龙头,行业、区域和地方标准化研究机构为骨干的标准化科技体系。发挥优势企业在标准化科技体系中的作用。完善专业标准化技术组织体系,健全跨领域工作机制,提升开放性和透明度。建设若干国家级质量标准实验室、国家标准验证点和国家产品质量检验检测中心。有效整合标准技术、检测认证、知识产权、标准样品等资源,推进国家技术标准创新基地建设。建设国家数字标准馆和全国统一协调、分工负责的标准化公共服务平台。发展机器可读标准、开源标准,推动标准化工作向数字化、网络化、智能化转型。

(三十一)大力发展标准化服务业。完善促进标准、计量、认证认可、检验检测等标准化相关高技术服务业发展的政策措施,培育壮大标准化服务业市场主体,鼓励有条件地区探索建立标准化服务业产业集聚区,健全标准化服务评价机制和标准化服务业统计分析报告制度。鼓励标准化服务机构面向中小微企业实际需求，整合上下游资源，提供标准化整体解决方案。大力发展新型标准化服务工具和模式，提升服务专业化水平。

（三十二）加强标准化人才队伍建设。将标准化纳入普通高等教育、职业教育和继续教育，开展专业与标准化教育融合试点。构建多层次从业人员培养培训体系，开展标准化专业人才培养培训和国家质量基础设施综合教育。建立健全标准化领域人才的职业能力评价和激励机制。造就一支熟练掌握国际规则、精通专业技术的职业化人才队伍。提升科研人员标准化能力，充分发挥标准化专家在国家科技决策咨询中的作用，建设国家标准化高端智库。加强基层标准化管理人员队伍建设，支持西部地区标准化专业人才队伍建设。

（三十三）营造标准化良好社会环境。充分利用世界标准日等主题活动，宣传标准化作用，普及标准化理念、知识和方法，提升全社会标准化意识，推动标准化成为政府管理、社会治理、法人治理的重要工具。充分发挥标准化社会团体的桥梁和纽带作用，全方位、多渠道开展标准化宣传，讲好标准化故事。大力培育发展标准化文化。

## 九、组织实施

（三十四）加强组织领导。坚持党对标准化工作的全面领导。进一步完善国务院标准化协调推进部际联席会议制度，健全统一、权威、高效的管理体制和工作机制，强化部门协同、上下联动。各省（自治区、直辖市）要建立健全标准化工作协调推进领导机制，将标准化工作纳入政府绩效评价和政绩考核。各地区各有关部门要将本纲要主要任务与国民经济和社会发展规划有效衔接、同步推进，确保各项任务落到实处。

（三十五）完善配套政策。各地区各有关部门要强化金融、信用、人才等政策支持，促进科技、产业、贸易等政策协同。按照有关规定开展表彰奖励。发挥财政资金引导作用，积极引导社会资本投入标准化工作。完善标准化统计调查制度，开展标准化发展评价，将相关指标纳入国民经济和社会发展统计。建立本纲要实施评估机制，把相关结果作为改进标准化工作的重要依据。重大事项及时向党中央、国务院请示报告。

# 贯彻实施《国家标准化发展纲要》行动计划（2024—2025年）

（市场监管总局、中央网信办、国家发展改革委、科技部、工业和信息化部、公安部、民政部、自然资源部、住房城乡建设部、交通运输部、水利部、农业农村部、商务部、国家卫生健康委、应急管理部、中国人民银行、国务院国资委、全国工商联2024年3月18日发布）

为扎实推动《国家标准化发展纲要》（以下简称纲要）深入实施，锚定2025年发展目标，明确未来两年重点工作，有序推进全域标准化深度发展，着力提升标准化发展水平，稳步扩大标准制度型开放，不断夯实标准化发展基础，使标准化在加快构建新发展格局、推动经济社会高质量发展中发挥更大作用，制定本行动计划。

一、加强标准化与科技创新互动

（一）强化关键技术领域标准攻关。在集成电路、半导体材料、生物技术、种质资源、特种橡胶，以及人工智能、智能网联汽车、北斗规模应用等关键领域集中攻关，加快研制一批重要技术标准。强化基础软件、工业软件、应用软件标准体系建设，尽快出台产业急需标准。建立健全数据跨境传输和安全等标准。实施信息化标准建设行动，瞄准下一代互联网技术演进路线等新场景升级，强化区块链和分布式记账技术标准体系建设，开展6G、IPv6、区块链、分布式数字身份分发等核心标准研究。[国家发展改革委、工业和信息化部、科技部、国家卫生健康委、中央网信办、农业农村部、市场监管总局（国家标准委）、国家数据局牵头，各有关部门和地方人民政府有关主管部门按职责分工负责。以下均需地方人民政府有关主管部门负责，不再列出］

（二）完善科技成果标准转化机制。出台推动标准化与科技创新互动发展的指导意见。完善重大科技项目与标准化工作的联动机制，在科技计划项目中统筹设置标准研究任务和考核目标，推动项目立项与标准研制同步部署、同步进行、同步完成。健全科技成果转化为标准的评价指标体系和服务机制,以标准引领科技成果转化成生产力。推动将标准纳入科技奖励范畴。完善标准与专利协同政策。制定实施国家标准化指导性技术文件管理办法,加快前沿技术成果标准化进程。强化标准研制融入国家技术创新中心等共性技术平台建设,缩短标准研制周期。强化下一代互联网、元宇宙、合成生物等新兴领域标准化预研究,加快建设标准化项目研究组。建立共性关键技术和应用类科技计划项目产出国家标准立项预评审绿色通道,推动形成标准研究成果的比率达到50%以上。〔科技部、市场监管总局(国家标准委)牵头,中央网信办、国家知识产权局、中国科学院、中国工程院等按职责分工负责〕

## 二、提升现代化产业标准化水平

(三)健全产业基础标准体系。制定和修订精密减速器、高端轴承、车规级汽车芯片等核心基础零部件(元器件)共性技术标准,推动解决产品高性能、高可靠性、长寿命等关键问题。强化粉末床熔融等增材制造工艺标准研制,健全元器件封装及固化、新型显示薄膜封装等电子加工基础工艺标准。推动高端金属材料、新型高分子材料和电子专用材料标准制定。加快补齐研发设计、生产制造等工业软件标准短板。制定和修订一批工业基础标准,助推产业基础高级化。〔工业和信息化部、市场监管总局(国家标准委)牵头,各有关部门和单位按职责分工负责〕

(四)强化产业融合标准制定。围绕数字技术与实体经济深度融合,加快研制物联网、大数据、云计算等新兴技术与传统产业融合相关标准,健全标准体系,推动传统制造业标准提档升级,完善企业技术改造标准。实施高端装备制造标准化强基工程,持续完善信息化和工业化融合标准体系,围绕产业链供应链稳定、大中小企业融通、绿色降碳等关键领域,加快技术应用、模式创新、分级分类、测试评价、互联互通等数字化转型关键急需标准制定和修订,有序推进企业实施数字化转型标准。深化智能制造等标准应用试点,推动矿山、冶金、石化、机械、纺织等传统产业智能化转型升级。围绕先进制造业和现代服务业融合,健全服务型制造标准体系,强化个性化定制共享制造、全生命周期管理、总集成总承包等服务型制造标准制定。围绕金融和实体经济融合,重点研制普惠金融、跨境金融服务、数字金融、风险防控等标准,防范化解金融风险,有效服务实体经济发展。〔中央网信办、工业和信息化部、中国人民银行、市场监管总局(国家标准委)、金融监管

总局、中国证监会、国家数据局、国家矿山安监局等按职责分工负责〕

（五）推动产品和服务消费标准升级。实施加强消费品标准化建设行动，加快大宗消费品标准升级迭代，建立健全消费品质量分级标准体系，推动产品和服务消费体验标准研制，以提高技术、能耗、排放等标准为牵引，推动大规模设备更新和消费品以旧换新。制定支持协调统一的智能家居标准，完善智能家电、电动家具家居用品标准体系。健全消费类电子产品标准体系，促进多品种、多品牌智能电子产品、移动通信终端产品、可穿戴设备等产品的互联互通。持续强化纺织服装、鞋类箱包、家居装饰装修产品强制性国家标准与配套推荐性标准制定和修订。重点完善"适老宜小"产品安全和质量标准，加大智能产品、功能性产品等新兴消费品标准供给。完善充电桩、电动汽车、动力电池等标准，加快大功率直流充电系列标准实施应用，研究制定充电桩安全强制性国家标准。加大现代服务业标准制定和修订，加快现代物流、跨境电子商务、共享经济、联程联运等领域的标准研制。研制基于平台经济的大宗物资和散装商品编码等商贸、交通出行、物流等相关标准，促进传统服务业转型升级。推动文化和旅游领域服务标准制定和修订，促进服务消费。健全体育标准，制定并完善群众健身、冰雪运动、体育赛事、体育场所、体育用品等标准。〔市场监管总局（国家标准委）、工业和信息化部牵头，国家发展改革委、住房城乡建设部、交通运输部、商务部、文化和旅游部、体育总局、国家能源局等按职责分工负责〕

（六）加快产业创新标准引领。实施新产业标准化领航工程，围绕新一代信息技术、新能源、新材料、高端装备、新能源汽车、绿色环保、民用航空、城市轨道交通、船舶与海洋工程装备、安全应急装备等产业领域，紧盯产业发展趋势，适度超前研制相关标准，以标准引领产业创新发展。聚焦脑机接口、量子信息、生成式人工智能、元宇宙等领域，前瞻布局未来产业标准研究。持续开展国家高新技术产业标准化试点示范，强化产业创新发展标准化示范引领。〔工业和信息化部、科技部、市场监管总局（国家标准委）牵头，中央网信办、交通运输部、国家卫生健康委、国家能源局、国家数据局、中国民航局等按职责分工负责〕

（七）完善产业链配套标准链。实施标准化助力重点产业稳链工程，健全工业母机、新型显示等重要产业链标准体系，组建工业母机等重点产业链标准化联合工作组，同步推动技术攻关和标准研制。发挥龙头企业作用，联合产业链上下游产学研用相关方面和专精特新中小企业，聚焦产业链供应链急需，加快研制配套标准。加强产业链上下游标准化技术组织联络联动，推动上下游各环节各领域标准体系有效衔接，提升产业链供应链韧性和安全水平。建成国家高端装备制造业标准化试点50个，引领制造业重点产业链优化升级。［工业和信息化部、市场监管总局（国家标准委）牵头，各有关部门和单位按职责分工负责］

（八）加强新型基础设施标准建设。实施新型基础设施标准化专项行动，在移动通信网、固定宽带网、空间信息、新型数据中心等信息基础设施重点领域，持续推进基础标准和应用标准研制，加快健全标准体系，为新型基础设施建设、运营和安全提供技术保障。充分发挥新一代信息技术快速迭代优势，聚焦工业互联网、车联网、国土空间规划实施监测网络等融合基础设施重点领域，加快标准研制，释放新型基础设施效能。［工业和信息化部、中央网信办、国家发展改革委、市场监管总局（国家标准委）牵头，自然资源部、住房城乡建设部、交通运输部、国家能源局、国家数据局等按职责分工负责］

**三、完善绿色发展标准化保障**

（九）持续健全碳达峰碳中和标准体系。加快健全重点行业企业碳排放核算和报告标准，加快研制产品碳足迹核算基础通用国家标准，制定和修订碳排放核查程序、人员和机构标准，推动钢铁、铝、塑料、动力电池等重点产品碳排放强度、碳足迹等基础共性标准研制。鼓励企业积极参与碳足迹核算相关国际标准制定。稳步提升重点行业能耗和用能产品能效标准指标，加快新兴领域节能标准制定和修订，重点完善能耗计算、能效检测、节能评估等配套标准。强化清洁能源利用，加快氢能全产业链标准供给，完善新型储能标准体系。超前布局碳捕集利用与封存标准研究制定，促进关键技术标准与科技研发、示范推广协同推进。制定陆地和海洋生态系统碳汇监测核算、省级温室气体清单标准，健全农业农村减排固碳标准体系，制定水土保持碳汇标准。［国家发展改革委、科技部、工业和信息化部、自然资源部、生态环境部、交通运输部、水利部、农业农村部、市场监管总局（国家标准委）、国家能源局、国家林草局等按职责分工负责］

（十）加强生态环境保护与恢复标准研制。加快推进美丽中国建设重点领域标准规范制定修订。进一步完善大气、水、土壤、噪声、海洋、化学品、新污染物等污染防治标准，制定饮用水水源环境质量标准，健全入河入海排污口监督管理技术标准体系，研制20项家用电器、车辆、船舶、通用机械等产品噪声相关标准。完善生物多样性调查、评估与监测标准体系,加快制定外来入侵物种防控与管理标准,开展农业生态环境监测、保护与修复等标准研制。进一步完善地下水保护、利用、治理标准体系。开展全国生态状况调查评估等技术规范编制。推动山水林田湖草沙冰多生态系统质量监测评价标准化建设,研制一体化保护、修复、成效评估等相关指南,加快红树林、滨海湿地等生态修复相关标准制定和修订。建立健全生态环境分区管控技术标准体系,完善环境影响评价标准体系。加强生态保护红线生态环境监督标准制定和应用,推进以国家公园为主体的自然保护地体系国家标准制定和修订工作。研究制定生态环境规划与管理标准。完善生态环境损害鉴定评估标准体系。加强气候变化监测、预估、气候风险评估、气候变化适应等相关标准研究制定和应用。加强射电天文台、气象雷达站、卫星测控(导航站)、机场等重点领域电磁环境保护要求国家标准制定和修订。[工业和信息化部、自然资源部、生态环境部、交通运输部、水利部、农业农村部、市场监管总局(国家标准委)、中国气象局、国家林草局等按职责分工负责]

(十一)推进自然资源节约集约利用标准建设。加快推动国土空间规划基础通用类标准制定,研究制定国土空间规划相关评估标准,逐步建设覆盖规划编制管理全流程的相关标准。健全完善自然资源分等定级价格评估标准体系,开展耕地(土壤)资源质量调查评价与监测、质量抽检等标准研制。完善基础性地质调查和战略性矿产资源调查标准。开展海洋地质调查评价、海洋渔业资源调查标准制定和修订,完善海域使用、海岛开发利用等海洋资源资产监测标准,重点推进海水淡化与综合利用、海洋可再生能源利用、海洋生物资源等标准研制。完善集蓄雨水、矿坑(井)水、微咸水等非常规水源开发利用标准。[国家发展改革委、自然资源部、住房城乡建设部、水利部、农业农村部、市场监管总局(国家标准委)、国家能源局等按职责分工负责]

(十二)推动生产方式绿色低碳转型。建立健全农业绿色发展标准,加强绿色投入品、农业节水标准制定和修订,不断加强秸秆、畜禽粪污、农药包装废弃物等农业废弃物循环利用标准研制。制定和修订高耗水工业用水定额标准。加强工业企业减污降碳、节能节水节材、资源综合利用、绿色工厂、绿色工业园区、绿色供应链、产品绿色设计等标准研制,探索研究数字赋能工业绿色低碳转型标准,研制尾矿、煤矸石、冶炼渣、磷石膏等产业废弃物综合利用标准。实施清洁生产评价指标体系编制通则,健全清洁生产标准体系,开展60项循环经济标准化试点示范建设。制定和修订建筑垃圾资源化利用等标准。加快完善绿色采购、绿色流通、绿色评定等绿色供应链评价标准。完善绿色金融标准,引领产业绿色转型升级。〔国家发展改革委、工业和信息化部、生态环境部、住房城乡建设部、交通运输部、水利部、农业农村部、商务部、中国人民银行、市场监管总局(国家标准委)、金融监管总局、中国证监会等按职责分工负责〕

(十三)强化生活方式绿色低碳引领。持续扩大绿色产品评价标准覆盖范围,修订绿色产品评价通则。完善食品化妆品、快递物流等限制商品过度包装标准。深入实施制止餐饮浪费等国家标准。制定和修订生活垃圾分类和处理相关标准。研究制定高耗水服务业用水定额标准。建立学校、绿色场馆等评价标准,推广应用绿色医院建筑评价标准,推动公共机构绿色转型。〔国家发展改革委、教育部、工业和信息化部、住房城乡建设部、交通运输部、水利部、商务部、国家卫生健康委、市场监管总局(国家标准委)、国管局等按职责分工负责〕

**四、推进城乡建设和社会建设标准化发展**

(十四)实施乡村振兴标准化行动。夯实保障粮食安全标准基础,建立健全种业振兴、高标准农田建设、耕地质量建设保护、农作物病虫害监测防控、农田水利管护、农资质量和基础设施标准。优化农产品质量安全标准,加强智慧农业、设施农业、农产品全过程质量控制、农产品质量分等分级标准制定和修订。健全现代农业全产业链标准体系,制定农产品品牌评价、主要粮油作物农业社会化服务、农产品减损增效及乡村旅游标准。制定和修订农业领域标准700项,农业高质量发展标准体系基本建立。强化数字乡村、乡村房屋和基础设施建设,农村供水工程建设和管理,村级综合服务设施和无障碍设施标准制定。加快农村改厕、生活污水、垃圾治理、村庄绿化保洁照明等农村人居环境整治标准建设。创建国家农业标准化示范区100个、国家现代农业全产业链标准化示范基地300个。〔农业农村部、市场监管总局(国家标准委)、住房城乡建设部牵头,中央网信办、自然资源部、生态环境部、水利部、文化和旅游部、国家卫生健康委、国家粮食和储备局、国家林草局等按职责分工负责〕

(十五)推进新型城镇化标准化发展。开展城市标准化行动,研究制定城市体检评估标准,完善城市更新相关标准,推进城市设计、城市生态修复、城市历史文化保护传承与风貌塑造、老旧小区改造等领域标准化建设。

推动建立城市运行管理服务平台标准体系,加强城市基础设施运行与监测、城市综合管理与监督、城市公共服务系统建设与评价等领域标准制定实施。加强城市交通标准体系建设,提升规划建设运营协同衔接水平。健全海绵城市、宜居城市、公园城市等城镇人居环境领域标准。持续深化标准国际化创新型城市创建,开展30个城市标准化创新综合试点。[住房城乡建设部、市场监管总局(国家标准委)牵头,自然资源部、生态环境部、交通运输部、国家数据局等按职责分工负责]

(十六)提升行政管理标准化效能。完善行政管理和政务服务标准体系框架,健全行政许可、政务服务中心、全国一体化政务服务平台、政务服务事项办理、便民热线运行等领域标准,加强行政审批、政务服务线上线下融合、机关事务管理等领域标准实施应用。研究制定政务移动互联网应用程序评估评价标准。[中央网信办、市场监管总局(国家标准委)、国管局等按职责分工负责]加快推动公共资源交易、公平竞争、执法监管、知识产权等领域标准化建设,推进经营主体信用监管标准体系建设,健全全国统一的信用监管规则和标准,维护公平竞争的市场秩序。持续推进基层市场监管所标准化规范化建设。[国家发展改革委、司法部、市场监管总局(国家标准委)、国家知识产权局等按职责分工负责]

(十七)强化社会治理标准化工作力度。实施社会治理标准化行动,制定实施社会治安防控、乡村治理、网络空间治理等领域相关标准。建设社会管理和公共服务综合标准化试点100项以上,推动社会治理标准实施应用。加强机构治理领域标准化前瞻研究和统筹协调,推动组织治理、合规管理等领域国内国际标准同步研制和转化。开展网络安全应急能力评估、数据安全风险评估、数据交易服务安全、关键信息基础设施安全评估、个人信息安全合规审计、人工智能安全治理、网络身份认证基础设施等标准研制,推动建设关键信息基础设施领域国家标准验证点,提升网络与数据安全治理效能。[中央网信办、国家发展改革委、工业和信息化部、公安部、市场监管总局(国家标准委)、国家数据局等按职责分工负责]

(十八)实施公共安全标准化筑底工程。加快城镇燃气、危险化学品、烟花爆竹、石油天然气开采、粉尘防爆、危险作业、特种设备、个体防护装备以及事故调查统计等安全领域强制性标准制定和修订,建立紧急状态下公共安全标准快速转化和发布机制。[市场监管总局(国家标准委)、应急管理部牵头,各有关部门和单位按职责分工负责]加强应急预案管理、风险监测预警、灾害应急响应、应急避难场所、灭火和应急救援作战训练与装备、森林草原消防装备、救灾和应急物资保障等领域标准研制。[公安部、交通运输部、水利部、应急管理部、市场监管总局（国家标准委）、中国气象局、国家矿山安监局、国家消防救援局、中国地震局等按职责分工负责]健全大型活动安全、爆炸物品管理等标准，完善法庭科学、道路交通管理和执法办案管理中心标准体系，推动建设法庭科学领域国家标准验证点。[工业和信息化部、公安部、司法部、市场监管总局（国家标准委）等按职责分工负责]加快安全防范视频监控系统要求、视频编解码技术、视频图像分析、边界安全交互等标准研制，为公共安全视频监控建设提供技术支撑。推动建立生物安全标准体系。[中央网信办、工业和信息化部、公安部、国家卫生健康委等按职责分工负责]

（十九）实施基本公共服务标准体系建设工程。健全基础教育、就业创业、基本养老服务、公共文化体育、残疾人服务等领域标准。推动基本公共服务标准化试点经验共享，在京津冀、长三角、粤港澳等重点区域树立一批示范标杆。[国家发展改革委、财政部、市场监管总局（国家标准委）牵头，教育部、民政部、人力资源社会保障部、文化和旅游部、体育总局、中国残联等部门按职责分工负责]加强医疗器械风险管理、质量管理等基础标准研制，健全高端医疗器械标准体系，推进医用机器人、新型生物医用材料、分子诊断技术等新兴领域医疗器械标准研制，完善高风险传染性疾病诊断、防护医疗器械标准体系。推动公共卫生标准体系升级改造，加快公共场所卫生、公共环境健康调查监测等标准制定实施。进一步完善中医药标准体系，推进中医病证诊断、临床疗效评价等标准制定和修订。推动建立医疗保障标准体系。[工业和信息化部、国家卫生健康委、市场监管总局（国家标准委）、国家医保局、国家中医药局、国家疾控局、国家药监局等按职责分工负责]

（二十）推进养老和家政服务标准化专项行动。升级养老和家政服务标准体系，开展居家养老服务、老年助餐、认知障碍照护、婴幼儿照护等托育服务、家政电商标准制定和修订。建设养老和家政服务领域标准化试点示范项目80个，强化养老、家政服务标准实施应用。[民政部、商务部、市场监管总局（国家标准委）牵头，各有关部门和单位按职责分工负责]制定和修订50项适老化改造国家标准，推动家居环境、交通出行、社区服务、康复辅助器具等标准适老化升级，为老年人创造更加舒适便利的环境。[交通运输

部、民政部、工业和信息化部、市场监管总局（国家标准委）牵头，文化和旅游部、国家卫生健康委、中国残联等按职责分工负责］

**五、实施标准国际化跃升工程**

（二十一）拓展国际标准化合作伙伴关系。积极践行开放包容、共同合作的国际标准化理念，发展互利共赢的标准化合作伙伴关系。持续完善多双边合作机制，加强世界贸易组织框架下标准合作，不断深化东北亚、亚太、欧洲、东盟等区域标准化合作，进一步拓展与非洲、泛美、海湾阿拉伯国家、大洋洲等区域和国家的标准化合作关系，加强金砖国家、亚太经合组织、上合组织、区域全面经济伙伴关系协定等框架下的标准化交流与合作。［市场监管总局（国家标准委）牵头，中央网信办、外交部、国家发展改革委、教育部、科技部、工业和信息化部、民政部、商务部、国家知识产权局、国家国际发展合作署、全国工商联等按职责分工负责］

（二十二）深化共建"一带一路"标准联通。推动共建"一带一路"标准应用示范项目建设，与共建国家开展人员交流培训，以标准化合作促进产业和经贸合作。加强与共建"一带一路"国家的标准化战略对接和重点领域标准互认，进一步完善"一带一路"共建国家标准信息平台，开展标准化信息交流，为共建国家提供标准信息服务。鼓励国内企事业单位在国际贸易、海外工程建设、技术交流合作过程中，加强与共建国家在技术层面的标准合作。［市场监管总局（国家标准委）牵头，外交部、国家发展改革委、商务部、国务院国资委、国家国际发展合作署等按职责分工负责］

（二十三）深度参与国际标准组织治理。充分发挥我国担任国际标准化组织（ISO）、国际电工委员会（IEC）常任理事国和国际电信联盟（ITU）理事国的作用，积极履行国际食品法典委员会（CAC）、世界动物卫生组织（WOAH）理事国和成员国责任义务，积极参与国际标准组织重要政策规则制定，做好本地化实施应用，参加各技术领域国际标准化技术路线图、白皮书、标准化效益评估报告等研究编制工作，凝练实践经验，提出中国建议。按照国际标准组织需求选派工作人员，支持国际标准组织来华举办各类会议活动。支持国际性专业标准组织来华落驻。［市场监管总局（国家标准委）、工业和信息化部、农业农村部牵头，各有关部门和单位按职责分工负责］

（二十四）积极推动国际标准研制。积极参加ISO、IEC、ITU等国际标准组织，联合国粮农组织（FAO）、世界车辆法规协调论坛（WP29）等行业性国际组织活动，国际物品编码组织（GS1）等国际性专业标准组织活动。鼓励国内企事业单位积极参与国际标准组织、行业性国际组织和各类国际性专业标准组织活动，贡献中国智慧。深入参与碳达峰碳中和、数字技术、热带特色农业等重点领域国际标准化工作，推动在温室气体减排、能源清洁低碳高效利用、新型电力系统、绿色可持续金融、矿山安全、航运贸易数字化、信息通信、物品编码与自动识别等领域制定一批国际标准。打造一批重点领域国际标准化创新团队。［市场监管总局（国家标准委）、工业和信息化部牵头，各有关部门和单位按职责分工负责］

（二十五）健全稳步扩大标准制度型开放机制。制定实施稳步扩大标准制度型开放指导意见，加快我国标准化对外开放步伐。进一步提高我国标准化工作的公开性和透明度，保障外商投资企业依法平等参与我国标准化工作，支持中小微企业、民营企业等各类经营主体参与标准制定和修订，支持民营企业牵头设立国际性产业与标准组织。促进国内标准组织与国际标准组织的国内对口单位协同发展，推动全国专业标准化技术委员会（以下简称技术委员会）与国际标准组织技术机构一致性程度达到90%以上。持续开展国际标准跟踪研究，加快转化先进适用国际标准，实现国际标准转化率达到85%以上。大力推进国家标准外文版编译工作，鼓励行业和地方根据需要制定标准外文版。支持自由贸易试验区和自由贸易港根据运行实践提出标准需求。［市场监管总局（国家标准委）牵头，外交部、国家发展改革委、科技部、工业和信息化部、商务部、海关总署、国家国际发展合作署、全国工商联等按职责分工负责］

**六、深化标准化改革创新**

（二十六）提升标准供给质量。健全统一协调的强制性国家标准体系，强化事关人民群众生命财产安全的重点工业产品、安全生产、特种设备、社会治安等领域强制性国家标准制定，进一步提高强制性国家标准覆盖面、权威性。系统优化推荐性国家标准、行业标准和地方标准体系。强化推荐性标准与强制性国家标准的协调配套。开展推荐性国家标准采信团体标准工作。加快国家标准样品研制。［市场监管总局（国家标准委）牵头，各有关部门和单位按职责分工负责］深入实施团体标准培优计划，培育一批优秀的团体标准组织，推进团体标准应用示范，促进团体标准规范优质发展，制定一批填补空白、引领发展的高水平团体标准。实施企业标准"领跑者"制度，增强企业标准"领跑者"有效性、影响力，形成以企业标准"领跑"带动产品

和服务质量提升的格局。[市场监管总局(国家标准委)、民政部牵头,中国科协、全国工商联等按职责分工负责]

(二十七)提高标准管理水平。持续优化政府颁布标准制定流程、平台和工具,强化标准制定和修订全生命周期管理,加强标准维护更新、升级迭代。进一步提高国家标准制定和修订效率,实现新立项国家标准平均制定周期缩短至18个月以内。加强标准统计分析。加强行业标准、地方标准备案管理。建立国家统筹的区域标准化工作机制。加强团体标准和企业标准的引导与监督。制定团体标准管理办法,健全团体标准良好行为评价机制,规范团体标准发展。推动落实企业标准化促进办法,实施标准创新型企业制度,培育一批标准创新型标杆企业。完善标准版权制度,加大标准版权保护力度。[市场监管总局(国家标准委)牵头,各有关部门和单位按职责分工负责]

(二十八)加强标准推广应用。积极开展标准宣贯培训,丰富宣传形式、渠道和载体,广泛传播标准化理念、知识和方法。加强标准化试点示范建设统筹协调,改进试点示范项目管理,提高试点示范质量和效益,凝练可复制、可推广的实践经验和典型模式,发挥辐射带动作用。[市场监管总局(国家标准委)牵头,各有关部门和单位按职责分工负责]鼓励标准化服务机构入驻国家服务业扩大开放综合试点示范地区、国家自主创新示范区、国家高新技术产业开发区、经济技术开发区、国家先进制造业集群等,鼓励集群促进机构参与标准化研究与标准制定和修订,鼓励标准化机构入驻集群促进机构,鼓励集群促进机构参与国际标准化工作,培育世界级先进制造业集群等,形成集聚式发展效应。持续推进标准化服务业统计分析报告试点,开展标准化服务业统计评价。健全对标达标工作机制,引导企业瞄准先进标准提高水平。[国家发展改革委、科技部、工业和信息化部、商务部、市场监管总局(国家标准委)、国家统计局、全国工商联等按职责分工负责]

(二十九)强化标准实施监督。制定实施关于加强标准实施与监督工作的指导意见,在宏观调控、产业推进、行业管理、市场准入、金融信贷、政府采购和招投标中积极应用先进标准,在认证认可、检验检测等质量监管活动中严格依据标准。建立健全法规和政策文件引用标准机制,鼓励相关单位开展标准和法律衔接信息服务。健全标准实施信息反馈机制和标准实施数据调查统计制度,加快建设一批标准实施监测站点和强制性标准实施情况统计分析点,常态化开展重点强制性标准的实施情况统计分析。建立健全标准实施效果评估机制,推进国家标准、行业标准、地方标准及团体标准实施效果评估,开展标准实施效果评估范例征集推广工作。建立标准制定投诉举报和监督检查机制,搭建全国标准制定投诉举报平台,接受社会各界对各类标准制定活动、技术委员会工作和标准审评工作的监督。开展行业标准、地方标准监督抽查,加强标准编号、复审和备案监督。持续推动企业标准自我声明公开和监督制度实施,强化企业标准自我声明公开数据归集和分析,推动将企业产品和服务符合标准情况纳入社会信用体系建设。〔市场监管总局(国家标准委)牵头,各有关部门和单位按职责分工负责〕

**七、夯实标准化发展基础**

(三十)深化标准化基础理论研究。持续支持高等院校、科研院所、标准化研究机构加强标准化共性理论探索和实践应用研究。持续推进标准制度型开放,深入开展全面与进步跨太平洋伙伴关系协定(CPTPP)、数字经济伙伴关系协定(DEPA)等高标准经贸规则对我国标准化工作需求研究,加强世界贸易组织技术性贸易措施协定(WTO/TBT)和卫生与植物卫生措施协定(WTO/SPS)标准工作研究。开展合规管理、环境社会治理(ESG)、边境后规则等重点领域标准化研究。积极推进标准数字化研究,构建标准体系框架,开展标准数字化试点。充分发挥中国标准化专家委员会智库作用,强化国际国内重要标准化事项专家论证及决策咨询。〔市场监管总局(国家标准委)、科技部、商务部、中国工程院牵头,各有关部门和单位按职责分工负责〕

(三十一)加强标准试验验证。制定国家标准验证点建设与管理办法,对标准验证点建设运行和标准验证项目实施一体化管理。设立不少于50个国家标准验证点。推动检验测试方法、检验设备、标准样品等自主创新、协同配套。围绕新兴领域和优势领域,参与国际标准验证,为中外标准体系兼容和互认提供有力支撑。推动标准与计量、认证认可、检验检测等质量基础设施要素一体化发展。〔市场监管总局(国家标准委)牵头,各有关部门和单位按职责分工负责〕

(三十二)强化标准化技术机构支撑。推动建成一批国际一流的综合性、专业性标准化科研机构。进一步完善专业标准化技术组织体系,围绕前沿技术和新兴领域前瞻布局,加快培育新型标准化技术组织。针对战略性新兴产业和传统产业转型升级标准化需求,规划新建一批标准化技术组织。发挥标准化总体组作用,研究建立新材料标准化统筹机制,推进跨行业、跨领域标准化协同发展。推进技术组织联络机制实施,畅通技术组织体系微循环。深化推进考核评估，试点开展委员履职能力评估工作。推进技术委员会分类管理、动态管理，实现"能进能出"。[市场监管总局（国家标准委）牵头，各有关部门和单位按职责分工负责]

（三十三）加强多层次标准化人才队伍建设。加强标准化普通高等教育，推进标准化技术职业教育，推进标准化领域职业教育与继续教育融合发展。开展全国标准化人才分类统计，建设全国标准化人才分类培养数据库，建设一批国家级标准化人才教育实习实训基地。推广"科研团队+标准研制团队"融通发展模式，培养选拔一批标准化领军人才。培育一批企业标准化总监。鼓励技术委员会参与高校标准化课程体系、技术委员会实训基地建设，协同推进标准化专业建设和师资培养。进一步丰富标准云课、委员网络讲堂课程资源，广泛开展标准化教育培训。依托行业、地方、科研机构和高校，建设一批国际标准化人才培训基地，持续开展国际标准青年英才选培活动。[教育部、人力资源社会保障部、市场监管总局（国家标准委）等按职责分工负责]

**八、组织实施**

（三十四）加强组织领导。坚持党对标准化工作的全面领导，充分发挥国务院有关标准化协调机制作用，研究制定标准化重大政策，协调标准化重大事项。不断健全各地区各有关部门标准化工作协同推进领导机制，更好发挥政府绩效评价和政绩考核的"指挥棒"作用，统筹提升标准化工作效能。全面开展纲要实施效果评估，把评估结果作为制定"十五五"标准化事业发展规划的重要依据。各地区各有关部门要将标准化工作与本地区本部门发展规划有效衔接、同步推进。[国家发展改革委、市场监管总局（国家标准委）等按职责分工负责]

（三十五）加强政策支持。各地区各有关部门要对照纲要及本轮行动计划要求，细化责任分工，抓紧工作部署，加强协同配合，确保任务落实落细。按照国家有关规定给予表彰奖励，开展中国标准创新贡献奖评选工作，支持地方和行业部门按规定开展标准化表彰奖励。推动标准化学科体系建设，打通标准化科技工作者上升通道。完善标准化统计工作制度，建立健全标准化统计工作程序，加强统计结果应用，开展标准化发展状况总体分析，发布标准化发展年度报告。[市场监管总局（国家标准委）牵头，各有关部门和单位按职责分工负责]

# 市场监管总局等八部门关于实施企业标准"领跑者"制度的意见

(国市监标准〔2018〕84号，2018年6月27日发布)

各省、自治区、直辖市人民政府，国务院各部委、各直属机构：

企业标准"领跑者"制度是通过高水平标准引领，增加中高端产品和服务有效供给，支撑高质量发展的鼓励性政策，对深化标准化工作改革、推动经济新旧动能转换、供给侧结构性改革和培育一批具有创新能力的排头兵企业具有重要作用。党的十九大提出，要"支持传统产业优化升级，加快发展现代服务业，瞄准国际标准提高水平"。《中共中央 国务院关于开展质量提升行动的指导意见》（中发〔2017〕24号）明确提出，"实施企业标准'领跑者'制度"。为强化标准引领作用，促进全面质量提升，经国务院同意，现提出如下意见。

**一、指导思想**

全面贯彻落实党的十九大精神，以习近平新时代中国特色社会主义思想为指导，认真落实党中央、国务院决策部署，进一步深化标准化工作改革，坚持以推进供给侧结构性改革为主线，以创新为动力，以市场为主导，以企业产品和服务标准自我声明公开为基础，建立实施企业标准"领跑者"制度，发挥企业标准引领质量提升、促进消费升级和推动我国产业迈向全球价值链中高端的作用，更好地满足人民日益增长的美好生活需要。

**二、基本原则**

坚持需求导向。围绕国家产业转型和消费升级需求，引导企业瞄准国际标准提高水平，培育一批企业标准"领跑者"。发挥消费需求的引领带动作用，营造"生产看领跑、消费选领跑"的氛围。

坚持公开公平。放开搞活企业标准，引导企业自我声明公开执行的标准，畅通企业标准信息共享渠道，利用信息公开促进企业公平竞争，切实保障市场主体和消费者的知情权、参与权和监督权。

坚持创新驱动。推动先进科技成果转化为标准，以标准优势巩固技术优势，不断提高标准的先进性、有效性和适用性，增强产品和服务竞争力，以标准领跑带动企业和产业领跑。

坚持企业主体。紧紧依靠企业提高产品和服务标准，确立企业标准对市场的"硬承诺"和对质量的"硬约束"。发挥富于创新的企业家精神和精益求精的工匠精神，在追求领跑者标准中创造更多优质供给。

坚持规范引导。持续推进简政放权，放管结合，优化服务，鼓励广泛开展标准水平的比对和评估活动。完善评估机制，推动行业自律，强化社会监督，引导更多企业争当标准领跑者。

三、主要目标

到2020年，企业产品和服务标准全部实现自我声明公开，企业公开标准严于国家标准、行业标准的比例达到20%以上。在主要消费品、装备制造、新兴产业和服务领域形成一批具有国际领先水平和市场竞争力的领跑者标准，产品和服务质量水平实现整体跃升，领跑者效应充分显现。

——围绕人民群众消费升级亟须的消费品领域，形成1000个以上企业标准"领跑者"，健康安全、产品功能、用户体验等指标水平大幅提升；

——围绕工业基础、智能制造、绿色制造等装备制造重点领域，新一代信息技术、生物等新兴产业领域，形成500个以上企业标准"领跑者"，重大装备安全、节能、环保、可靠性、效率、寿命等指标水平显著提升，新兴产业支撑新动能培育的能力不断强化；

——围绕生产性和生活性服务等服务领域，形成200个以上企业标准"领跑者"，服务的舒适、安全、便捷、用户体验等指标水平大幅提升；

——企业标准"领跑者"制度社会认知度和影响力明显增强，领跑者产品和服务市场占有率普遍提升，消费者质量满意度不断提高。

四、主要任务

企业标准"领跑者"是指产品或服务标准的核心指标处于领先水平的企业。企业标准"领跑者"以企业产品和服务标准自我声明公开为基础，通过发挥市场的主导作用，调动标准化技术机构、行业协会、产业联盟、平台型企业等第三方评估机构（以下简称"评估机构"）开展企业标准水平评估，发布企业标准排行榜，确定标准领跑者，建立多方参与、持续升级、闭环反馈的动态调整机制。

（一）全面实施企业产品和服务标准自我声明公开。完善全国统一的企业标准信息公共服务平台，在企业标准自我声明公开的基础上，鼓励企业通过平台公开其执行的产品或服务标准以及标准的水平程度，公开产品、服务的功能指标和产品的性能指标。鼓励企业制定严于国家标准、行业标准的企业标准，推动企业标准核心指标水平的持续提升。

（二）确定实施企业标准"领跑者"的重点领域。国务院标准化行政主管部门会同国务院有关部门根据《装备制造业标准化和质量提升规划》《消费品标准和质量提升规划（2016—2020年）》等国家相关规划，结合产业发展实际和消费者需求，统筹考虑企业标准自我声明公开情况、消费者关注程度、标准对产品和服务质量提升效果以及企业产品和服务差别化程度，确定并公布年度实施企业标准"领跑者"的重点领域。

（三）建立领跑者评估机制。评估机构根据不同行业特点，结合实际消费需求，开展国内外相关标准比对分析，合理确定领跑者标准的核心指标，制定评估方案。开展企业标准"领跑者"评估不得向企业收取费用。国家级标准化研究机构作为企业标准"领跑者"日常工作机构（以下简称工作机构），承担评估方案的公开征集，组织专家对评估方案进行评审，确定最优方案和评估机构。工作机构及其下属单位均不能参与"领跑者"评估工作。

（四）发布企业标准排行榜。评估机构根据确定的评估方案开展评估活动，对企业声明公开的产品和服务标准中的核心指标进行评估，按照核心指标水平高低形成企业标准排行榜，经向社会公示无异议后，由评估机构发布。进入排行榜的企业标准水平应严于国家标准、行业标准。

（五）形成企业标准"领跑者"名单。在企业标准排行榜的基础上，评估机构综合考虑便于消费者选择、产业发展水平、公开标准数量等因素，合理确定"领跑者"数量，将排行榜排名领先的企业确定为领跑者。企业标准"领跑者"名单经向社会公示无异议后，由评估机构发布。

（六）建立企业标准"领跑者"动态调整机制。评估机构明确企业标准"领跑者"评估周期，定期根据评估结果进行动态调整。建立健全投诉举报机制，对产品或服务未达到其公开标准水平的，以及通过弄虚作假入围的企业，评估机构应及时取消其领跑者称号并予以公示。被取消称号的企业三年内不得参与企业标准排行榜和"领跑者"评估，不得继续享受企业标准"领跑者"制度相关的优惠政策。

**五、政策措施**

（一）完善激励政策。在标准创新贡献奖和各级政府质量奖评选、品牌价值评价等工作中采信企业标准"领跑者"评估结果。鼓励政府采购在同等条件下优先选择企业标准"领跑者"符合相关标准的产品或服务。统筹利用现有资金渠道，鼓励社会资本以市场化方式设立企业标准"领跑者"专项基金。鼓励和支持金融机构给予企业标准"领跑者"信贷支持。鼓励电商、大型卖场等平台型企业积极采信企业标准"领跑者"评估结果。

（二）创新监管模式。推动企业产品和服务标准自我声明公开与质量监督、执法打假、缺陷召回、产品"三包"、口岸检验等现有监督制度有效衔接，保障企业标准"领跑者"评估工作有序开展。在进入企业标准排行榜和"领跑者"的企业中探索开展质量承诺活动，充分利用质量信用评价制度，增强企业自我约束意识。在企业标准排行榜和"领跑者"评估过程中，充分发挥消费者、媒体、行业协会、检测认证机构等的监督作用，建立多元共治的企业标准监管新格局。

（三）培育发展标准化服务业。加强企业标准宏观数据统计、分析及监测，及时向政府部门和社会发布信息。充分调动评估机构的积极性，为企业提供标准信息服务，为消费者提供理性消费的指引服务。鼓励专业标准化机构积极提供标准制定、标准验证、标准合规性评价等技术咨询服务。通过标准化服务，发挥国家质量基础设施的整体效能，助力"服务零距离、质量零缺陷"行动。

（四）加大宣传和培训力度。将企业标准"领跑者"制度纳入质量月、科技周、世界标准日、节能宣传周、环境日等主题活动，充分发挥行业协会、专业标准化机构的作用，大力宣传推广。新闻媒体和网络媒体要宣传普及企业产品和服务标准自我声明公开、企业标准"领跑者"制度等知识，营造良好的企业标准化工作氛围。专业标准化机构应积极开展企业标准化培训，形成一支服务企业的标准化人才队伍，提升企业标准化能力。

各地区、各部门要结合自身职责，尽快出台相关配套政策措施，确保政策落实到位。市场监管总局将按照本意见要求，出台企业标准"领跑者"实施方案，明确时间表、路线图，适时会同有关部门开展督促检查和数据分析，确保工作取得实效。

国家市场监督管理总局<br>
国家发展和改革委员会<br>
科学技术部<br>
工业和信息化部<br>
财政部<br>
生态环境部<br>
交通运输部<br>
中国人民银行<br>
2018年6月27日

# 以标准提升牵引设备更新和消费品
# 以旧换新行动方案

（市场监管总局、国家发展改革委、工业和信息化部、住房城乡建设部商务部、应急管理部2024年3月27日发布）

为深入贯彻中央财经委员会第四次会议精神，落实国务院《推动大规模设备更新和消费品以旧换新行动方案》部署，实施新一轮标准提升行动，更好支撑设备更新和消费品以旧换新，制订本行动方案。

**一、总体要求**

以习近平新时代中国特色社会主义思想为指导，全面贯彻落实党的二十大和二十届二中全会精神，完整、准确、全面贯彻新发展理念，加快构建新发展格局，着力推动高质量发展，统筹扩大内需和深化供给侧结构性改革，坚持标准引领、有序提升，加快制定和修订节能降碳、环保、安全、循环利用等领域标准，积极转化先进适用的国际标准，通过配套政策协同发力，强化标准实施应用，最大程度释放标准化效能。

——坚持突出重点、精准发力。聚焦产业高质量发展和人民美好生活需要的关键领域，选取重点标准加快开展制定和修订工作，精准服务支撑设备和消费品更新换代。

——坚持循序渐进、有序提升。统筹考虑企业承受能力和消费者接受程度，有计划有步骤推进标准水平提升，加快完善标准实施配套政策，有力有序推动标准落地实施。

——坚持对标国际、规范引领。瞄准国际先进，推动一批关键标准达到国际先进水平，对于涉及生命财产安全的强制性标准实现"应强尽强、能强则强"，切实发挥标准的规范和引领作用。

到2025年，完成制定和修订重点国家标准294项，2024年和2025年分别完成129项和165项，标准体系更加优化完善。重点领域消费品国家标准与国际标准一致性程度达到96%以上。推动政策与标准更加协同配套，商品和服务质量不断提高，先进产能比重持续提升，高质量耐用消费品更多进入居民生活，标准助力经济高质量发展取得明显成效。

**二、加快能耗排放技术标准升级，持续引领设备更新**

（一）加快提升能耗能效标准。统筹推进节能标准体系优化升级，抓紧修订一批能耗限额、家电及工业设备能效强制性国家标准，加快修订火电、炼化、煤化工、钢铁、焦炭、多晶硅等行业能耗限额标准，重点提升充电桩、锅炉、电机、变压器、泵、冷水机组、冷库等重点用能设备能效标准，抓紧制定锂电池正负极材料、光伏拉晶产品等能耗限额标准和通信基站等能效标准，完善配套检测方法，推动能效指标达到国际先进水平。（国家发展改革委、工业和信息化部、市场监管总局、国家能源局等按职责分工负责）

（二）持续完善污染物排放标准。修订农药、酒类等行业水污染物排放标准，升级焦化、铅锌、煤矿等行业大气污染物排放标准，完善生活垃圾、固体废物等污染控制标准，牵引相关行业改进技术工艺、更新污染治理设施。修订建筑施工噪声污染排放标准，最大限度减少施工噪声扰民。提升铀矿冶等行业辐射防护标准，完善放射性固体废物处置标准，确保放射性物质全链条安全。（生态环境部、市场监管总局等按职责分工负责）

（三）加强低碳技术标准攻关。衔接碳市场建设需求，加快制定有色、建材、化工、轻工等企业碳排放核算标准，尽快实现重点行业碳排放核算全覆盖。发布产品碳足迹量化要求国家标准，统一具体产品的碳足迹核算原则、方法和数据质量，制定碳标签、重点产品碳足迹标准。推动碳减排和碳清除技术标准制定，加快出台碳捕集利用与封存标准，助力产业低碳转型。（国家发展改革委、工业和信息化部、生态环境部、农业农村部、市场监管总局、国家能源局等按职责分工负责）

（四）提升设备技术标准水平。研制大规格、高精度、高复杂度数控机床标准，编制工业母机产业链高质量标准体系建设图谱。健全高速鼓风机、生物质锅炉标准，提高通用生产设备的效率和可靠性。制定和修订高压输电设备、低压配电设备标准，支撑新型电力系统绿色发展。完善农机标准体系，重点攻关大马力拖拉机、大型联合收割机和小型农机标准，满足大规模土地集中流转和丘陵山区作业需求。制定挖掘机、装载机、自卸车等工程机械电动化标准，制定和修订天然橡胶初加工设备标准，推进农机等领域制定北斗高精度应用标准，制定工业设备数字化管理等标准，提升设备的高端化、智能化、绿色化水平。（国家发展改革委、工业和信息化部、农业农村

部、市场监管总局、国家能源局等按职责分工负责）

（五）筑牢安全生产标准底线。推动燃气软管、切断阀等燃气用具推荐性标准转为强制性标准，加快防爆电气、钢丝绳等重点产品安全标准升级，完善矿山、危险化学品、烟花爆竹等高风险行业安全标准，修订火灾探测报警、防火分隔、自动灭火设备等消防产品标准，建立健全适应"大安全、大应急"要求的应急避难场所标准体系，制定和修订家用应急包等产品标准，加强家庭应急产品标准体系建设，有力保障人民群众生命财产安全。（工业和信息化部、住房城乡建设部、应急管理部、市场监管总局、国家矿山安监局、国家消防救援局等按职责分工负责）

### 三、强化产品质量安全标准提升，促进消费品以旧换新

（六）推动汽车标准转型升级。修订电动汽车动力电池安全标准，加大新能源汽车整车安全、充换电标准供给，加强自动驾驶、激光雷达等智能网联技术标准研制，加快先进技术融合迭代，提升网络安全等级和数据安全保护水平。完善汽车售后服务及维修标准，营造有利于新能源汽车发展的消费环境。加快乘用车、重型商用车等能源消耗量限值标准升级。（国家发展改革委、工业和信息化部、公安部、住房城乡建设部、交通运输部、市场监管总局、国家能源局等按职责分工负责）

（七）加快家电标准更新换代。制定和修订传统家电产品质量安全强制性标准，修订安全使用年限推荐性标准，研制集成家电、母婴家电、宠物家电、直流家电、低噪声家电标准，制定人机交互、纳米材料、直流技术等信息技术新材料与家电融合标准，推动绿色智能家电标准体系优化升级，创造家电消费新需求。（国家发展改革委、工业和信息化部、商务部、市场监管总局等按职责分工负责）

（八）强化家居产品标准引领。加快升级家具结构安全、阻燃性能等强制性标准，完善含挥发性有机物（VOCs）相关产品标准，加严人造板甲醛释放量指标，提升建筑涂料、木质地板等装饰装修产品标准，制定和修订绿色建材评价标准，制定厨卫五金、卫生洁具、陶瓷砖等质量分级标准，研制智能家居互联互通、风险识别标准，助力提升家居产品消费档次。（工业和信息化部、住房城乡建设部、市场监管总局、国家林草局等按职责分工负责）

（九）加大新兴消费标准供给。加快构建新一代视听产品及应用标准体系，研制高动态范围（HDR）视频、三维声音技术、超高清视频等高端消

费电子产品技术标准，提升用户消费体验。开展无人机飞行试验、物流无人机、无人机适航等标准制定，发展低空经济。（工业和信息化部、市场监管总局、中国民航局等按职责分工负责）

**四、加大回收循环利用标准供给，有力推动产业循环畅通**

（十）推进绿色设计标准建设。加强家电、家具、电子产品、纺织服装、塑料等产品绿色设计标准研制，将材料可再生利用率指标纳入家用电器强制性标准，引导产品设计充分考虑材料的易回收、易拆解、易再生。制定风电和光伏设备绿色设计标准，将设备及零部件可回收、可循环利用作为评价的重要内容。（工业和信息化部、市场监管总局等按职责分工负责）

（十一）健全二手产品交易标准。研制二手货品质鉴定和交易市场管理通用标准，制定报废机动车回用件拆卸、溯源系列标准。出台手机、平板电脑等电子产品二手交易中信息清除方法国家标准，研究制定二手电子电器产品可用程度分级标准，引导二手电子产品经销企业建立信息安全管理体系和信息技术服务管理体系。（工业和信息化部、商务部、市场监管总局、供销合作总社等按职责分工负责）

（十二）健全废旧产品回收利用标准。整合优化再生资源回收利用标准体系，研究制定回收站点、分拣中心、交易平台等通用标准，加快健全家用电器、汽车轮胎、纺织服装、家具、农机等产品回收、分拣、拆解、再生利用标准，制定废弃电器电子产品回收规范，不断提升废旧产品回收利用水平。健全完善新能源汽车电池回收利用标准，研制退役风电、光伏设备的绿色拆解和回收利用标准。加强重型机械等再制造标准研究，加快完善重要设备装备的再制造标准体系。（国家发展改革委、工业和信息化部、生态环境部、商务部、市场监管总局、供销合作总社等按职责分工负责）

（十三）完善再生材料质量和使用标准。制定和修订再生金属、再生塑料等再生料质量标准，统筹推进再生塑料全链条标准体系建设，推动建立再生塑料认证体系。探索在家电、汽车、电子产品标准中增加再生塑料、再生金属的使用要求，助力材料使用形成闭环。完善再生资源进口的标准和政策，尽可能多地扩大进口种类和规模。（国家发展改革委、工业和信息化部、生态环境部、交通运输部、海关总署、市场监管总局等按职责分工负责）

**五、保障措施**

（十四）加强组织领导。市场监管总局（国家标准委）要加强工作统筹，强化督促落实。国务院各有关部门要加快推动标准研制，出台标准实施配套政策措施。各地市场监管部门要会同有关部门结合实际制定细化工作方案，支持国家标准制定和修订工作，完善配套措施，切实推动标准落地见效。

（十五）统筹国内国际。持续开展汽车、家电、碳排放等领域标准比对分析，积极转化先进适用国际标准，稳步推进国内国际标准衔接。推动中国标准海外应用和中外标准互认，配套出台一批"新三样"中国标准外文版。加快建设国际标准化创新团队，推动重点领域牵头制定一批国际标准。加强检验检疫、认证认可等国内国际衔接。

（十六）强化政策支持。强化标准与财政支持等政策措施的协同，推动标准和政策统筹布局、协同实施。推进绿色产品认证与标识体系实施，研究制定支持绿色产品的政府采购政策，大力推进智能家电等高端品质认证。充分发挥行业领军企业示范带动作用，大力培育标准创新型企业。

（十七）监督标准实施。常态化监测评估标准实施成效和问题，实行强制性标准实施情况统计分析报告制度。建立消费品质量安全监管目录，强化产品质量监督抽查。围绕新能源汽车、电子电器、儿童用品等重点消费品，加大缺陷调查和召回力度。针对智能驾驶等新技术新产品，探索建立产品质量安全"沙盒监管"制度。